Zu diesem Buch

Über das Werk von Oliver Sacks schreibt Doris Lessing: «Es macht uns bewußt, daß wir auf Messers Schneide leben.» Die Realität ist verrückter als jede Fiktion. Eine winzige Hirnverletzung, ein kleiner Tumult in der zerebralen Chemie – und wir geraten in eine andere Welt. Hat sie weniger Existenzberechtigung, ist sie weniger wirklich als der Boden, auf dem wir mit beiden Beinen fest zu stehen meinen?

Der in New York praktizierende Neuropsychologe Oliver Sacks erzählt zwanzig Geschichten von Menschen, die die «Balance auf Messers Schneide» verloren haben und in unvorstellbare Abgründe gefallen sind. Dr. P., ein renommierter Musikwissenschaftler und Sänger, kann mit zunehmendem Alter selbst vertraute Gesichter und Gegenstände nicht mehr beim Namen nennen. Eine Rose im Knopfloch des Autors identifiziert er als «rotes, gefaltetes Gebilde mit einem geraden grünen Anhängsel». Als er sich von Sacks verabschieden will, greift er nach dem Kopf seiner Frau und versucht, ihn sich aufzusetzen. Jimmie G. erzählt lebhaft und detailliert von seinem Leben vor 1945, doch was danach kam, ist ihm entfallen. Es ist, als ob eine Schere in seinem Kopf den Erlebnisfaden im Minutentakt abschneidet. Stephen D. träumt eines Nachts, er sei ein Hund, und erwacht mit einem übersteigerten Geruchssinn.

«Das Lieblingswort der Neurologen ist ‹Ausfall›», schreibt der Autor. Sie seien darauf gedrillt, Hirnerkrankungen als Defizite zu behandeln. In den theoretischen, die Fallgeschichten reflektierenden Passagen des Buches setzt Sacks diesem Verständnis eine neue Neurologie entgegen. Sie macht die individuelle Lebensgeschichte des Patienten zur unabdingbaren Voraussetzung von Diagnose und Therapie und wendet sich nicht den Mängeln, sondern den Überschüssen und Übersteigerungen zu, den besonderen Fähigkeiten also, die viele Psychiatrie-Patienten entwickeln.

Oliver Sacks erzählt mit Menschlichkeit und Wärme und einer Genauigkeit in der Beschreibung, die uns zum Spiegel wird, in dem wir die Fragwürdigkeit unserer Normalität erblicken.

Oliver Sacks, 1933 in London geboren, ist Professor für Klinische Neurologie am Albert Einstein College of Medicine, New York. Nach einem Medizinstudium in Oxford und neurophysiologischen Forschungen übersiedelte er in die USA, wo er als Neurologe in verschiedenen Kliniken gearbeitet hat.

Außerdem von Oliver Sacks bei Rowohlt lieferbar:
«Der Tag, an dem mein Bein fortging» (1989 und als rororo sachbuch 8884),
«Stumme Stimmen. Reise in die Welt der Gehörlosen» (1990) und
«Awakenings – Zeit des Erwachens» (rororo sachbuch 8878).

OLIVER SACKS

Der Mann, der seine Frau mit einem Hut verwechselte

Deutsch von
Dirk van Gunsteren

ROWOHLT

Die Originalausgabe erschien 1985 unter dem Titel
«The Man Who Mistook His Wife For a Hat»
im Verlag Summit Books / Simon & Schuster, Inc., New York
Der Übersetzung liegt die überarbeitete Paperback-Ausgabe,
Perennial Library / Harper & Row, New York 1987, zugrunde
Umschlagillustration Jan Rieckhoff
Umschlagtypographie Peter Wippermann

Der Verlag dankt Prof. Dr. Thomas Lindner, Hamburg,
für die Überprüfung der Fachterminologie

Für Dr. Leonard Shengold

171.–190. Tausend April 1993

Veröffentlicht im Rowohlt Taschenbuch Verlag GmbH,
Reinbek bei Hamburg, Oktober 1990
Copyright © 1987 by Rowohlt Verlag GmbH,
Reinbek bei Hamburg
«The Man Who Mistook His Wife For a Hat»
Copyright © 1985 by Oliver Sacks
Gesamtherstellung Clausen & Bosse, Leck
Printed in Germany
1290-ISBN 3 499 18780 9

Inhalt

Ein Gespräch über Krankheiten
ist eine Art Erzählung aus
Tausendundeiner Nacht.

WILLIAM OSLER

Der Arzt beschäftigt sich
(im Gegensatz zum Naturwissenschaftler)...
nur mit einem einzigen Organismus,
nämlich dem des Menschen,
der seine Identität unter widrigen Umständen
zu bewahren sucht.

IVY MCKENZIE

Vorwort

«Das letzte, was man findet, wenn man ein Werk schreibt, ist, daß man weiß, womit man beginnen soll», notiert Pascal. Nachdem ich diese merkwürdigen Geschichten geschrieben, zusammengestellt und geordnet, einen Titel gefunden und zwei Motti ausgesucht habe, muß ich mich nun mit der Frage beschäftigen, was ich getan habe – und warum.

Meine Entscheidung für *zwei* Motti, die Gegensätzliches zum Ausdruck bringen – eben jene Gegensätzlichkeit, die für Ivy McKenzie zwischen dem Arzt und dem Naturwissenschaftler besteht –, entspricht den zwei Seelen in mir selbst: Ich fühle mich sowohl als Naturwissenschaftler wie auch als Arzt; ich interessiere mich gleichermaßen für Menschen wie für Krankheiten; und vielleicht machen sich diese zwei Seelen auch in der Tatsache bemerkbar, daß ich gleichermaßen, wenn auch nur unzulänglich, theoretisch und szenisch arbeite, mich gleichermaßen zum Wissenschaftlichen wie zum «Romantischen» hingezogen fühle, daß ich stets diese beiden Elemente im menschlichen Sein wiederfinde, nicht zuletzt im Kranksein, jenem wesentlichen Merkmal des Menschen. Auch Tiere werden krank, aber nur der Mensch kann Krankheit als solche erfahren.

Meine Arbeit, mein Leben gehört den Kranken – aber sie und ihre Krankheit bringen mich auf Gedanken, auf die ich sonst vielleicht nicht kommen würde. Das geht so weit, daß ich den Drang fühle, mich Nietzsche anzuschließen, der schreibt: «Und was die Krankheit angeht: würden wir nicht fast zu fragen versucht sein, ob sie uns überhaupt entbehrlich ist?», und die Fragen, die die Krankheit aufwirft, als grundsätzliche Fragen der Existenz anzusehen. Meine Patienten stellen mich ständig vor Fragen, und meine Fragen führen mich ständig zu neuen Patienten – so kommt es, daß es in diesen Geschichten oder Untersuchungen eine stete Bewegung vom einen zum anderen gibt.

Untersuchungen, ja – aber warum Geschichten oder Fallstudien? Das historische Konzept von Krankheit, der Gedanke, daß eine Krankheit vom Auftreten der ersten Anzeichen über ihren Höhepunkt, ihre Krisis und weiter bis zu ihrem glücklichen oder letalen Ausgang einen bestimmten Verlauf nimmt, geht auf Hippokrates zurück. Er war es also, der die Krankengeschichte, das heißt die Beschreibung oder anschauliche Darstellung des Krankheitsverlaufs, eingeführt hat – exakt das also, was mit dem alten Wort «Pathographie» bezeichnet wird. Solche Krankengeschichten sind eine Art Naturgeschichte – sie verraten uns jedoch nichts über das Individuum und *seine* Geschichte; sie sagen nichts über die Person und ihre Erfahrungen im Kampf gegen die Krankheit aus. In einer knappen Krankengeschichte gibt es kein «Subjekt» – es wird in der modernen Anamnese nur mit einer oberflächlichen Beschreibung erfaßt («ein trisomischer, weiblicher Albino von einundzwanzig Jahren»), die ebenso auf eine Ratte wie auf einen Menschen zutreffen könnte. Um die Person – den leidenden, kranken und gegen die Krankheit ankämpfenden Menschen – wieder in den Mittelpunkt zu stellen, müssen wir die Krankengeschichte zu einer wirklichen Geschichte ausweiten; nur dann haben wir sowohl ein «Wer» als auch ein «Was», eine wirkliche Person, einen Patienten, der in seiner Beziehung zur Krankheit, in seiner Beziehung zum Körperlichen faßbar wird.

Für die Psychologie und die Feinbereiche der Neurologie ist das Wesen des Patienten von großer Bedeutung, denn hier geht es ja in der Hauptsache um seine Persönlichkeit, und seine Krankheit und seine Identität können nicht unabhängig voneinander betrachtet werden. Solche Störungen, deren Studium und deren Beschreibung erfordern eine neue Disziplin, die

II

man «Neurologie der Identität» nennen könnte, denn sie beschäftigt sich mit den neuralen Grundlagen des Selbst, der uralten Frage nach dem Zusammenhang zwischen Gehirn und Geist. Es mag sein, daß – notwendigerweise – eine kategorische Kluft zwischen dem Psychischen und dem Physischen besteht; Untersuchungen und Geschichten jedoch, die sich gleichzeitig und untrennbar auf beides beziehen – und diese sind es, die mich besonders faszinieren und die ich hier vorstellen will –, mögen dennoch dazu dienen, beide Bereiche einander anzunähern und uns in den Stand zu versetzen, den Schnittpunkt von Funktion und Leben, die Auswirkungen physiologischer Prozesse auf die Biographie zu erhellen.

Die Tradition höchst menschlicher Geschichten von Kranken erreichte ihren Höhepunkt im 19. Jahrhundert. Ihr Niedergang begann mit dem Aufstieg einer unpersönlichen neurologischen Wissenschaft. Der große russische Neuropsychologe Alexander R. Lurija schrieb: «Die Kunst, etwas zu beschreiben, jene Kunst, die die großen Psychiater und Neurologen des 19. Jahrhunderts beherrschten, ist heute fast ausgestorben... Sie muß wiederbelebt werden.» Seine eigenen Spätwerke, zum Beispiel ‹The Mind of a Mnemonist› und ‹The Man with a Shattered World›, sind Versuche, diese verlorengegangene Tradition wiederaufleben zu lassen. Die Krankengeschichten in diesem Buch knüpfen an diese alte Tradition an: an die des 19. Jahrhunderts, von der Lurija spricht, an die des ersten medizinischen Historikers Hippokrates und an die universelle und seit uralten Zeiten bestehende Tradition, nach der Patienten Ärzten ihre Geschichte erzählt haben.

Klassische Sagen und Legenden sind von archetypischen Figuren, von Helden, Opfern, Märtyrern und Kriegern bevölkert. Die Patienten eines Neurologen sind Verkörperungen dieser Figuren – und die, von denen in diesen sonderbaren Geschichten die Rede sein wird, sind sogar noch mehr als das. Wie sollen wir beispielsweise den «verlorenen Seemann» oder die anderen seltsamen Menschen, die in diesem Buch auftreten, in jene mythischen und metaphorischen Kategorien einordnen? Man könnte sagen, sie seien Reisende, unterwegs in unvorstellbare Länder – Länder, von deren Existenz wir sonst nichts wüßten. Dies ist der Grund, warum ihr Leben und ihre Reisen für mich etwas Märchenhaftes haben. Darum habe ich als erstes Motto den Satz von William Osler gewählt, und darum erscheint es mir angebracht, dieses Buch nicht nur als eine Sammlung von Fällen, sondern auch als eine Sammlung von Geschichten und Märchen zu bezeichnen. In diesem Bereich sehnt sich der Wissenschaftler danach, mit dem Romantiker zu verschmelzen – Lurija sprach in diesem Zusammenhang gern von der «romantischen Wissenschaft». Beide treffen sich im Schnittpunkt von Tatsache und Legende, jenem Schnittpunkt, der charakteristisch ist für das Leben der in diesem und in meinem früheren Buch ‹Awakenings› (‹Bewußtseinsdämmerungen›) beschriebenen Menschen.

Aber mit welchen Tatsachen, welchen Legenden werden wir konfrontiert! Womit sollen wir sie vergleichen? Vielleicht gibt es dafür keine bestehenden Modelle, Metaphern oder Mythen. Ist vielleicht eine Zeit neuer Symbole, neuer Mythen angebrochen?

Acht der Kapitel in diesem Buch sind bereits vorher erschienen: «Der verlorene Seemann», «Hände», «Die Zwillinge» und «Der autistische Künstler» im *New York Review of Books* (1984 und 1985) und «Witty Ticcy Ray», «Der Mann, der seine Frau mit einem Hut verwechselte» und «Erinnerung» im *London Review of Books* (1981, 1983, 1984), wo eine gekürzte Fassung der letzten Geschichte den Titel «Musical Ears» trug. «Schräglage» erschien 1985 in *The Sciences*. Ein sehr früher Bericht eines meiner Patienten – die «Vorlage» für Rose R. in ‹Bewußtseinsdämmerungen› und für Deborah in ‹Eine Art Alaska› von Harold Pinter (der sich von jenem Buch inspirieren ließ) – findet sich in «Nostalgische Ausschweifungen» (es erschien ursprünglich im Frühjahr 1970 unter dem Titel «Incontinent Nostalgia Induced by L-Dopa» in *Lancet*). Die ersten beiden der vier «Phantome» wurden 1984 im *British Medical Journal* unter der Rubrik «Klinische Kuriosa» beschrieben. Zwei kurze Beiträge stammen aus früheren Büchern:

«Der Mann, der aus dem Bett fiel» ist dem Buch ‹A Leg to Stand On› (‹Der Tag, an dem mein Bein fortging›) entnommen, und «Die Visionen der heiligen Hildegard» ist in ‹Migräne› enthalten.

Die übrigen zwölf Kapitel sind neu und bisher unveröffentlicht* und wurden im Herbst und Winter des Jahres 1984 verfaßt.

Zu den Kollegen, denen ich besonderen Dank schulde, gehört der verstorbene James Purdon Martin, dem ich Videoaufnahmen von «Rebecca» und «Mr. MacGregor» gezeigt und mit dem ich diese Fälle ausführlich diskutiert habe – die Kapitel «Die körperlose Frau» und «Schräglage» sind auch Ausdruck meiner Dankbarkeit. Michael Kremer, der zu meiner Zeit in London mein «Chef» war, schilderte mir nach der Lektüre meines Buches ‹Der Tag, an dem mein Bein fortging› einen sehr ähnlichen Fall, den er selbst behandelt hat – beide Fälle sind nun in «Der Mann, der aus dem Bett fiel» zusammengefaßt. Donald Macrae hat durch Zufall nur zwei Jahre nachdem ich «Der Mann, der seine Frau mit einem Hut verwechselte» geschrieben hatte, einen außergewöhnlichen und frappierend ähnlichen Fall von visueller Agnosie entdeckt, der verkürzt in der Nachschrift jenes Kapitels beschrieben wird. Ganz besonders möchte ich meiner Freundin und Kollegin Isabelle Rapin aus New York danken, mit der ich viele der hier beschriebenen Fälle erörtert habe; sie hat mich Christina (der «körperlosen Frau») vorgestellt und kannte José, den «autistischen Künstler», als er noch ein Kind war.

Außerdem möchte ich mich für die selbstlose Hilfe und die Großzügigkeit der Patienten (und in einigen Fällen der Verwandten dieser Patienten) bedanken, deren Geschichten ich hier erzähle. Sie haben (sehr oft jedenfalls) gewußt, daß es noch keine Möglichkeit gibt, ihnen direkt zu helfen, und dennoch haben sie es mir gestattet und mich sogar dazu ermutigt, über ihr Leben zu schreiben – in der Hoffnung, andere möchten lernen, verstehen und eines Tages vielleicht in der Lage sein zu heilen. Wie auch in ‹Bewußtseinsdämmerungen› habe ich aus

* In deutscher Übersetzung erschien «Die Zwillinge» im *Kursbuch 80*.

Gründen der Diskretion und der ärztlichen Schweigepflicht die Namen und einige Details von untergeordneter Bedeutung verändert. Es ist jedoch immer mein Ziel gewesen, das grundsätzliche «Lebensgefühl» meiner Patienten wahrheitsgetreu wiederzugeben.

Schließlich möchte ich noch meine Dankbarkeit – die mehr ist als bloße Dankbarkeit – gegenüber meinem Mentor und Arzt ausdrücken. Ihm habe ich dieses Buch gewidmet.

New York, 10. Februar 1985   O. W. S.

TEIL EINS

Ausfälle

Einleitung

Das Lieblingswort der Neurologen ist «Ausfall». Es bezeichnet die Beeinträchtigung oder Aufhebung einer neurologischen Funktion: den Verlust der Sprechfähigkeit, den Verlust der Sprache, den Verlust des Gedächtnisses, den Verlust des Sehvermögens, den Verlust der Geschicklichkeit, den Verlust der Identität und zahllose andere Mängel und Verluste spezifischer Funktionen (oder Fähigkeiten). Für jede dieser Funktionsstörungen (ein weiterer beliebter Ausdruck) gibt es eine privative, das Fehlen hervorhebende Bezeichnung: Aphonie, Aphasie, Alexie, Apraxie, Agnosie, Amnesie, Ataxie. Jede spezifische neurale oder mentale Funktion, deren ein Patient durch Krankheit, Verletzung oder Entwicklungsstörungen ganz oder teilweise beraubt sein kann, läßt sich mit einem besonderen Wort benennen.

Die wissenschaftliche Analyse der Beziehung zwischen Gehirn und Geist begann 1861, als Broca in Frankreich herausfand, daß gewisse Schwierigkeiten des Patienten, sich sprachlich auszudrücken (Aphasie), durchweg als Symptom auftraten, dem die Zerstörung eines bestimmten Teils der linken Gehirnhälfte vorausgegangen war. Daraus entwickelte sich eine zerebrale Neurologie, die es im Laufe der Jahrzehnte ermöglichte, das menschliche Gehirn zu «kartographieren» und spezifische Fähigkeiten – linguistische, intellektuelle, perzeptive usw. – gleichermaßen spezifischen «Zentren» im Gehirn zuzuordnen. Gegen Ende des Jahrhunderts wiesen kritische Beobachter – vor allem Freud in seinem Buch ‹Zur Auffassung der

17

Aphasien> (1891) – darauf hin, daß diese Art der Lokalisation grob vereinfachend sei, daß alle mentalen Leistungen eine komplizierte innere Struktur aufwiesen und auf einer ebenso komplexen physiologischen Grundlage basieren müßten. Nach Freuds Meinung galt dies besonders für bestimmte Störungen der Wahrnehmung und des Wiedererkennens, für die er die Bezeichnung «Agnosie» einführte. Für ein wirkliches Verständnis der Aphasie und der Agnosie würde, so meinte er, eine neue, differenziertere Wissenschaft erforderlich sein.

Diese neue, mit der Beziehung zwischen Gehirn und Geist befaßte Wissenschaft, die Freud vorschwebte, haben während des Zweiten Weltkriegs in Rußland A. R. Lurija (und sein Vater R. A. Lurija), Leontjew, Bernstein und andere ins Leben gerufen: die «Neuropsychologie». Die Entwicklung dieses ungeheuer fruchtbaren Wissenschaftszweiges war das Lebenswerk von A. R. Lurija. In Anbetracht der revolutionären Bedeutung dieser neuen Erkenntnisse dauerte es recht lange, bis sie im Westen bekannt wurden. Sie wurden erstmals systematisch in dem umfangreichen Buch ‹*Die höheren kortikalen Funktionen des Menschen und ihre Störungen bei örtlichen Hirnschädigungen*› (deutsche Übersetzung 1970) und, später noch einmal, auf ganz andere Weise, nämlich in Form einer Biographie oder «Pathographie», in dem Buch ‹*The Man with a Shattered World*› (etwa: «Der Mann, dessen Welt in Scherben fiel») vorgestellt. Obwohl diese Bücher auf ihre Art fast vollkommen waren, blieb doch ein ganzer Bereich, den Lurija nicht behandelt hatte. ‹*Die höheren kortikalen Funktionen des Menschen*› befaßte sich nur mit jenen Funktionen, die der linken Gehirnhälfte zugeordnet sind; und auch bei Sasetzkij, dem Mann, dessen Fall in ‹*The Man with a Shattered World*› beschrieben wird, war die linke Gehirnhälfte schwer beschädigt – die rechte dagegen intakt. Kurzum: Die gesamte Geschichte der Neurologie und der Neuropsychologie ist eine Geschichte der Erforschung der linken Gehirnhälfte.

Ein wichtiger Grund für die Vernachlässigung der rechten Hemisphäre besteht darin, daß es leicht ist, die Auswirkungen verschiedenster Verletzungen der linken Seite zu demonstrieren, während die entsprechenden Syndrome der rechten Gehirnhälfte weit weniger deutlich ausgeprägt sind. Man hält sie, gewöhnlich mit leichter Verachtung, für «primitiver» als die linke, die als einzigartige Blüte der menschlichen Evolution gilt. Und in gewisser Weise stimmt das auch: Die linke Gehirnhälfte ist differenzierter und spezialisierter – sie stellt die letzte Entwicklungsstufe des Gehirns der Primaten, vor allem des Menschen dar. Andererseits ist die rechte Hälfte in entscheidendem Maße an der Wahrnehmung der Wirklichkeit beteiligt, eine Fähigkeit, über die jedes Lebewesen verfügen muß, um überleben zu können. Die linke Hemisphäre funktioniert wie ein Computer, der dem ursprünglichen Gehirn angefügt ist und Programme und schematische Abläufe zu bewältigen vermag; die klassische Neurologie aber beschäftigte sich mehr mit schematischen Abläufen als mit der Realität, so daß man einige Syndrome der rechten Gehirnhälfte nach ihrer Entdekkung lediglich als wunderliche Phänomene abtat.

In der Vergangenheit haben einige Wissenschaftler – so zum Beispiel Anton in den neunziger Jahren des 19. Jahrhunderts und Pötzl 1928 – versucht, die Syndrome der rechten Gehirnhälfte zu untersuchen, aber diese Versuche sind ihrerseits wieder auf bizarre Weise ignoriert worden. In ‹The Working Brain›, einem seiner letzten Bücher, widmet Lurija den Syndromen der rechten Gehirnhälfte einen kurzen, aber vielversprechenden Abschnitt. Er endet mit den Worten: «Diese noch immer völlig unerforschten Defekte bringen uns zu einem der grundlegendsten Probleme: Welche Rolle spielt die rechte Gehirnhälfte im direkten Bewußtsein?... Die Erforschung dieses höchst wichtigen Bereiches ist bis jetzt vernachlässigt worden... Gegenwärtig bereite ich eine Reihe von Berichten vor, die eine detaillierte Analyse enthalten werden.»

Einige dieser Berichte schrieb Lurija noch in den letzten Monaten seines Lebens, als er schon todkrank war. Ihre Veröffentlichung erlebte er nicht mehr – und sie wurden nie in Rußland publiziert. Er schickte sie an R. L. Gregory in England, und sie werden demnächst in Gregorys ‹Oxford Companion to the Mind› erscheinen.

Ein Neurologe, der Defekte der rechten Hemisphäre erforschen will, steht vor erheblichen inneren und äußeren Schwierigkeiten. Es ist für Patienten mit bestimmten Syndromen der rechten Gehirnhälfte nicht nur schwierig, sondern unmöglich, ihre eigene Störung zu erkennen – dies ist eine besondere und spezifische Form der «Anosagnosie», wie Babinski sie genannt hat. Und auch für den einfühlsamsten Beobachter ist es außerordentlich schwer, sich in die innere Verfassung, die «Situation» solcher Patienten zu versetzen, denn diese ist fast unvorstellbar weit von allem entfernt, was er selbst je erlebt hat. Im Gegensatz dazu kann man sich in die Syndrome der linken Gehirnhälfte relativ leicht hineinversetzen. Obwohl die Syndrome der rechten Gehirnhälfte ebenso häufig sind wie die der linken – und warum sollten sie das auch nicht sein? –, wird man in der neurologischen und neuropsychologischen Literatur auf tausend Beschreibungen von Syndromen der linken Hemisphäre nur eine Beschreibung von Störungen der rechten finden. Es ist, als seien diese Symptomkomplexe dem «neurologischen Naturell» irgendwie fremd. Und doch haben sie, wie Lurija sagt, eine fundamentale Bedeutung: Vielleicht erfordern und fördern sie eine neue Art der Neurologie, eine «personalistische» oder (wie Lurija sich gern ausdrückte) eine «romantische» Wissenschaft, denn hier eröffnen sich der Forschung die physischen Grundlagen der *persona*, des Selbst. Eine solche Forschung begänne nach Lurijas Meinung am besten mit einer Geschichte – der detaillierten Krankengeschichte eines Mannes mit einer tiefgreifenden Störung der rechten Gehirnhälfte. Diese Krankengeschichte wäre das Gegenteil und Gegenstück zur Geschichte von dem «Mann, dessen Welt in Scherben fiel». In einem seiner letzten Briefe schrieb mir Lurija: «Veröffentlichen Sie solche Geschichten, auch wenn sie nichts weiter sind als Skizzen. Es ist ein Reich des Wunderbaren.» Ich gestehe, daß mich diese Störungen faszinieren, denn sie erschließen, vielmehr: sie versprechen uns Einblicke in Bereiche, von denen man bisher kaum eine Vorstellung hatte, und geben Anstöße zur Entwicklung einer offeneren und weiträumigeren Neurologie und Psychologie, die sich in aufregender Weise von der recht starren und mechanistischen Neurologie der Vergangenheit unterscheidet.

Es sind also weniger die Ausfälle im traditionellen Sinne, die mich interessieren, als vielmehr die neurologischen Störungen, die sich auf das Selbst auswirken. Solche Störungen können von mancherlei Art sein und ebenso aus einer Übersteigerung wie aus einer Beeinträchtigung von Funktionen entstehen. Daher erscheint es vernünftig, diese beiden Kategorien getrennt zu untersuchen. Ich möchte jedoch gleich zu Anfang darauf hinweisen, daß eine Krankheit nie lediglich ein Überschuß oder eine Einbuße ist, sondern daß es immer eine Reaktion des betroffenen Organismus oder des Individuums gibt, die darauf abzielt, etwas wiederherzustellen, zu ersetzen, auszugleichen und die eigene Identität zu bewahren, ganz gleich, wie seltsam die Mittel zu diesem Zweck auch sein mögen. Es ist ein wesentlicher Teil unserer Aufgabe als Ärzte, nicht nur die pathogene Schädigung des Nervensystems, sondern auch diese Mittel zu untersuchen und zu beeinflussen.

Ivy McKenzie hat diesen Punkt eindrucksvoll unterstrichen: «Was macht denn eigentlich einen ‹Symptomkomplex› oder eine ‹neue Krankheit› aus? Der Arzt beschäftigt sich nicht, wie der Naturwissenschaftler, mit einer Vielfalt verschiedener Organismen, die theoretisch einer durchschnittlichen Umgebung auf durchschnittliche Weise angepaßt sind, sondern nur mit einem einzigen Organismus, nämlich dem des Menschen, der seine Identität unter widrigen Umständen zu bewahren sucht.»

Diese Dynamik, dieses «Streben nach Bewahrung der Identität», so sonderbar die Mittel und Auswirkungen dieses Strebens auch sein mögen, hat die Psychiatrie schon vor langer Zeit erkannt, und diese Erkenntnis ist, wie so vieles andere, eng mit dem Werk Sigmund Freuds verknüpft. So waren für ihn Wahnvorstellungen nicht primäre Erscheinungen, sondern der (wenn auch fehlgeleitete) Versuch der Wiederherstellung, der Rekonstruktion einer Welt, die dem Chaos anheimgefallen ist. Eben dies meint Ivy McKenzie, wenn er schreibt: «Die Pathophysiologie des Parkinson-Syndroms ist die Beschreibung *eines organisierten Chaos*, eines Chaos, das in erster Linie durch die Zerstörung wichtiger Integrationen entstanden und im Verlauf des Rehabilitationsprozesses auf einer unsicheren Basis reorganisiert worden ist.»

So wie ich in meinem Buch ‹Bewußtseinsdämmerungen› ein «organisiertes Chaos» untersucht habe, das als Folge einer einzigen, wenn auch vielgestaltigen Krankheit auftritt, so sind die folgenden Beiträge eine Reihe ähnlicher Untersuchungen des organisierten Chaos, das durch eine große Vielfalt verschiedener Krankheiten hervorgerufen wird.

Der in meinen Augen wichtigste Fall in diesem ersten Abschnitt «Ausfälle» ist der einer besonderen Art von visueller Agnosie: «Der Mann, der seine Frau mit einem Hut verwechselte». Meiner Meinung nach ist er von fundamentaler Bedeutung. Solche Fälle stellen ein unantastbares Axiom der klassischen Neurologie in Frage – insbesondere die Annahme, daß *jede* Hirnverletzung das (um mit Kurt Goldstein zu sprechen) «abstrakte und kategorielle Vermögen» schwächt oder auslöscht und das Individuum auf das Emotionale und Konkrete reduziert. (Eine sehr ähnliche These stellte in den sechziger Jahren des 19. Jahrhunderts Hughlings-Jackson auf.) Hier, im Fall von Dr. P., ist jedoch das genaue Gegenteil der Fall: Dieser Mann hat (wenn auch nur im visuellen Bereich) das Emotionale, das Konkrete, das Persönliche, das «Reale» völlig verloren... und ist gleichsam, mit geradezu absurden Konsequenzen, auf das Abstrakte und Kategorielle reduziert. Was hätten wohl John Hughlings-Jackson und Kurt Goldstein daraus geschlossen? Ich habe sie in Gedanken oft gebeten, Dr. P. zu untersuchen, und sie dann gefragt: «Nun, meine Herren, was sagen Sie jetzt?»

I

Der Mann, der seine Frau
mit einem Hut verwechselte

Dr. P. war ein ausgezeichneter Musiker. Er war lange Zeit ein berühmter Sänger gewesen, bevor er einem Ruf als Professor an die hiesige Musikhochschule gefolgt war. Hier fiel er erstmals durch gewisse seltsame Verhaltensweisen auf, und zwar im Umgang mit seinen Studenten. Manchmal geschah es, daß Dr. P. einen Studenten, der vor ihm stand, nicht erkannte – genauer gesagt: Er erkannte sein Gesicht nicht. Sobald der Student ihn dann ansprach, konnte er ihn anhand seiner Stimme identifizieren. Solche Vorfälle ereigneten sich immer häufiger, und in seiner Umgebung war man deswegen peinlich berührt, beunruhigt – und manchmal auch erheitert. Dr. P. war nämlich nicht nur in zunehmendem Maße außerstande, Gesichter zu erkennen, sondern er sah auch Gesichter, wo gar keine waren: Auf der Straße tätschelte er im Vorbeigehen Hydranten und Parkuhren, weil er sie für Kinder hielt; liebenswürdig sprach er geschnitzte Pfosten an und war erstaunt, wenn sie keine Antwort gaben. Anfangs lachten alle, Dr. P. eingeschlossen, über diese merkwürdigen Fehlleistungen. Und hatte er nicht immer schon einen verschrobenen Sinn für Humor gehabt und Paradoxien und Späße geliebt? Seine musikalischen Fähigkeiten waren so beeindruckend wie eh und je, er fühlte sich sehr wohl, und seine Fehler waren so komisch und wirkten so genial, daß man sie kaum ernst nehmen oder in ihnen Anzeichen einer Krankheit sehen konnte. Der Gedanke, daß «irgend etwas nicht in Ordnung sein» könnte, kam Dr. P. erst etwa drei Jahre später, als er Diabetes bekam. Da er wußte, daß sich diese Krankheit auf die Augen auswirken kann, suchte er einen Augenarzt auf, der eine genaue Anamnese aufnahm und seine Augen gründlich untersuchte. «Mit Ihren Augen ist alles in Ordnung», sagte der Arzt schließlich, «aber mit dem Sehzentrum Ihres Gehirns stimmt etwas nicht. Sie brauchen keinen Augenarzt, sondern einen Neurologen.» Und so kam Dr. P. zu mir.

Schon nach wenigen Minuten war ich mir sicher, daß es sich bei ihm nicht um einen einfachen Hirnabbau handelte. Er war ein außergewöhnlich kultivierter und charmanter Mann, der sich gewählt und flüssig auszudrücken wußte und über Phantasie und Humor verfügte. Ich konnte mir nicht vorstellen, warum man ihn an unsere Klinik überwiesen hatte.

Aber er hatte tatsächlich etwas Merkwürdiges an sich. Beim Sprechen wandte er sich mir zu und sah mich an, und doch war da irgend etwas – es war schwer, den Finger darauf zu legen. Schließlich fiel mir auf, daß er sich nicht mit den Augen, sondern mit den *Ohren* auf mich konzentrierte. Anstatt mich anzusehen, mich zu betrachten, mich «in sich aufzunehmen», wie es gewöhnlich der Fall ist, fixierten mich seine Augen mit abrupten, seltsamen Bewegungen – sein Blick richtete sich auf meine Nase, auf mein rechtes Ohr, fuhr hinab zu meinem Kinn, hinauf zu meinem rechten Auge – als betrachteten (oder studierten) sie diese einzelnen Gesichtszüge, ohne mein ganzes Gesicht und seinen Ausdruck, also «mich» als Ganzes zu sehen. Ich bin mir nicht sicher, ob mir das damals schon voll bewußt war, aber es hatte etwas Irritierendes. Es war ein Bruch in dem normalen Wechselspiel von Blick und Gesichtsausdruck. Er sah mich an, seine Augen *tasteten mich ab*, und doch...

«Was führt Sie zu mir?» fragte ich ihn schließlich.

«Ich weiß auch nicht», antwortete er und lächelte. «Mir fehlt nichts, aber andere Leute scheinen zu glauben, daß irgend etwas mit meinen Augen nicht stimmt.»

«Aber Sie selbst haben keine Probleme damit?»

«Nein, nicht direkt. Ich mache nur gelegentlich Fehler.»

Ich verließ für kurze Zeit den Raum, um mit seiner Frau zu sprechen. Als ich zurückkam, saß Dr. P. ruhig und eher aufmerksam hinaushorchend als hinaussehend am Fenster. «Der Verkehrslärm», sagte er, «die Straßengeräusche und das Rauschen von Zügen in der Entfernung – das ist fast wie eine Symphonie, finden Sie nicht? Kennen Sie Honeggers ‹Pacific 234›?»

Was für ein reizender Mann, dachte ich. Es war doch alles in Ordnung mit ihm. Ob er damit einverstanden sei, daß ich ihn untersuche, fragte ich ihn.

«Aber natürlich, Dr. Sacks.»

Die beruhigende Routine der neurologischen Untersuchung – Muskeltonus, grobe Kraft, Reflexstatus, Koordination – überdeckte meine, und vielleicht auch seine, Besorgnis. Als ich seine Reflexe prüfte – die auf der linken Seite eine Spur abnorm waren –, ereignete sich der erste merkwürdige Vorfall. Ich hatte ihm den linken Schuh ausgezogen, um mit einem Schlüssel über seine Fußsohle zu streichen (ein vielleicht komisch wirkender, aber unerläßlicher Test der Reflexe), und ihn gebeten, seinen Schuh wieder anzuziehen, während ich meinen Augenspiegel zusammensetzte. Zu meiner Überraschung hatte er eine Minute später seinen Schuh noch nicht wieder angezogen.

«Kann ich Ihnen helfen?» fragte ich.

«Wobei? Wem?»

«Kann ich Ihnen helfen, den Schuh wieder anzuziehen?»

«Ach», sagte er, «den Schuh hatte ich ganz vergessen», und fügte mit leiser Stimme hinzu: «Den Schuh? Den Schuh?» Er schien verwirrt.

«Ihren Schuh», wiederholte ich. «Sie sollten ihn vielleicht lieber wieder anziehen.»

Ohne den Schuh zu beachten, sah er mit intensiver, aber irregeleiteter Konzentration an sich hinunter. Schließlich blieb sein Blick an seinem Fuß hängen: «Das ist doch mein Schuh, oder?»

Hatte ich mich ver-hört? Hatte er sich ver-sehen?

«Meine Augen», sagte er erklärend und berührte seinen Fuß mit der Hand. «*Das* ist mein Schuh, nicht wahr?»

«Nein, das ist Ihr Fuß. Ihr Schuh ist *dort*.»

«Ah, und ich dachte, das sei mein Fuß.»

Machte er Witze? War er verrückt? War er blind? Wenn das

einer seiner «seltsamen Fehler» war, dann war es der seltsamste Fehler, den ich je gesehen hatte.

Um weiteren Komplikationen vorzubeugen, half ich ihm, seinen Schuh (seinen Fuß) anzuziehen. Dr. P. schien gelassen, unbekümmert zu sein – fast hatte ich den Eindruck, als amüsiere ihn der Zwischenfall. Ich setzte meine Untersuchung fort. Sein Sehvermögen war gut: Er hatte keinerlei Schwierigkeiten, eine Nadel auf dem Boden zu erkennen; nur manchmal, wenn sie zu seiner Linken lag, entging sie ihm.

Er konnte also gut sehen, aber was sah er? Ich schlug eine Zeitschrift auf und bat ihn, einige der Bilder darin zu beschreiben.

Seine Reaktion war äußerst merkwürdig. Seine Augen huschten von einem Objekt zum nächsten, sie registrierten winzige Einzelheiten, individuelle Eigenarten, wie sie es mit meinem Gesicht getan hatten. Ein auffallend heller Punkt, eine Farbe, eine Form erregte seine Aufmerksamkeit und ließ ihn eine Bemerkung machen – aber in keinem Fall nahm er das Bild in seiner Ganzheit in sich auf. Er konnte nicht das Ganze sehen, sondern nur Details, die er wie ein Radarschirm registrierte. Nie trat er in eine Beziehung zu dem Bild – nie befaßte er sich sozusagen mit der Physiognomie der Abbildung. Er hatte keinerlei Begriff von Landschaft oder Szenerie.

Ich zeigte ihm das Titelbild der Zeitschrift, eine endlose Reihe von Sanddünen in der Sahara.

«Was sehen Sie hier?» fragte ich.

«Ich sehe einen Fluß», sagte er. «Und am Ufer ist ein kleines Gasthaus mit einer Terrasse. Auf der Terrasse sitzen Leute und essen. Hier und da stehen bunte Sonnenschirme.» Er sah – wenn man das «sehen» nennen kann – an der Zeitschrift vorbei in die Luft und plauderte ungezwungen über nichtexistente Dinge, als hätte das Fehlen von Gegenständen auf dem Bild ihn dazu gezwungen, sich den Fluß, die Terrasse und die bunten Sonnenschirme vorzustellen.

Ich muß entsetzt dreingeblickt haben, aber er schien davon überzeugt zu sein, daß er seine Sache gut gemacht hatte. Ein Lächeln spielte um seinen Mund. Außerdem hatte er anscheinend den Eindruck, die Untersuchung sei abgeschlossen, denn er sah sich nach seinem Hut um. Er streckte die Hand aus und griff nach dem Kopf seiner Frau, den er hochzuheben und aufzusetzen versuchte. Offenbar hatte er seine Frau mit einem Hut verwechselt! Seine Frau sah aus, als sei sie derlei gewohnt.

Die konventionelle Neurologie (oder Neuropsychologie) bot keine Erklärung für das, was geschehen war. In gewissen Bereichen schien Dr. P. völlig normal, in anderen jedoch absolut und auf unerklärliche Weise gestört zu sein. Wie konnte er einerseits seine Frau mit einem Hut verwechseln und andererseits offenbar immer noch als Professor an einer Hochschule für Musik unterrichten?

Ich mußte nachdenken und ihn noch einmal untersuchen – und zwar in seiner Wohnung, seiner vertrauten Umgebung.

Einige Tage später besuchte ich Dr. P. und seine Frau. Ich hatte verschiedene Dinge dabei, mit denen ich seine Wahrnehmung testen wollte, unter anderem die Noten der «Dichterliebe» (ich wußte, daß er Schumann liebte). Frau P. öffnete mir und bat mich herein. Die Einrichtung der geräumigen Wohnung ließ mich an Berlin um die Jahrhundertwende denken. Im Mittelpunkt des Wohnzimmers stand ein herrlicher alter Bösendorfer-Flügel, umgeben von Notenständern, Instrumenten, Noten... In dem Zimmer gab es auch Regale mit Büchern, und an den Wänden hingen Gemälde, aber die Musik stand im Mittelpunkt. Dr. P. trat ein und ging zerstreut mit ausgestrecktem Arm auf die Standuhr zu, aber als er meine Stimme hörte, bemerkte er seinen Irrtum und schüttelte mir die Hand. Wir unterhielten uns ein wenig über Konzerte und Aufführungen, die in letzter Zeit stattgefunden hatten, und dann fragte ich ihn schüchtern, ob er mir wohl die Freude machen würde zu singen.

«Ah, die ‹Dichterliebe›!» rief er. «Aber ich kann keine Noten mehr lesen. Würden Sie mich begleiten?»

Ich sagte, ich wolle es versuchen. Auf dem wunderbaren alten Flügel klang sogar mein Klavierspiel fehlerfrei, und Dr. P. begann zu singen. Ein gealterter Fischer-Dieskau, aber mit unendlich weicher Stimme. Sie war, ebenso wie sein Gehör, vollkommen, und er verfügte über ein äußerst präzises musikalisches Auffassungsvermögen. Es war offenkundig, daß die Musikhochschule ihn nicht aus Barmherzigkeit beschäftigte.

Dr. P.s Schläfenlappen waren also intakt: Der für das musikalische Empfinden zuständige Teil der Großhirnrinde arbeitete einwandfrei. Wie aber, so fragte ich mich, stand es mit den Scheitel- und Hinterhauptlappen, besonders mit jenen Bereichen, in denen die Umsetzung visueller Eindrücke stattfindet? Zu meiner Ausrüstung für neurologische Untersuchungen gehören auch einige regelmäßige (platonische) Körper, und ich beschloß, meine Tests mit ihnen zu beginnen.

«Was ist das?» fragte ich und zeigte ihm den ersten Körper.

«Ein Würfel natürlich.»

«Und das?» fragte ich und holte den nächsten hervor.

Er bat mich, den Körper näher betrachten zu dürfen, und untersuchte ihn rasch und systematisch. «Ein Dodekaeder. Die anderen brauchen Sie gar nicht erst herauszuholen – einen Ikosaeder erkenne ich ebenfalls.»

Abstrakte Formen bereiteten ihm offenbar keine Probleme. Wie stand es mit Gesichtern? Ich zeigte ihm Spielkarten. Alle identifizierte er sofort, auch die Buben, Damen, Könige und Joker. Aber diese Bilder waren ja stilisiert, und es war unmöglich zu sagen, ob er die Gesichter erkannte oder lediglich die Muster. Ich beschloß, ihm ein Buch mit Karikaturen zu zeigen, das ich in meiner Aktentasche mitgebracht hatte. Auch hier schnitt er in den meisten Fällen gut ab. Sobald er ein Erkennungsmerkmal wie Churchills Zigarre sah, konnte er das Gesicht identifizieren. Aber auch Karikaturen sind ja formal und schematisch. Ich mußte feststellen, ob er mit wirklichen, erscheinungsgetreu dargestellten Gesichtern etwas anfangen konnte.

Ich schaltete den Fernseher ein, stellte den Ton ab und fand, nach einigem Suchen, ein Programm, auf dem ein alter Film mit Bette Davis gezeigt wurde. Es lief gerade eine Liebesszene. Dr. P. erkannte die Schauspielerin nicht, aber das mochte auch daher rühren, daß sie in seiner Welt nicht vorkam. Bemerkenswerter war, daß er den Ausdruck auf ihrem Gesicht und dem ihres Partners nicht zu deuten vermochte, obwohl sich ihr Mienenspiel im Verlauf einer einzigen turbulenten Szene von glühender Sehnsucht über Leidenschaft, Überraschung, Abscheu und Wut bis zur romantischen Versöhnung bewegte. Auf nichts von alledem konnte sich Dr. P. einen Reim machen. Er vermochte weder genau zu sagen, was auf dem Bildschirm vor sich ging und welche Rollen die Schauspieler spielten, noch welchen Geschlechts sie waren. Er verstand von der Szene, die sich vor seinen Augen abspielte, soviel wie ein Marsmensch.

Es war natürlich möglich, daß einige seiner Schwierigkeiten mit der Irrealität dieser Hollywood-Welt zu tun hatten, und mir kam der Gedanke, daß es ihm möglicherweise leichter fallen würde, Gesichter zu identifizieren, die in seinem eigenen Leben eine Rolle spielten. An den Wänden hingen Fotografien von seiner Familie, seinen Kollegen, seinen Studenten und von ihm selbst. Ich hatte gewisse Bedenken, als ich einige davon auswählte und ihm vorlegte. Was vor dem Fernsehgerät noch komisch oder lächerlich gewesen war, bekam nun, da es um das wirkliche Leben ging, etwas Tragisches. Alles in allem erkannte er niemanden – weder seine Familie noch seine Kollegen, seine Studenten oder sich selbst. Einstein erkannte er an dem charakteristischen Schnurrbart und der Frisur, und dasselbe war bei ein oder zwei anderen Bildern der Fall. «Ach, Paul!» sagte er, als ich ihm ein Porträt seines Bruders zeigte. «Dieses eckige Kinn und die großen Zähne... Ich würde Paul unter tausend Leuten herausfinden.» Aber war es Paul, den er erkannte, oder zwei, drei Besonderheiten, die es ihm ermöglichten, gezielt Vermutungen anzustellen? Sobald diese auffallenden «besonderen Kennzeichen» fehlten, war er völlig ratlos. Aber ihm fehlte nicht nur das Erkennungsvermögen, die *gnosis* – seine ganze Vorgehensweise war irgendwie grundfalsch: Er ging an diese Bilder – selbst an die von Menschen, die ihm nahestanden – heran, als handle es sich um abstrakte Puzzles oder Tests. Er betrachtete sie nicht, er setzte sich selbst nicht in Beziehung zu ihnen. Kein Gesicht war ihm vertraut, kein einziges war für ihn ein «Du». Jedes von ihnen stellte für ihn ein «Es», eine Ansammlung von Elementen dar. Dr. P. verfügte also über eine formale, aber über keinerlei personale Gnosis. Das erklärte seine Indifferenz, seine Blindheit für die Sprache der Mimik. Für uns ist ein Gesicht Ausdruck der Persönlichkeit – wir sehen das Individuum gewissermaßen durch seine *persona*, sein Gesicht. Für Dr. P. jedoch existierte keine *persona* in diesem Sinne – keine äußerliche *persona* und keine innere Persönlichkeit.

Auf dem Weg zu ihm hatte ich mir eine auffällige rote Rose gekauft und sie in mein Knopfloch gesteckt. Nun zog ich sie heraus und gab sie ihm. Er nahm sie in die Hand wie ein Botaniker oder Morphologe, der eine Probe untersucht – nicht wie ein Mensch, dem man eine Blume überreicht.

«Etwa fünfzehn Zentimeter lang», bemerkte er. «Ein rotes, gefaltetes Gebilde mit einem geraden grünen Anhängsel.»

«Ja», ermunterte ich ihn, «und was meinen Sie, was es ist, Dr. P.?»

«Schwer zu sagen.» Er schien verwirrt. «Ihm fehlt die einfache Symmetrie der anderen Körper, obwohl es vielleicht eine eigene, höhere Symmetrie besitzt... Ich glaube, es könnte eine Blume oder eine Blüte sein.»

«Könnte sein?» fragte ich nach.

«Könnte sein», bestätigte er.

«Riechen Sie doch einmal daran», schlug ich vor, und wieder sah er irgendwie verdutzt aus, als hätte ich ihn gebeten, eine höhere Symmetrie anhand ihres Geruchs zu identifizieren. Aber höflich wie er war, kam er meiner Aufforderung nach und hielt die Rose an seine Nase. Mit einemmal hellte sich sein Gesicht auf.

«Herrlich!» rief er. «Eine junge Rose. Welch ein himmlischer Duft!» Er begann zu summen. «Die Rose, die Lilie...» Es hatte den Anschein, als vermittle sich ihm die Realität nicht über den Gesichts-, sondern über den Geruchssinn.

Ich unternahm noch einen letzten Versuch. Es war ein kalter Vorfrühlingstag, und ich hatte meinen Mantel und meine Handschuhe auf das Sofa gelegt.

«Was ist das?» fragte ich und zeigte ihm einen Handschuh.

«Darf ich das mal sehen?» bat er mich und untersuchte den Handschuh ebenso eingehend wie zuvor die geometrischen Körper.

«Eine durchgehende Oberfläche», sagte er schließlich, «die

eine Umhüllung bildet.» Er zögerte. «Sie scheint – ich weiß nicht, ob das das richtige Wort dafür ist – fünf Ausstülpungen zu haben.»

«Ja», sagte ich vorsichtig. «Sie haben mir eine Beschreibung gegeben. Sagen Sie mir nun, was es ist.»

«Eine Art Behälter?»

«Ja, aber für was?»

«Für alles, was man hineintut!» antwortete Dr. P. lachend. «Da gibt es viele Möglichkeiten. Man könnte es zum Beispiel als Portemonnaie verwenden, für fünf verschiedene Münzgrößen. Man könnte...»

Ich unterbrach seinen Gedankenfluß. «Kommt es Ihnen nicht bekannt vor? Könnten Sie sich vorstellen, daß es an einen Teil Ihres Körpers passen würde?»

Er machte ein ratloses Gesicht. *

Kein Kind würde von «einer durchgehenden Oberfläche, die eine Umhüllung bildet» sprechen, aber jedes Kind, selbst ein Kleinkind, würde einen Handschuh augenblicklich als solchen erkennen und in ihm etwas Vertrautes sehen, da seine Form der der Hand ähnelt. Nicht so Dr. P. Nichts, was er sah, war ihm vertraut. In visueller Hinsicht irrte er in einer Welt lebloser Abstraktionen umher. Es gab für ihn keine wirkliche visuelle Welt, da er kein wirkliches visuelles Selbst besaß. Er konnte über Dinge sprechen, aber er sah sie nicht als das, was sie sind. Hughlings-Jackson schrieb über Patienten, deren linke Gehirnhälfte geschädigt war und die an Aphasie litten, sie hätten die Fähigkeit zu «abstrakten» und «propositionalen» Gedanken verloren, und verglich sie mit Hunden (oder vielmehr verglich er Hunde mit Patienten, die an Aphasie litten). Dr. P.s Gehirn dagegen arbeitete wie ein Computer. Gleichgültig wie ein Computer stand er der visuellen Welt gegenüber, und – was noch verblüffender war – wie ein Computer analysierte er sie, indem er sich an charakteristische Merkmale und

---

* Später, durch Zufall, schlüpfte er in den Handschuh und rief aus: «Du liebe Zeit, das ist ja ein Handschuh!» Das erinnerte mich an Kurt Goldsteins Patienten Lanuti, der Objekte nur durch Ausprobieren zu identifizieren vermochte.

schematische Beziehungen hielt. Er erkannte, wie bei einem Phantombild, schematische Strukturen, ohne damit auch deren Essenz zu erfassen.

Meine Untersuchungen hatten mir bisher keinen Zugang zu Dr. P.s innerer Realität verschafft. Waren sein visuelles Gedächtnis und das entsprechende Vorstellungsvermögen eigentlich noch intakt? Ich bat ihn, in seiner Erinnerung oder in seiner Vorstellung einen der Plätze in unserer Stadt zu überqueren und mir die Gebäude zu beschreiben, an denen er vorbeikam. Er zählte die auf der rechten Seite, nicht aber die zu seiner Linken auf. Dann bat ich ihn, sich vorzustellen, er betrete den Platz von Süden her. Wieder beschrieb er nur die Gebäude zur Rechten, eben jene, die er zuvor nicht genannt hatte. Die Häuser auf der gegenüberliegenden Seite, die er gerade eben noch vor seinem inneren Auge «gesehen» hatte, blieben jetzt unerwähnt – wahrscheinlich «sah» er sie nicht mehr. Es war offensichtlich, daß seine Schwierigkeiten mit der linken Seite, seine das Gesichtsfeld betreffenden Ausfälle, gleichermaßen innerer wie äußerer Natur waren und seine visuelle Erinnerung und Vorstellung in zwei Hälften teilten.

Wie sah es nun auf einer höheren Ebene mit diesem inneren visuellen Vorstellungsvermögen aus? Ich dachte an die fast halluzinatorische Intensität, mit der Tolstoi seine Figuren beschreibt und mit Leben erfüllt, und fragte Dr. P., ob er ‹Anna Karenina› kenne. Er konnte sich ohne Schwierigkeiten an bestimmte Vorfälle in diesem Roman erinnern und die Handlung fehlerfrei nacherzählen, ließ jedoch die visuellen Charakteristika von Figuren und Szenen aus. Er wußte noch, was die Personen gesagt, nicht aber, wie sie ausgesehen hatten; und obwohl er ein bemerkenswertes Gedächtnis hatte und auf Befragen Beschreibungen visueller Art fast wörtlich zitieren konnte, sagten ihm diese offenbar nichts – sie entbehrten für ihn sensorischer, imaginativer und emotionaler Realität. Der Befund war klar: Es lag bei ihm auch eine innere Agnosie vor.*

---

* Ich habe mich oft gefragt, ob Helen Kellers visuelle Beschreibungen, trotz aller Farbigkeit, nicht auch irgendwie gehaltlos waren oder ob sie,

Ich merkte jedoch bald, daß dies nur bei bestimmten Formen der Visualisierung der Fall war. Wenn es um Gesichter oder Szenen ging, um Erzählungen und Schauspiele, bei denen bildliche Eindrücke im Vordergrund stehen, war sie stark beeinträchtigt, ja fast nicht vorhanden. Die Visualisierung von *Schemata* jedoch war erhalten geblieben, vielleicht sogar verstärkt worden. Als ich mit ihm eine Partie Blindschach spielte, fiel es ihm nicht schwer, sich das Schachbrett und die Züge vorzustellen – er schlug mich sogar vernichtend.

Lurija schrieb über den Patienten Sasetzkij, er habe die Fähigkeit, Spiele zu spielen, völlig verloren, seine «lebhafte Phantasie» jedoch sei unversehrt. Sasetzkij und Dr. P. lebten in Welten, die einander spiegelbildlich entsprachen. Der traurigste Unterschied zwischen beiden aber war, das Sasetzkij wie Lurija bemerkt, «mit der verbissenen Zähigkeit eines Verurteilten versuchte, seine verlorengegangenen Fähigkeiten wiederzuerlangen», während Dr. P. nicht kämpfte und nicht wußte, was er verloren hatte – ja nicht einmal wußte, *daß* etwas verlorengegangen war. Aber wessen Fall war tragischer, wer war mehr verdammt? Der Mann, der um seinen Zustand wußte, oder der, der sich dessen nicht bewußt war?

Als die Untersuchung beendet war, bat uns Frau P. zu Tisch. Es gab Kaffee und verschiedene köstliche, kleine Kuchen. Dr. P. machte sich fröhlich summend und mit Appetit darüber her. Geschwind, ohne nachzudenken, mit fließender, ja geradezu melodischer Bewegung zog er den Kuchenteller zu sich heran und wählte einige Stücke aus. Es war ein dahineilender Strom, ein Lied aus Essen und Trinken, das plötzlich durch ein lautes, energisches Klopfen an der Tür unterbrochen wurde.

durch die Übertragung ertasteter Eindrücke auf das Visuelle beziehungsweise (was noch ungewöhnlicher wäre) vom Verbalen und Metaphorischen auf das Sensorische und Visuelle, *tatsächlich* eine visuelle Vorstellungskraft entwickelt hat, auch wenn ihre Sehrinde nie direkt, also durch die Augen, stimuliert wurde. In Dr. P.s Fall jedoch war es eben dieser Teil des Gehirns, die organische Voraussetzung allen bildlichen Vorstellungsvermögens, der in Mitleidenschaft gezogen war. Es ist interessant und typisch, daß er nicht mehr bildlich träumte – seine Träume bestanden aus Eindrücken nicht-visueller Art.

Aufgeschreckt, fassungslos, wie gelähmt durch die Unterbrechung, hörte Dr. P. auf zu essen und verharrte mit einem Gesichtsausdruck, in dem sich unbestimmte, ziellose Verwirrung spiegelte, bewegungslos am Tisch. Er sah den Tisch, aber er erkannte ihn nicht mehr; er nahm ihn nicht mehr als einen Tisch wahr, an dem er Kuchen aß. Seine Frau schenkte ihm Kaffee ein, und der Duft stieg ihm in die Nase und brachte ihn in die Wirklichkeit zurück. Gleich darauf nahm er die Melodie des Essens wieder auf.

Ich fragte mich, wie er wohl sein Leben bewältigte. Was geschah, wenn er sich anzog, auf die Toilette ging, ein Bad nahm? Ich folgte seiner Frau in die Küche und fragte sie, wie er es zum Beispiel schaffte, sich anzuziehen. «Es ist genau wie beim Essen», erklärte sie. «Ich lege ihm seine Kleider an der gewohnten Stelle hin, und er zieht sich ohne Schwierigkeiten an. Dabei singt er vor sich hin. Das tut er bei allem, was er macht. Aber wenn er unterbrochen wird und den Faden verliert, ist er ratlos – dann weiß er mit seinen Kleidern oder mit seinem eigenen Körper nichts anzufangen. Er singt die ganze Zeit: Eßlieder, Anziehlieder, Badelieder, alles mögliche. Er kann nichts tun, ohne ein Lied daraus zu machen.»

Während wir miteinander sprachen, wurde ich auf die Bilder an den Wänden aufmerksam.

«Ja», sagte Frau P., «er war nicht nur Sänger, sondern auch ein talentierter Maler. Seine Bilder wurden jedes Jahr in der Hochschule ausgestellt.»

Neugierig betrachtete ich die Gemälde. Sie waren chronologisch geordnet. Alle seine früheren Werke waren realistisch, wirklichkeitsgetreue Darstellungen. Sie drückten Stimmungen aus und gaben eine Atmosphäre wieder, waren aber detailliert und konkret. Über die Jahre aber trat die Lebhaftigkeit, der konkrete, naturalistische Stil immer mehr hinter abstrakten, ja geometrischen und kubistischen Formen zurück. Die letzten Bilder schließlich waren, wenigstens für mich, völlig unverständlich: Sie bestanden nur noch aus chaotischen Linien und Farbklecksen. Ich sprach Frau P. darauf an.

«Ach, was seid ihr Ärzte doch für Philister!» rief sie. «Sehen Sie denn nicht seine *künstlerische Entwicklung*? Er hat den Realismus früherer Jahre abgestreift und sich der abstrakten, stilisierten Kunst zugewandt.»

Nein, das ist es nicht, dachte ich (hütete mich aber, dies vor Frau P. auszusprechen). Ihr Mann hatte tatsächlich dem Realismus den Rücken gekehrt und sich der stilisierten Wiedergabe des Abstrakten zugewandt, aber es handelte sich hierbei nicht um eine künstlerische, sondern eine pathologische Entwicklung – um die Entwicklung einer tiefgreifenden visuellen Agnosie, in deren Verlauf sich jede Fähigkeit zur Vorstellung und Vergegenständlichung, jeder Sinn für das Konkrete, die Realität, auflöste. Diese Bilder waren Zeugnis einer pathologischen Entwicklung, die nicht in den Bereich der Kunst, sondern in den der Neurologie fiel.

Aber hatte, so fragte ich mich, Frau P. nicht teilweise recht? Denn es geschieht ja oft, daß es zu einem Konflikt zwischen pathologischen und kreativen Kräften und manchmal auch (was noch interessanter ist) zu einem Zusammenwirken zwischen beiden kommt. In Dr. P.s kubistischer Periode hatte vielleicht eine sowohl künstlerische wie auch pathologische Entwicklung stattgefunden, und beides gemeinsam schuf eine neue Form; denn im selben Maße, wie er den Sinn für das Konkrete verlor, vergrößerte sich sein Sinn für das Abstrakte, so daß er eine große Sensibilität für die strukturellen Elemente der Linie, der Abgrenzung, der Kontur entwickelte – bis er schließlich – beinahe wie Picasso – über die Fähigkeit verfügte, jene abstrakten Gliederungen, die in das Konkrete eingebettet sind und gewöhnlich darin untergehen, nicht nur zu sehen, sondern auch wiederzugeben... In den letzten Bildern allerdings herrschte, fürchte ich, nur Chaos und Agnosie.

Wir gingen wieder in das große Musikzimmer mit dem Bösendorfer-Flügel, wo Dr. P. sein letztes Stück Kuchen summte.

«Nun, Dr. Sacks», sagte er, «ich sehe, daß Sie mich für einen interessanten Fall halten. Können Sie mir sagen, was mir fehlt? Können Sie mir etwas empfehlen?»

«Ich kann Ihnen nicht sagen, was Ihnen fehlt», antwortete ich, «aber ich werde Ihnen sagen, was mir an Ihnen gefällt. Sie sind ein ausgezeichneter Musiker, und Musik ist Ihr Leben.

Was ich in einem Fall wie dem Ihren verschreiben würde, ist ein Leben, das ausschließlich aus Musik besteht. Die Musik hat ja für Sie schon immer im Mittelpunkt gestanden – machen Sie sie jetzt zu Ihrem Leben.»

Das war vor vier Jahren. Ich habe Dr. P. nie wiedergesehen, aber ich habe mich oft gefragt, wie er, angesichts des Verlustes seines visuellen Vorstellungsvermögens und der Unversehrtheit seiner herausragenden Musikalität, die Welt wahrnahm. Ich glaube, daß die Musik für ihn an die Stelle der bildlichen Eindrücke getreten war. Er verfügte nicht über ein «Körperbild», sondern über «Körpermusik». Dies ist der Grund, warum er sich so fließend bewegen konnte, aber in völlige Verwirrung geriet, wenn die «innere Musik», die er vernahm, aufhörte. Und ebenso erging es ihm mit der äußeren Welt...*

In seinem Werk ‹Die Welt als Wille und Vorstellung› bezeichnet Schopenhauer die Musik als Ausdruck des «Willens selbst». Wie fasziniert wäre er von Dr. P. gewesen, einem Mann, dem die Welt als Vorstellung gänzlich verlorengegangen war, der sie sich jedoch als Musik, als Willen, bewahrte!

Und glücklicherweise blieb dies bis zum Ende so – denn trotz der langsamen Ausbreitung seiner Krankheit (eines massiven Tumors oder eines degenerativen Prozesses in seinem Sehzentrum) lebte und lehrte Dr. P. bis zu seinem Tod Musik.

Nachschrift

Wie soll man sich Dr. P.s sonderbare Unfähigkeit erklären, einen Handschuh als einen Handschuh zu deuten und zu beurteilen? Offenbar war er nicht in der Lage, zu einem kognitiven Urteil zu kommen, obwohl er keinerlei Schwierigkeiten hatte, kognitive Hypothesen aufzustellen. Ein Urteil ist intuitiv, per-

---

* So erfuhr ich später von seiner Frau, daß er seine Studenten nicht erkannte, wenn sie stillsaßen, da sie dann lediglich «Bilder» waren, daß er sie aber plötzlich identifizieren konnte, wenn sie *sich bewegten*. «Das ist Karl», rief er dann. «Ich kenne seine Bewegungen, seine Körpermusik.»

sönlich, umfassend und konkret: Wir «sehen» die Beziehung der Dinge zueinander und zu uns selbst. Eben dieses Sehen, die Wahrnehmung dieser Relation, fehlte Dr. P. (obwohl seine Urteile in anderen Bereichen prompt und normal waren). Lag dies an einem Mangel an bildlichen Informationen beziehungsweise an einer fehlerhaften Verarbeitung dieser Informationen? (Dies wäre die Erklärung, die die klassische, schematische Neurologie geben würde.) Oder war mit Dr. P.s Einstellung etwas nicht in Ordnung, so daß er das, was er sah, nicht zu sich selbst in Relation setzen konnte?

Diese Erklärungen, oder besser: diese Arten von Erklärungen, schließen sich nicht gegenseitig aus. Da sie verschiedenen Betrachtungsweisen entspringen, können sie beide nebeneinander bestehen und richtig sein. Und dies wird in der klassischen Neurologie implizit und explizit anerkannt: implizit durch Macrae, der die Erklärung für fehlerhafte Schemata oder die fehlerhafte Verarbeitung und Einordnung bildlicher Eindrücke unzulänglich findet; explizit durch Goldstein, wenn er von «abstrakter Einstellung» spricht. Aber die Vorstellung von einer abstrakten Einstellung, die eine «Kategorisierung» zuläßt, trifft auf Dr. P. – und vielleicht auch auf das ganze Konzept, das sich hinter dem Begriff «Urteilsvermögen» verbirgt – nicht zu, denn Dr. P. besaß ja eine abstrakte Einstellung – genauer gesagt: Er besaß nichts anderes. Und gerade dies, die absurde Abstraktheit seiner Einstellung – absurd deshalb, weil sie durch nichts gemildert wurde –, machte es ihm unmöglich, individuelle Gegebenheiten wahrzunehmen, und beraubte ihn seines Urteilsvermögens.

Merkwürdigerweise beschäftigen sich Neurologen und Psychologen mit allen möglichen Themen, aber fast nie mit «Urteilsfähigkeit» – dabei ist doch gerade das Erlöschen der Urteilsfähigkeit (sei es in spezifischen Bereichen, wie im Fall von Dr. P., oder allgemeiner, wie bei Patienten, die am Korsakow-Syndrom oder am Stirnlappen-Syndrom leiden – siehe auch Kapitel 12 und 13) ein wesentlicher Bestandteil so vieler Störungen im Bereich der Neuropsychologie. Urteilsvermögen und Identität mögen auf der Strecke bleiben, aber die Neuropsychologie befaßt sich nicht damit.

Und doch ist das Urteilsvermögen, sei es im philosophischen (Kantschen) oder im empirischen und evolutions-
theoretischen Sinne, die wichtigste Fähigkeit, die wir besitzen.
Ein Tier oder ein Mensch mag sich sehr gut ohne «abstrakte
Einstellung» zurechtfinden, wird aber ohne Urteilsvermögen
sehr schnell zugrunde gehen. Das Urteilsvermögen ist die *erste*
Fähigkeit, die eine höhere Daseinsform oder ein höheres Bewußtsein ermöglicht. Dennoch wird sie von der klassischen
Neurologie (die sich auf neuronale Verknüpfungen beschränkt) ignoriert oder falsch bewertet. Die Antwort auf die
Frage, wie es zu einer solch absurden Situation kommen
konnte, liegt in der Entwicklungsgeschichte der Neurologie,
in den Annahmen, von denen sie ausgeht. Der Ansatz der klassischen Neurologie ist nämlich (wie der der klassischen Phy-
sik) immer ein mechanistischer gewesen – von Hughlins-Jack-
sons mechanistischen Analogien bis zu den Computer-Analo-
gien von heute.

Natürlich ist das Gehirn tatsächlich ein Apparat, ein Computer – nichts an den Erkenntnissen der klassischen Neurologie ist falsch. Aber die mentalen Prozesse, die unser Sein und
unser Leben ausmachen, sind nicht nur abstrakt und mechanisch, sondern auch persönlich, und schließen daher nicht nur
Klassifizierung und Kategorisierung, sondern auch ständiges
Beurteilen und Fühlen ein. Wenn diese Elemente fehlen, verwandeln wir uns, wie Dr. P., in Computer. Darüber hinaus
reduzieren wir die kognitiven Wissenschaften, wenn wir das
Fühlen und Urteilen, das Persönliche also, aus ihnen verban-
nen, zu etwas, das ebenso unvollständig ist wie Dr. P. – und
gleichermaßen reduzieren wir *unsere* Wahrnehmung des Konkreten und Realen.

Infolge einer komischen und beklagenswerten Analogie hat
unsere gegenwärtige kognitive Neurologie und Psychologie
sehr viel Ähnlichkeit mit dem armen Dr. P.! Wir brauchen das
Konkrete und Reale ebensosehr wie er, und gleich ihm sind wir
nicht in der Lage, es zu erkennen. Unsere kognitiven Wissenschaften leiden selbst unter einer Agnosie, die sich von der
Dr. P.s nicht wesentlich unterscheidet. Er mag daher als War-
nung und Gleichnis dienen: Hier können wir sehen, was mit

einer Wissenschaft geschieht, die das Urteilende, das Besondere, das Persönliche meidet und sich ganz dem Abstrakten
und Berechenbaren zuwendet.

Ich habe es immer sehr bedauert, daß ich, aufgrund von
Umständen, die sich meinem Einfluß entzogen, Dr. P.s Fall
nicht weiter verfolgen konnte. Wie gern hätte ich ihn über
einen längeren Zeitraum in der beschriebenen Weise beobachtet und untersucht und die wirkliche Pathologie seiner Störung
erforscht!

Als Arzt fürchtet man immer, es mit einem «einmaligen» Fall zu
tun zu haben, besonders wenn er so außerordentliche Elemente
enthält wie der von Dr. P. Daher war ich sehr interessiert, erfreut und auch erleichtert, als ich beim Studium des Jahrgangs
1956 der Zeitschrift *Brain* zufällig die detaillierte Beschreibung
eines auf geradezu komische Weise ähnlichen Falles las – ähnlich, ja identisch in neuropsychologischer und phänomenologi-
scher Hinsicht, obwohl die zugrunde liegende Pathologie (eine
akute Kopfverletzung) und alle persönlichen Begleitumstände
völlig anders geartet waren. Die Autoren bezeichnen ihren Fall
als «einzigartig in der dokumentierten Geschichte dieser Art
von Störungen» und waren, wie ich, offenbar höchst erstaunt
über ihre Entdeckung.* Der interessierte Leser sei auf den Auf-

---

* Erst nach Fertigstellung des Manuskripts habe ich festgestellt, daß es
eine recht umfangreiche Literatur über visuelle Agnosie im allgemeinen
und Prosopagnosie im besonderen gibt. Darüber hinaus hatte ich kürzlich das Vergnügen, Andrew Kertesz kennenzulernen, der einige detaillierte Studien über Patienten mit solchen Agnosien publiziert hat (vgl.
zum Beispiel seinen Aufsatz über visuelle Agnosie, Kertesz 1979). Kertesz erwähnte mir gegenüber den ihm bekannten Fall eines Farmers, der
unter Prosopagnosie litt und seine *Kühe* nicht mehr voneinander unterscheiden konnte, sowie den eines anderen Patienten, eines Wärters in
einem Naturkundlichen Museum, der sein eigenes Spiegelbild mit dem
Schaubild eines *Affen* verwechselte. Wie im Fall von Dr. P. und dem des
Patienten von Macrae und Trolle treten diese absurden Fehlwahrneh-
mungen besonders in bezug auf alles Lebendige auf. Die wichtigsten
Untersuchungen zu solchen Agnosien und zur Verarbeitung visueller Informationen im allgemeinen haben kürzlich A. R. und D. Damasio

satz von Macrae und Trolle (1956) verwiesen, den ich im folgenden, mit Zitaten aus dem Original, kurz zusammenfassen werde.

Bei ihrem Patienten handelte es sich um einen jungen Mann von zweiunddreißig Jahren, der nach einer dreiwöchigen Bewußtlosigkeit infolge eines schweren Autounfalls «ausschließlich über sein Unvermögen klagte, Gesichter, selbst die seiner Frau und seiner Kinder, zu erkennen». Kein einziges Gesicht war ihm «vertraut», aber es gab drei – es handelte sich um Kollegen –, die er identifizieren konnte: Einer hatte einen Augen-Tic, der andere ein großes Muttermal auf seiner Wange, und den dritten erkannte er, «weil er so groß und schlank war, daß er sich von allen anderen unterschied». Macrae und Trolle kommen zu dem Schluß, daß alle drei jeweils «einzig und allein aufgrund des erwähnten auffallenden Merkmals wiedererkannt wurden». Sonst erkannte der Patient (wie Dr. P.) vertraute Menschen nur an ihren Stimmen.

Er hatte sogar Schwierigkeiten, sein eigenes Spiegelbild zu erkennen. Macrae und Trolle führen dies im Detail aus: «In der ersten Phase der Rekonvaleszenz zweifelte er, besonders beim Rasieren, oft daran, ob das Gesicht im Spiegel tatsächlich sein eigenes sei, und obwohl er wußte, daß es, schon aus rein physischen Gründen, niemand anderem gehören könne, zog er mehrmals eine Grimasse oder streckte seine Zunge heraus, ‹nur um sicher zu sein›. Durch eingehendes Betrachten seines Spiegelbildes begann er es langsam zu erkennen, allerdings ‹nicht im Nu› wie früher, sondern indirekt folgernd: am Haar, an den Umrissen des Gesichtes und an zwei kleinen Muttermalen auf seiner linken Wange.»

Im allgemeinen erkannte er nichts «mit einem Blick», sondern stellte aufgrund von ein oder zwei besonderen Merkmalen Vermutungen an, die bisweilen geradezu absurd falsch waren. Vor allem, bemerken die Autoren, hatte er Probleme mit allem *Lebendigen*.

Andererseits bereitete ihm das Identifizieren einfacher, sche-

durchgeführt (vgl. ihren Aufsatz in Mesulam 1985, S. 259–288, und «Nachschrift», S. 113 f).

matischer Objekte – Schere, Uhr, Schlüssel usw. – keinerlei Schwierigkeiten. Macrae und Trolle schreiben auch: «Sein *topographisches Gedächtnis* war sonderbar: Es ergab sich das scheinbare Paradoxon, daß er sich auf dem Weg von seinem Haus zur Klinik und in der Klinik selbst zurechtfand, die Namen der Straßen auf dem Weg jedoch nicht nennen konnte [im Gegensatz zu Dr. P. litt er auch an einer Aphasie] und anscheinend nicht in der Lage war, sich die Topographie bildlich vorzustellen.»

Offensichtlich war auch die bildliche Erinnerung an Menschen, selbst solche, die er lange vor seinem Unfall gekannt hatte, wesentlich beeinträchtigt – er konnte sich an ihr Verhalten, manchmal auch an gewisse auffallende Verhaltensweisen erinnern, nicht aber an ihre Erscheinung oder ihr Gesicht. Bei näherem Befragen stellte sich auch heraus, daß seine *Träume* keine visuellen Eindrücke mehr enthielten. Bei diesem Patienten waren also, wie bei Dr. P., nicht nur die visuelle Wahrnehmung, sondern auch die visuelle Imagination und Erinnerung, die Grundlage des visuellen Vorstellungsvermögens, stark in Mitleidenschaft gezogen – zumindest insofern sie sich auf das Persönliche, das Vertraute, das Konkrete bezog.

Noch eine letzte amüsante Anmerkung: Während Dr. P. seine Frau gelegentlich mit einem Hut verwechselte, brauchte Macraes Patient, der ebenfalls seine Frau nicht erkennen konnte, ein visuelles *Kennzeichen*, um sie zu identifizieren – «ein auffallendes Kleidungsstück, zum Beispiel einen großen Hut».

2

Der verlorene Seemann

Man muß erst beginnen, sein Gedächtnis zu verlieren,
und sei's nur stückweise, um sich darüber klarzuwerden,
daß das Gedächtnis unser ganzes Leben ist. Ein Leben
ohne Gedächtnis wäre kein Leben... Unser Gedächtnis
ist unser Zusammenhalt, unser Grund, unser Handeln,
unser Gefühl. Ohne Gedächtnis sind wir nichts...
(Ich kann nur auf die retrograde Amnesie warten, die
ein ganzes Leben auslöschen kann, wie bei
meiner Mutter...)

Luis Buñuel

Dieses eindrucksvolle und beängstigende Zitat aus Buñuels
Memoiren ‹Mein letzter Seufzer› wirft grundlegende Fragen
klinischer, praktischer, existentieller, philosophischer Natur
auf: Was für ein Leben (wenn man es so nennen kann), was für
ein Bild der Welt, was für ein Selbst kann sich ein Mensch bewahren, der den größten Teil seiner Erinnerung und damit
seine Vergangenheit, seinen Ankerplatz im Meer der Zeit, verloren hat?

Als ich diesen Abschnitt in Buñuels Buch las, dachte ich sofort an einen meiner Patienten: Jimmie G., ein charmanter, in-

Nachdem ich diese Geschichte verfaßt und publiziert hatte, machte ich
mich zusammen mit Elkhonon Goldberg – Schüler von Lurija und Herausgeber der ursprünglichen (russischen) Ausgabe von ‹The Neuropsychology of Memory› – an die eingehende und systematische neuropsycholo-

telligenter Mann ohne Gedächtnis, wurde im Frühjahr 1975 in unser «Heim für die Alten» in der Nähe von New York eingeliefert. Auf dem Überweisungsschein stand der rätselhafte Eintrag: «Demenz – hilflos, verwirrt, desorientiert.»

Jimmie sah gut aus und hatte lockiges, graues Haar. Er war neunundvierzig Jahre alt, ein aufgeschlossener, freundlicher, warmherziger und körperlich gesunder Mann.

«Hallo, Doc!» begrüßte er mich. «Herrlicher Morgen, was? Soll ich mich hierhin setzen?» Er hatte eine herzliche Art, war sehr gesprächig und bereit, alle Fragen zu beantworten. Er stellte sich mir vor und nannte sein Geburtsdatum und den Namen der kleinen Stadt in Connecticut, in der er geboren war. Er beschrieb das Städtchen in liebevollen Details und zeichnete sogar eine Karte, schilderte mir die Häuser, in denen seine Familie gelebt hatte, und konnte sich selbst an die Telefonnummern noch erinnern. Er erzählte von der Schule und seiner Schulzeit, von den Freunden, die er gehabt hatte, und von seiner besonderen Vorliebe für Mathematik und Naturwissenschaften. Er sprach mit Begeisterung von seiner Zeit in der Marine – er war siebzehn gewesen und hatte die High-School gerade abgeschlossen, als er 1943 eingezogen worden war. Mit seiner Begabung für alles Technische hatte er sich als «Naturtalent» für Radio und Elektronik erwiesen, und nach einem Schnellkurs in Texas war er Hilfsfunker an Bord eines U-Bootes geworden. Er wußte noch die Namen verschiedener U-Boote, auf denen er gedient hatte, ihre Einsätze, ihre Heimathäfen, die Namen seiner Kameraden. Er beherrschte die Morsezeichen und konnte immer noch fließend morsen und blind maschineschreiben. Es

gische Untersuchung dieses Patienten. Goldberg hat einige unserer vorläufigen Erkenntnisse auf Konferenzen vorgestellt, und wir hoffen, in Kürze ein umfassendes Ergebnis vorlegen zu können.

Ein ergreifender Film über einen Patienten mit einer tiefgreifenden Amnesie, ‹Prisoner of Consciousness› von Jonathan Miller, lief kürzlich (September 1986) im britischen Fernsehen. Auch mit einem Prosopagnosie-Patienten (der in vieler Hinsicht Dr. P. ähnelt) ist ein Film gedreht worden (Regie: Hilary Lawson). Solche Filme fördern die Vorstellung, daß wir Dinge, die sich der sprachlichen Darstellung verschließen, vor Augen führen können.

war eine erfüllte und interessante Zeit, an die er sich lebhaft in allen Einzelheiten erinnerte und an die er gern zurückdachte. Aber dann setzte sein Gedächtnis aus irgendeinem Grund aus. Er erinnerte sich an seine Marinezeit, das Ende des Krieges und seine Pläne für die Zukunft so deutlich, daß ich den Eindruck hatte, er durchlebe das alles aufs neue. In der Marine hatte es ihm gefallen, und er hatte mit dem Gedanken gespielt, sich weiter zu verpflichten, aber da den Kriegsteilnehmern ein Stipendium zustand, hatte er gedacht, es sei das beste, auf ein College zu gehen. Sein älterer Bruder besuchte damals eine Wirtschaftsfachschule und war mit einem Mädchen, einer «wirklichen Schönheit», aus Oregon verlobt.

Während er sich erinnerte, sein Leben noch einmal durchlebte, war Jimmie voller Schwung; er schien nicht von der Vergangenheit, sondern von der Gegenwart zu sprechen, und ich war sehr verblüfft über den Tempuswechsel in seiner Schilderung, als er nach der Beschreibung seiner Schuljahre auf seine Zeit in der Marine zu sprechen kam. Er hatte sich der Vergangenheitsform bedient, gebrauchte aber nun das Präsens – und zwar (so schien es mir) nicht einfach das formale oder fiktive Präsens der Erinnerung, sondern das tatsächliche Präsens der unmittelbaren Erfahrung.

Mir kam plötzlich ein unwahrscheinlicher Verdacht.

«Welches Jahr haben wir, Mr. G.?» fragte ich ihn und versuchte, meine Verwunderung hinter einer gespielten Gleichgültigkeit zu verbergen.

«45, natürlich. Wie meinen Sie das?» Er hielt kurz inne und fuhr fort: «Wir haben den Krieg gewonnen, Roosevelt ist tot, und Truman schmeißt den Laden. Vor uns liegen große Zeiten.»

«Und Sie, Jimmie – wie alt sind Sie?»

Sonderbarerweise war er einen Moment lang unsicher und zögerte mit seiner Antwort, als müsse er erst nachrechnen.

«Tja, ich schätze, ich bin neunzehn, Doc. Mein nächster Geburtstag ist mein zwanzigster.»

Ich sah den grauhaarigen Mann an, der vor mir saß, und mich überkam ein Impuls, den ich mir nie verziehen habe. Ich tat etwas, das äußerst grausam war – oder vielmehr gewesen wäre, wenn ich nicht hätte ausschließen können, daß Jimmie sich später daran erinnern würde.

«Hier», sagte ich und hielt ihm einen Spiegel vor. «Was sehen Sie da? Ist das ein Neunzehnjähriger?»

Er wurde bleich, und seine Finger krallten sich in die Armlehnen des Sessels. «Gott im Himmel», flüsterte er, «was ist los? Was ist mit mir passiert? Ist das ein Alptraum? Bin ich verrückt? Soll das ein Witz sein?» Er geriet in Panik.

«Es ist alles in Ordnung, Jimmie», sagte ich beruhigend. «Es war nur ein Irrtum. Sie brauchen sich keine Sorgen zu machen. Sehen Sie doch mal –» ich trat mit ihm ans Fenster – «ist es nicht ein wunderschöner Frühlingstag? Und da unten spielen Kinder Baseball.» Die Farbe kehrte in sein Gesicht zurück, und er begann zu lächeln. Ich schlich mich davon und nahm den unseligen Spiegel mit.

Zwei Minuten später kehrte ich zurück. Jimmie stand immer noch am Fenster und sah mit Vergnügen den Kindern beim Baseballspielen zu. Als ich die Tür öffnete, fuhr er herum und strahlte mich an.

«Hallo, Doc!» begrüßte er mich. «Was für ein herrlicher Morgen! Sie wollten mit mir sprechen – soll ich mich hierhin setzen?» Sein offener Gesichtsausdruck ließ nicht erkennen, daß er mich schon einmal gesehen hatte.

«Sind wir uns nicht schon einmal begegnet, Mr. G.?» fragte ich beiläufig.

«Nein, nicht daß ich wüßte. Sie haben einen ganz schönen Bart – den würd ich bestimmt nicht vergessen, Doc!»

«Warum nennen Sie mich ‹Doc›?»

«Na ja, Sie sind doch einer, oder nicht?»

«Ja, schon, aber wie können Sie das wissen, wo wir uns doch noch nie begegnet sind?»

«Sie *reden* wie ein Arzt. Ich *sehe*, daß Sie einer sind.»

«Sie haben recht: Ich bin Arzt. Ich bin hier der Neurologe.»

«Neurologe? Ist irgendwas mit meinen Nerven nicht in Ordnung? Und ‹hier›? Wo ist das – ‹hier›? Wo bin ich eigentlich?»

«Das wollte ich Sie gerade fragen. Was glauben Sie, wo Sie sind?»

«Na ja... überall Betten und Patienten – sieht aus wie eine Art Krankenhaus. Aber was soll ich in einem Krankenhaus, bei all diesen alten Leuten? Ich fühle mich prima, ich könnte Bäume ausreißen. Vielleicht *arbeite* ich hier... Arbeite ich hier? Was ist meine Arbeit?... Nein, Sie schütteln den Kopf, ich sehe es Ihren Augen an, daß ich nicht hier arbeite. Also hat man mich *hierher gebracht*. Bin ich ein Patient, bin ich krank und weiß es nur nicht, Doc? Das ist verrückt, das macht mir Angst... Ist das Ganze vielleicht ein Witz?»

«Sie wissen also nicht, warum Sie hier sind? Sie wissen es wirklich nicht? Erinnern Sie sich, daß Sie mir von Ihrer Kindheit erzählt haben, wie Sie in Connecticut aufgewachsen sind und daß Sie Funker auf U-Booten waren? Und daß Ihr Bruder mit einem Mädchen aus Oregon verlobt ist?»

«Ja, das stimmt. Aber ich habe es Ihnen nicht erzählt, ich habe Sie noch nie in meinem Leben gesehen. Das müssen Sie in dem Bericht über mich gelesen haben.»

«Na gut», sagte ich, «ich werde Ihnen eine Geschichte erzählen. Ein Mann geht zum Arzt und klagt über Gedächtnislücken. Der Arzt stellt ihm ein paar Routinefragen und sagt dann: ‹Na, und Ihre Gedächtnislücken?› – ‹Was für Gedächtnislücken?› fragt der Patient.»

«Ach so, das ist also mein Problem», sagte Jimmie lachend. «Ich habe es mir fast gedacht. Es kommt ab und zu vor, daß ich etwas vergesse – Sachen, die gerade erst passiert sind. Aber an alles, was länger her ist, kann ich mich gut erinnern.»

«Sind Sie damit einverstanden, daß ich Sie untersuche und ein paar Tests mit Ihnen mache?»

«Klar», antwortete er freundlich. «Alles, was Sie wollen.»

Beim Intelligenztest schnitt er hervorragend ab. Er war schlagfertig, aufmerksam, konnte logisch denken und hatte keine Schwierigkeiten, komplexe Aufgaben zu lösen – solange diese nicht allzuviel Zeit in Anspruch nahmen. Wenn er sich eine Weile mit einem Problem befaßte, vergaß er nämlich, was er gerade machte. Er war ein schneller, ausgefuchster und offensiver «Dame»- und «Drei in eine Reihe»-Spieler und schlug mich mit Leichtigkeit. Im Schach dagegen hatte er keine Chance – die Spielentwicklung war zu langsam für ihn.

Bei der Untersuchung seines Erinnerungsvermögens stellte ich extreme und außergewöhnliche Defizite des Kurzzeitgedächtnisses fest. Alles, was man ihm zeigte, sagte oder mit ihm machte, hatte er gewöhnlich innerhalb weniger Sekunden wieder vergessen. So legte ich zum Beispiel meine Uhr, meine Krawatte und meine Brille auf den Tisch und bat ihn, sich diese Gegenstände einzuprägen, bevor ich sie mit einem Tuch bedeckte. Nachdem wir uns dann etwa eine Minute lang über etwas anderes unterhalten hatten, fragte ich ihn, was sich unter dem Tuch befinde. Er konnte sich an nichts erinnern, nicht einmal daran, daß ich ihn gebeten hatte, sich diese drei Dinge zu merken. Ich wiederholte den Test und ließ ihn diesmal die Bezeichnungen der drei Gegenstände aufschreiben; wieder hatte er sie vergessen, und als ich ihm das Blatt mit seiner Handschrift zeigte, war er erstaunt und sagte, er könne sich nicht erinnern, irgend etwas aufgeschrieben zu haben, bestätigte jedoch, daß es sich um seine Handschrift handelte, und konnte sich dann «dunkel» daran erinnern, daß er die Namen der Gegenstände notiert hatte.

Manchmal kehrten schwache Erinnerungen, ein leises Echo oder ein Gefühl der Vertrautheit zurück. So entsann er sich, fünf Minuten, nachdem wir unsere Partie «Drei in eine Reihe» beendet hatten, daß «irgendein Arzt» dieses Spiel «vor einer Weile mal» mit ihm gespielt hatte – ob das Monate oder nur Minuten her war, wußte er jedoch nicht zu sagen. Dann hielt er inne und erklärte: «Es könnte sein, daß Sie es waren.» Als ich das bestätigte, schien er amüsiert zu sein. Diese leichte Belustigung und Gleichgültigkeit waren sehr charakteristisch, ebenso wie die verwickelten Überlegungen, zu denen er durch die Tatsache getrieben wurde, daß er so desorientiert war und ohne zeitlichen Bezug lebte. Als ich Jimmie fragte, was für eine Jahreszeit wir hätten, sah er sich sofort nach einem Anhaltspunkt um – ich hatte vorher den Kalender von meinem Schreibtisch entfernt – und versuchte, nachdem er einen Blick aus dem Fenster geworfen hatte, eine grobe Schätzung.

Offenbar war er durchaus in der Lage, Eindrücke zu speichern, nur waren die Gedächtnisspuren äußerst flüchtig und gewöhnlich innerhalb einer Minute, oft sogar noch schneller, gelöscht, vor allem, wenn es sich um ablenkende oder miteinander konkurrierende Reize handelte. Sein Wahrnehmungsvermögen und seine intellektuellen Fähigkeiten dagegen waren unbeeinträchtigt und sehr ausgeprägt.

Jimmies wissenschaftliche Kenntnisse entsprachen denen eines intelligenten High-School-Absolventen mit einer Vorliebe für Mathematik und Naturwissenschaften. Arithmetische (und auch algebraische) Rechenaufgaben bewältigte er mit Leichtigkeit, allerdings nur, wenn er sie sehr schnell durchführen konnte. Wenn sie zu viele Rechenschritte, zuviel Zeit erforderten, vergaß er nicht nur, wo er gerade war, sondern konnte sich auch der Fragestellung nicht mehr entsinnen. Er kannte die chemischen Elemente, verglich sie miteinander und zeichnete eine Tabelle des periodischen Systems, in der jedoch die Transurane fehlten.

«Ist das die vollständige Tabelle?» fragte ich ihn, als er fertig war.

«Vollständig und auf dem neuesten Stand, soviel ich weiß.»

«Und nach dem Uran kommen keine Elemente mehr?»

«Wollen Sie mich auf den Arm nehmen? Es gibt zweiundneunzig Elemente, und Uran ist das letzte.»

Ich blätterte in einer Ausgabe des *National Geographic Magazine*, die auf dem Tisch lag. «Nennen Sie mir die Planeten», sagte ich, «und sagen Sie auch etwas über ihre Eigenschaften.» Selbstbewußt und ohne zu zögern zählte er die Planeten auf – ihre Namen, das Datum ihrer Entdeckung, ihre Entfernung von der Sonne sowie ihre geschätzte Masse, ihre Zusammensetzung, ihr Gewicht.

«Was ist das?» fragte ich und zeigte ihm ein Foto in der Zeitschrift.

«Der Mond», antwortete er.

«Nein, das ist ein Foto von der Erde, das vom Mond aus aufgenommen worden ist.»

«Sie machen wohl Witze! Dazu müßte man ja einen Fotoapparat auf den Mond bringen!»

«Natürlich.»

«Jetzt mal ernsthaft, Doc – wie sollte man das denn wohl anstellen?»

Wenn er nicht ein begnadeter Schauspieler war, ein Simulant, der ein Erstaunen spielte, das er nicht empfand, dann war dies ein höchst überzeugender Beweis dafür, daß er in der Vergangenheit lebte. Seine Ausdrucksweise, seine Gefühle, sein naives Staunen, seine Bemühungen, das, was er sah, zu begreifen, waren die eines intelligenten jungen Mannes in den vierziger Jahren, der mit der Zukunft konfrontiert wurde, mit etwas, das sich noch nicht ereignet hatte und das kaum vorstellbar war. «Mehr als alles andere», schrieb ich in mein Notizbuch, «überzeugt mich dies davon, daß die Gedächtnisstörung, die etwa 1945 eingesetzt haben muß, echt ist... Das, was ich ihm zeigte und sagte, rief jene aufrichtige Verwunderung hervor, die jeder intelligente junge Mann vor Beginn des Raumfahrtzeitalters empfunden hätte.»

Ich fand noch ein weiteres Foto in dem Magazin, das ich ihm vorlegte.

«Das ist ein Flugzeugträger», sagte er. «Sieht richtig ultramodern aus. So ein Ding hab ich noch nie gesehen.»

«Und wie heißt das Schiff?» fragte ich ihn.

Er betrachtete das Foto genauer und las mit verblüfftem Gesicht: «Nimitz!»

«Stimmt etwas mit dem Namen nicht?»

«Zum Donnerwetter!» rief er erregt. «Ich kenne die Namen aller Marineschiffe, aber *eine ‹Nimitz› kenne ich nicht*... Natürlich gibt es einen Admiral Nimitz, aber ich habe nie davon gehört, daß sie einen Flugzeugträger nach ihm benannt hätten.»

Zornig warf er die Zeitschrift auf den Tisch.

Langsam ermüdete ihn das Gespräch. Unter dem ständigen Druck der Ungereimtheiten und Widersprüche und ihrer besorgniserregenden Implikationen, die ihm nicht ganz entgehen konnten, wurde er ziemlich unruhig und gereizt. Ich hatte ihn bereits, ohne mir dessen bewußt zu sein, in Panik versetzt und hielt es für das beste, das Gespräch zu beenden. Wir traten wieder ans Fenster und sahen hinab auf das sonnenbeschienene Baseballfeld; bei diesem Anblick entspannte sich sein Gesicht, er vergaß die «Nimitz», das Satellitenbild und die anderen Dinge, die in ihm Ängste geweckt hatten, und verfolgte mit gespannter Aufmerksamkeit das Spiel. Dann stiegen verlokkende Düfte aus dem Speisesaal zu uns empor. Er leckte sich über die Lippen, sagte «Mittagessen!», lächelte mir zu und verabschiedete sich.

Und ich blieb zurück, ergriffen von bedrückenden Gefühlen – es war herzzerreißend, es war absurd, es war zutiefst verwirrend, daß das Leben dieses Mannes sich in der Vergessenheit verlor.

«Er befindet sich», schrieb ich in mein Notizbuch, «gewissermaßen ständig in der Isolation eines einzigen Augenblicks, umgeben von einem tiefen Graben des Vergessens... Er ist ein Mann ohne Vergangenheit (oder Zukunft), der in einer sich fortwährend wandelnden, bedeutungslosen Gegenwart gefangen ist.» Und dann, prosaischer: «Die Ergebnisse der anderen neurologischen Untersuchungen sind völlig normal. Erster Eindruck: vermutlich Korsakow-Syndrom infolge alkoholtoxischer Degeneration der Mammillarkörper.» Meine Notizen waren eine seltsame Mischung aus sorgfältig niedergeschriebenen und spezifizierten Fakten und Beobachtungen und sich aufdrängenden Überlegungen über die «Bedeutung» dieser Probleme: Wer und was war dieser bemitleidenswerte Mann? Wo lebte er? Konnte man angesichts dieses absoluten Fehlens von Gedächtnis und Kontinuität überhaupt von «leben» sprechen?

Völlig unwissenschaftlich beschäftigte ich mich, in diesen und späteren Notizen, immer wieder mit dem Problem der «verlorenen Seele». Wie konnte man eine Kontinuität herstellen, irgendwelche Wurzeln finden? Denn wenn Jimmie G. überhaupt irgendwo verwurzelt war, dann ausschließlich in einer entfernten Vergangenheit.

«Es müßte nur die Verbindung hergestellt werden» – aber wie sollte er das anstellen, und wie konnten wir ihm dabei helfen? Was war das Leben ohne eine Verbindung, ohne einen Zusammenhang? «...so kann ich wagen... zu behaupten», schrieb Hume, «daß [wir] nichts sind als ein Bündel oder ein Zusammen verschiedener Perzeptionen, die einander mit unbegreiflicher Schnelligkeit folgen und beständig in Fluß und Bewegung sind.» In gewisser Weise war Jimmie auf ein «Humesches Wesen» reduziert worden – unwillkürlich mußte ich daran denken, wie fasziniert Hume von Jimmie gewesen wäre, der Inkarnation seiner eigenen philosophischen «Chimära», der schrecklichen Reduzierung eines Menschen auf einen zusammenhanglosen, von allem losgelösten Fluß und Wandel.

Vielleicht konnte ich in der medizinischen Literatur Rat und Hilfe finden – einer Literatur, die aus einem mir unbekannten Grund hauptsächlich aus Rußland stammte, von Korsakows ursprünglicher These (Moskau 1887) über jene Fälle von Gedächtnisschwund, die auch heute noch als «Korsakow-Syndrom» bezeichnet werden, bis hin zu Lurijas ‹Neuropsychology of Memory› (einem Werk, das erst ein Jahr nach meiner ersten Begegnung mit Jimmie in englischer Übersetzung erschien).

1887 schrieb Korsakow: «Die Erinnerung an kurz zurückliegende Ereignisse ist fast gänzlich gestört; Eindrücke aus der unmittelbaren Vergangenheit werden offenbar als erste getilgt, während solche, die aus früherer Zeit stammen, genau erinnerlich sind, so daß die Auffassungsgabe des Patienten, sein Scharfsinn und seine geistige Beweglichkeit weitgehend unbeeinträchtigt bleiben.»

Seit Korsakows brillanten, aber knappen Beobachtungen ist fast ein Jahrhundert weiterer Forschung vergangen, wobei Lurijas Erkenntnisse die mit Abstand tiefsten und weitreichendsten sind. In Lurijas Werk verwandelte sich Wissenschaft in Poesie, und er beschwor darin das Pathos jener vollkommenen Verlorenheit. «Bei solchen Patienten können immer schwere Beeinträchtigungen in der Strukturierung der Eindrücke von Ereignissen und ihrer zeitlichen Abfolge beobachtet werden», schrieb er. «Infolgedessen verlieren sie ihr Zeitgefühl und beginnen, in einer Welt voneinander isolierter Eindrücke zu leben.» Darüber hinaus, bemerkt Lurija, ist es möglich, daß die Tilgung (und die Verwirrung) von Eindrücken sich rückwärts in der Zeit fortsetzt und – in den schwersten Fällen – «selbst auf relativ weit zurückliegende Ereignisse übergreift».

Die meisten der Patienten, die Lurija in seinem Buch beschreibt, hatten bösartige Gehirntumoren in fortgeschrittenem Stadium, die dieselben Auswirkungen hatten wie das

Korsakow-Syndrom, später jedoch weiterwucherten und oft zum Tod führten. Lurija beschrieb keinen Fall eines «einfachen» Korsakow-Syndroms, das auf der von Korsakow beschriebenen, sich selbst begrenzenden Zerstörung beruht – einer durch Alkohol hervorgerufenen Zerstörung von Neuronen in den winzigen, aber überaus wichtigen Mammillarkörpern, von der der Rest des Gehirns völlig unberührt bleibt. Daher wurden in den von Lurija beschriebenen Fällen keine Nachfolgeuntersuchungen über einen langen Zeitraum hinweg vorgenommen.

Im Fall von Jimmie G. war ich angesichts des offenbar abrupt erfolgten Verlustes des Erinnerungsvermögens im Jahre 1945, einem Zeitpunkt, der auch symbolisch stark befrachtet ist, zunächst sehr verwirrt, unsicher und sogar mißtrauisch. In einer nachträglichen Notiz schrieb ich: «Es bleibt ein großer blinder Fleck. Wir wissen nicht, was damals – oder später – geschehen ist... Wir müssen diese ‹fehlenden Jahre› ergänzen, und zwar mit Hilfe seines Bruders, der Marine oder der Krankenhäuser, in denen er behandelt worden ist... Könnte es sein, daß er damals, im Krieg, bei einem Gefecht, ein schweres zerebrales oder emotionales Trauma erlitten hat, und daß *dies* seitdem sein Gedächtnis beeinträchtigt?... Vielleicht war der Krieg der ‹Höhepunkt› in seinem Leben, das letzte Ereignis, bei dem er sich wirklich lebendig fühlte, so daß er die Zeit, die darauf folgte, als einen einzigen langen, ereignislosen Nachklang empfindet.» *

---

* In ‹*Der gute Krieg*› (1985; dt. 1989), einer Sammlung von Zeitzeugenberichten aus dem Zweiten Weltkrieg, hat Studs Terkel zahllose Erzählungen von Männern und Frauen, vor allem von Soldaten der Kampftruppen, zusammengestellt, für die der Krieg eine äußerst intensive Erfahrung war – die bei weitem intensivste und bedeutsamste Zeit ihres Lebens – und die im Vergleich dazu alles, was darauf folgte, als blaß und farblos empfanden. Die Männer erinnern sich immer wieder an den Krieg und erleben die Schlachten, die Kameradschaft, die Intensität und die festgefügten moralischen Grundsätze jener Zeit immer wieder aufs neue. Aber dieses Verweilen in der Vergangenheit und die relative Gleichgültigkeit gegenüber der Gegenwart – das emotionale Verblassen der gegenwärtigen Gefühle und Erinnerungen – läßt sich nicht mit Jim-

Wir unterzogen Jimmie verschiedenen Untersuchungen (EEG, Computertomographie) und konnten keine ernstliche Hirnverletzung feststellen. Eine Verkümmerung der winzigen Mammillarkörper allerdings läßt sich durch solche Untersuchungen nicht nachweisen. Wir erhielten einen Bericht von der Marine, aus dem hervorging, daß er dort bis 1965 gedient und alle ihm zugewiesenen Aufgaben zur vollsten Zufriedenheit seiner Vorgesetzten erfüllt hatte.

Danach bekamen wir einen knappen, unfreundlichen Bericht des Bellevue Hospitals, der aus dem Jahre 1971 stammte. In ihm hieß es, Jimmie G. sei «völlig desorientiert» und leide an «einem fortgeschrittenen organischen Gehirn-Syndrom infolge von Alkoholmißbrauch» (zu dieser Zeit hatte er auch eine Leberzirrhose). Vom Bellevue Hospital hatte man ihn in ein heruntergekommenes sogenanntes «Pflegehcim» in Greenwich Village überwiesen, aus dem er 1975 unterernährt und verlaust herausgeholt und in unser «Heim für die Alten» gebracht worden war.

Wir spürten seinen Bruder auf, von dem Jimmie erzählt hatte, er besuche eine Wirtschaftsfachschule und sei mit einem Mädchen aus Oregon verlobt. Er hatte dieses Mädchen geheiratet, war Vater und Großvater geworden und arbeitete seit dreißig Jahren als Buchhalter.

Von diesem Bruder hatten wir uns eine Fülle von Informationen und eine gewisse Anteilnahme versprochen, erhielten jedoch nur einen höflichen, aber ziemlich unergiebigen Brief. Aus ihm ging – besonders, wenn man zwischen den Zeilen las – hervor, daß die Brüder sich seit 1943 nur selten gesehen hatten und – zum Teil bedingt durch die räumliche Entfernung und ihre unterschiedliche berufliche Orientierung, zum Teil aber auch auf Grund einer starken (wenn auch nicht entfremdenden) Verschiedenheit ihrer Temperamente – getrennte

mies organischer Amnesie auf die gleiche Stufe stellen. Ich hatte kürzlich Gelegenheit, diese Frage mit Terkel zu diskutieren. «Ich habe mit Tausenden von Männern gesprochen», sagte er, «die das Gefühl haben, daß sie seit 1945 lediglich ‹die Zeit totschlagen› – aber ich habe nie einen getroffen, für den, wie im Fall von Jimmie, die Zeit stehengeblieben ist.»

Wege gegangen waren. Jimmie, so schien es, hatte sich nie «irgendwo niedergelassen», war «unbekümmert» und «immer schon ein Trinker» gewesen. Sein Bruder schrieb, die Marine habe Jimmies Leben Halt und Inhalt gegeben, und die wirklichen Probleme hätten erst begonnen, als er 1965 seinen Abschied nahm. Ohne die gewohnte Disziplin habe er aufgehört zu arbeiten, er sei «zerbrochen» und habe angefangen, übermäßig zu trinken. Mitte und besonders Ende der sechziger Jahre seien bei Jimmie einige Gedächtnislücken (von der Art, wie Korsakow sie beschreibt) aufgetreten, die aber nicht so schlimm gewesen seien, daß Jimmie nicht auf nonchalante Weise mit ihnen habe «fertig werden» können. Seine Trunksucht habe sich jedoch im Verlauf des Jahres 1970 verstärkt.

Irgendwann um Weihnachten dieses Jahres war Jimmie, nach Ansicht seines Bruders, «ausgeflippt» und in eine Art Delir, einen Zustand verwirrter Erregtheit, verfallen. Dies war der Zeitpunkt seiner Einlieferung in das Bellevue Hospital gewesen. Im Laufe des nächsten Monats klangen Delir und Erregtheit ab, aber er behielt tiefgreifende und bizarre Gedächtnisstörungen oder «Ausfälle», um den medizinischen Ausdruck zu gebrauchen, zurück. Damals besuchte ihn sein Bruder – sie hatten sich seit zwanzig Jahren nicht mehr gesehen – und mußte feststellen, daß Jimmie ihn nicht erkannte. Er sprach ihn wie einen Fremden an: «Machen Sie keine Witze! Sie sind alt genug, mein Vater zu sein. Mein Bruder ist ein junger Mann, er besucht eine Wirtschaftsfachschule.»

Nachdem ich all diese Informationen erhalten hatte, war ich noch ratloser als zuvor: Warum konnte sich Jimmie nicht an die späteren Jahre in der Marine erinnern, und warum entsann er sich nicht der Zeit bis 1970? Ich hatte zu jener Zeit noch nicht davon gehört, daß es in solchen Fällen zu einer retrograden Amnesie kommen kann (siehe Nachschrift). «Ich frage mich immer mehr», schrieb ich damals, «ob hier nicht eine hysterische oder passagere Amnesie im Spiel ist – ob er nicht vor etwas flieht, das so schrecklich ist, daß er sich nicht daran erinnern will», und schlug vor, er solle von unserer Psychiaterin untersucht werden. Ihr Bericht war gründlich und detailliert. Im Verlauf der Untersuchung hatte sie Jimmie auch Natriumamytal verabreicht, eine Chemikalie, die möglicherweise unterdrückte Gedächtnisinhalte «freisetzt». In der Hoffnung, Zugang zu Erinnerungen zu bekommen, die infolge einer hysterischen Reaktion verdrängt worden waren, hatte die Ärztin sogar versucht, Jimmie in einen hypnotischen Zustand zu versetzen – in Fällen von hysterischer Amnesie hat diese Methode oft Erfolg. Bei Jimmie jedoch schlugen diese Versuche fehl, denn es war unmöglich, ihn zu hypnotisieren, und zwar nicht wegen eines «Widerstandes», sondern wegen seiner extremen Amnesie, die es ihm unmöglich machte, die Worte des Hypnotiseurs zu behalten. (M. Homonoff, der auf der Amnesie-Station des Boston Veterans Administration Hospitals gearbeitet hat, berichtete mir von ähnlichen Erfahrungen. Seiner Meinung nach ist dies charakteristisch für Menschen, die am Korsakow-Syndrom leiden, im Gegensatz zu Patienten mit psychogener Amnesie.)

«Ich habe weder den Eindruck noch Beweise dafür, daß es sich hier um psychogene oder ‹simulierte› Ausfälle handelt», schrieb die Psychiaterin. «Es fehlt ihm sowohl an Möglichkeiten als auch an einem Motiv, eine solche Fassade aufzubauen. Seine Gedächtnisausfälle sind organisch, permanent und unkorrigierbar. Es ist allerdings verblüffend, daß sie sich so weit in die Vergangenheit erstrecken.» Da sie der Meinung war, er sei «unbekümmert», zeige «keine besonderen Ängste» und habe «kein Problem, sein Leben zu regeln», konnte sie keine Lösungsmöglichkeiten anbieten und keinen therapeutischen «Zugang» oder «Ansatz» erkennen.

Ich war zu diesem Zeitpunkt davon überzeugt, daß wir es mit einem «reinen» Korsakow-Syndrom zu tun hatten, das nicht weiter durch andere Faktoren emotionaler oder organischer Art kompliziert wurde, und bat deshalb Lurija in einem Brief um seine Meinung. In seiner Antwort schrieb er von seinem Patienten Bel*, dessen Amnesie den Zeitraum der letzten zehn Jahre ausgelöscht hatte. Er sehe keinen Grund, warum eine solche retrograde Amnesie sich nicht über Jahrzehnte oder

---

* A. R. Lurija: ‹The Neuropsychology of Memory› (1976), S. 250–252.

fast ein ganzes Leben erstrecken sollte. «Ich kann nur auf die retrograde Amnesie warten, die ein ganzes Leben auslöschen kann», schrieb Buñuel. Aber Jimmies Amnesie hatte, aus welchen Gründen auch immer, die Erinnerung an den Zeitraum seit 1945 getilgt und war dort stehengeblieben. Gelegentlich entsann er sich eines Ereignisses, das viel später stattgefunden hatte, aber diese Erinnerung war dann bruchstückhaft und einer falschen Zeit zugeordnet. Einmal, als er das Wort «Satellit» in einer Schlagzeile sah, erwähnte er nebenbei, er habe, während er auf dem Schiff «Chesapeake Bay» Dienst tat, an einem Projekt mitgewirkt, bei dem es um die Funküberwachung von Satelliten ging. Dieses Gedächtnisfragment mußte aus dem Anfang oder der Mitte der sechziger Jahre stammen. Alles in allem lag der Einschnitt bei ihm jedoch in der Mitte oder gegen Ende der vierziger Jahre, und alle späteren Erinnerungen, die gelegentlich auftauchten, waren unvollständig und zusammenhanglos. Das gilt für 1975 ebenso wie für heute, neun Jahre später.

Was konnten wir tun? Was sollten wir tun? «Für einen Fall wie diesen gibt es kein Rezept», schrieb Lurija. «Lassen Sie sich von Ihrem Verstand und von Ihrem Herzen leiten. Es gibt keine, oder nur wenig, Hoffnung auf eine Wiederherstellung seines Gedächtnisses. Aber ein Mensch besteht nicht nur aus dem Gedächtnis. Er verfügt auch über Gefühle und Empfindungen, über einen Willen, über moralische Grundsätze – Dinge, über die die Neuropsychologie kein Urteil fällen kann. Und in diesem Bereich, jenseits der unpersönlichen Psychologie, finden Sie vielleicht eine Möglichkeit, ihn zu erreichen und eine Veränderung herbeizuführen. In Ihrem Fall lassen die äußeren Umstände dies ja zu, denn Sie sind in einem Heim tätig, das wie eine kleine Welt aufgebaut ist und sich sehr von den Kliniken und Anstalten, in denen ich arbeite, unterscheidet. In neuropsychologischer Hinsicht können Sie wenig oder nichts tun, aber in der Sphäre des Individuellen können Sie viel erreichen.»

Lurija wies auf seinen Patienten Kur hin, der ein ungewöhnliches Bewußtsein seiner selbst besitze, in dem sich Hoffnungslosigkeit mit einem sonderbaren Gleichmut mische.

«Ich habe keine Erinnerung an die Gegenwart», sage er. «Ich weiß nicht, was ich gerade getan habe oder wo ich gerade gewesen bin... Ich kann mich sehr gut an meine Vergangenheit erinnern, aber ich habe keine Erinnerung an die Gegenwart.» Wenn man ihn fragte, ob er die Person, die ihn untersuchte, schon einmal gesehen habe, antwortete er: «Ich kann weder ja noch nein sagen, ich kann weder bestätigen noch bestreiten, daß ich Sie je gesehen habe.» Auch Jimmie verhielt sich bisweilen so; und er begann wie Kur, der viele Monate im selben Krankenhaus blieb, «eine gewisse Vertrautheit» zu entwickeln: Er lernte langsam, sich im Heim zurechtzufinden, das heißt, er wußte, wo der Speisesaal, sein eigenes Zimmer, der Aufzug und das Treppenhaus war, und erkannte irgendwie auch einige Mitarbeiter des Pflegepersonals, obwohl er sie, wohl zwangsläufig, mit Leuten aus seiner Vergangenheit verwechselte. Die Pflegeschwester des Heims mochte er besonders gern; er erkannte ihre Stimme und ihren Gang sofort, behauptete aber immer, sie sei eine seiner Mitschülerinnen auf der High-School gewesen, und war höchst erstaunt, wenn ich sie mit «Schwester» anredete.

«Donnerwetter!» rief er dann. «Es passieren wirklich die merkwürdigsten Sachen. Ich hätte nie gedacht, daß du mal religiös werden würdest, Schwester!»

Seitdem er in unser Heim gebracht wurde – also seit Anfang des Jahres 1975 –, ist Jimmie nie in der Lage gewesen, irgend jemanden über einen längeren Zeitraum hinweg zu erkennen. Der einzige, bei dem ihm das gelingt, ist sein Bruder aus Oregon, der ihn gelegentlich besucht. Es ist rührend, ihn bei diesen sehr gefühlsbetonten Begegnungen zu beobachten – es sind die einzigen mit Gefühlen erfüllten Momente des Zusammenseins mit einem Menschen in seinem heutigen Leben. Er liebt seinen Bruder und erkennt ihn auch, kann jedoch nicht verstehen, warum er so alt aussieht. «Na ja, ich schätze, manche Leute altern schneller», sagt er. Dabei wirkt sein Bruder viel jünger, als er in Wirklichkeit ist; er hat die Art von Gesicht und Statur, die sich mit den Jahren wenig verändert. Es sind echte Begegnungen, Jimmies einzige Verbindung zwischen Vergangenheit und Gegenwart, und doch vermitteln sie ihm kein Gefühl von

Geschichte oder Kontinuität. Sie bestätigen lediglich – seinem Bruder und anderen, die die beiden zusammen sehen –, daß Jimmie immer noch gewissermaßen versteinert ist und in der Vergangenheit lebt.

Wir alle hegten anfangs große Hoffnungen, Jimmie helfen zu können. Er war so sympathisch, so aufgeweckt und intelligent, daß es schwerfiel zu glauben, sein Leiden könne unheilbar sein. Aber keinem von uns war je ein solcher Fall begegnet. Eine derart umfassende Amnesie, die Möglichkeit, daß es ein Loch geben könnte, in dem alles, jede Erfahrung spurlos verschwindet, ein Gedächtnisloch, das die ganze Welt verschluckt, hatte sich keiner von uns auch nur vorstellen können.

Nach der ersten Untersuchung schlug ich vor, er solle ein Tagebuch führen und dazu angehalten werden, sich jeden Tag Notizen über seine Erfahrungen, seine Gefühle, Gedanken, Erinnerungen und Betrachtungen zu machen. Dies scheiterte zunächst daran, daß er das Tagebuch ständig verlor: Es mußte irgendwie an ihm befestigt werden. Aber auch dann war diesem Versuch kein Erfolg beschieden. Er machte sich zwar pflichtschuldig jeden Tag kurze Notizen, vermochte aber die früheren Einträge nicht mit sich selbst in Verbindung zu bringen. Er erkannte seine Schrift und seinen Stil, war aber immer verwundert, wenn er feststellte, daß er am Tag zuvor etwas geschrieben hatte.

Er zeigte sich verwundert – aber auch gleichgültig, denn er war ein Mann, für den es praktisch kein Gestern gab. Seine Eintragungen blieben zusammenhangslos und konnten ihm kein Gefühl für Zeit oder Kontinuität vermitteln. Darüber hinaus bezogen sie sich auf triviale Ereignisse – «Zum Frühstück Eier», «Ein Baseballspiel im Fernsehen» – und gingen nie in die Tiefe. Und doch verfügte dieser Mann ohne Gedächtnis über Tiefen, in denen Gefühle und Gedanken wohnten – oder war er tatsächlich zu einer Art von Humeschem Wesen geworden, hilflos einer wirren Abfolge von Eindrücken und Ereignissen ausgeliefert?

Jimmie war sich dieses gravierenden Verlustes, den er erlitten hatte, des Verlustes seiner selbst, bewußt und gleichzeitig auch nicht bewußt. (Wenn jemand ein Bein oder ein Auge verloren hat, so weiß er das; aber wenn er ein Selbst – sich selbst – verloren hat, dann kann er das nicht wissen, denn es ist nichts mehr da, das den Verlust empfinden könnte.) Daher konnte ich ihn über diese Dinge nicht auf intellektueller Ebene befragen.

Bei unserer ersten Begegnung hatte er sein Erstaunen darüber zum Ausdruck gebracht, daß er von Patienten umgeben war, während er sich doch, wie er sagte, nicht krank fühlte. Wie aber, so fragten wir uns, fühlte er sich dann? Er war muskulös und durchtrainiert, verfügte über eine fast animalische Kraft und Energie, zeigte aber auch eine seltsame Trägheit, Passivität und (wie jeder bemerkte) «Gleichgültigkeit»; wir alle hatten das deutliche Gefühl, daß ihm «etwas fehlte», obwohl er auch dies, wenn er es überhaupt merkte, mit jener «Gleichgültigkeit» hinnahm. Eines Tages sprach ich mit ihm nicht über sein Gedächtnis oder über seine Vergangenheit, sondern fragte ihn nach dem einfachsten, elementarsten Gefühl, das man haben kann:

«Wie fühlen Sie sich?»

«Wie ich mich fühle?» wiederholte er und kratzte sich am Kopf. «Ich kann nicht sagen, daß ich mich krank fühle, aber gut fühle ich mich auch nicht. Eigentlich fühle ich überhaupt nichts.»

«Geht es Ihnen schlecht?» fragte ich weiter.

«Kann ich nicht behaupten.»

«Macht Ihnen das Leben Spaß?»

«Das kann ich nicht behaupten...»

Ich hielt inne, denn ich fürchtete, zu weit zu gehen und eine verborgene, unerträgliche Verzweiflung bloßzulegen, der er sich nicht stellen konnte.

«Das Leben macht Ihnen keinen Spaß», wiederholte ich und zögerte etwas. «Wie fühlt sich das Leben denn für Sie an?»

«Ich kann nicht sagen, daß ich irgend etwas fühle.»

«Aber Sie fühlen sich doch lebendig?»

«Lebendig? Eigentlich nicht. Ich habe mich schon sehr lange nicht mehr lebendig gefühlt.»

Auf seinem Gesicht lag ein Ausdruck unendlicher Traurigkeit und Resignation.

Mir war aufgefallen, wieviel Geschick er bei Spielen und Puzzles an den Tag legte und wieviel Spaß sie ihm machten. Sie faszinierten ihn, jedenfalls solange er sich mit ihnen beschäftigte, und gaben ihm ein Gefühl von Gemeinschaft und Wettstreit – er hatte zwar nie über Einsamkeit geklagt, aber er wirkte einsam; er hatte nie Traurigkeit gezeigt, aber er wirkte traurig. So schlug ich vor, man solle ihn am Unterhaltungsprogramm des Heims teilnehmen lassen. Damit hatten wir mehr Erfolg als mit dem Tagebuch. Eine kurze Zeit lang stürzte er sich mit Eifer auf die Spiele, aber bald stellten sie für ihn keine Herausforderung mehr dar: Er setzte alle Puzzles mit Leichtigkeit zusammen, und bei den Spielen war er weit besser und schneller als alle anderen. Als er das merkte, wurde er wieder mürrisch und unzufrieden und ging ruhelos und gelangweilt auf den Korridoren auf und ab. Er war in seiner Würde verletzt – Spiele und Puzzles waren etwas für Kinder, eine Ablenkung. Es war deutlich, daß es ihn sehr danach verlangte, etwas zu tun zu haben: Er wollte tun, sein, fühlen, aber das alles konnte er nicht; er sehnte sich nach einem Sinn, nach «Arbeit und Liebe».

Konnte er eine «normale» Arbeit ausführen? Er war, wie sein Bruder sagte, «zerbrochen», als er 1965 aufgehört hatte zu arbeiten, und er besaß zwei überragende Fähigkeiten: Er beherrschte die Morsezeichen, und er konnte fließend blindschreiben. Für einen Funker hatten wir keine Verwendung, es sei denn, wir erfanden eine; aber einen guten Maschineschreiber konnten wir gebrauchen – vorausgesetzt, daß er seine alten Fertigkeiten wiedererlangte –, und dies würde nicht bloß ein Spiel, sondern eine echte Aufgabe sein. Jimmie schrieb bald wieder sehr schnell – er konnte nichts langsam tun –, und diese Tätigkeit vermittelte ihm etwas von der Herausforderung und der Befriedigung, die in jeder wirklichen Arbeit steckt. Das war jedoch immer noch etwas Oberflächliches, eine triviale Beschäftigung, die die Tiefen seines Wesens nicht berührte. Und da er keinen Gedanken festhalten konnte, schrieb er mechanisch die kurzen Sätze nieder, deren Reihenfolge für ihn ohne Bedeutung war.

Unwillkürlich sprach man über ihn als einen geistig Verlorenen – eine «verlorene Seele». Hatte er durch seine Krankheit tatsächlich seine Seele eingebüßt? «Glauben Sie, daß er wirklich eine Seele hat?» fragte ich die Schwestern einmal. Sie waren empört über meine Frage, verstanden aber, daß ich sie gestellt hatte. «Sehen Sie sich Jimmie beim Gottesdienst an», sagten sie, «und urteilen Sie selbst.»

Das tat ich, und ich war bewegt, tief bewegt und beeindruckt, denn er zeigte eine Intensität und Ausdauer in seiner Aufmerksamkeit und Konzentration, die ich an ihm noch nie zuvor beobachtet und die ich ihm auch nicht zugetraut hatte. Ich sah ihn niederknien und das Sakrament empfangen und hatte nicht den geringsten Zweifel, daß ihn die Kommunion in den tiefsten Tiefen seines Wesens berührte, daß sein Geist in vollkommenem Einklang war mit dem Geist der Messe. Voller Hingabe nahm er in der Stille absoluter Sammlung und Aufmerksamkeit an der Heiligen Kommunion teil, und dieses Gefühl nahm ihn ganz und gar in Anspruch. Die Vergeßlichkeit, das Korsakow-Syndrom, war verschwunden, und es schien unmöglich, unvorstellbar, daß es jemals bei ihm aufgetreten war, denn er war nicht mehr dem fehlerhaften und fehlbaren Mechanismus bedeutungsloser Sequenzen, unzusammenhängender Gedächtniseindrücke ausgeliefert, sondern ging auf in einer Handlung, in die sein ganzes Wesen einfloß. Sie stellte eine organische Kontinuität und Einheit dar, die mit Bedeutung und Gefühlen erfüllt und so fugenlos war, daß sie keinen Bruch zuließ.

Es lag auf der Hand, daß Jimmie sich selbst, daß er Kontinuität und Realität in der Absolutheit spiritueller Hingabe wiederfand. Die Schwestern hatten recht gehabt: Hier, im Gottesdienst, fand er seine Seele. Und auch Lurijas Worte, die mir jetzt wieder einfielen, bestätigten sich: «Ein Mensch besteht nicht nur aus dem Gedächtnis. Er verfügt auch über Gefühle und Empfindungen, über einen Willen, über moralische Grundsätze... in diesem Bereich... finden Sie vielleicht eine Möglichkeit, ihn zu erreichen und eine Veränderung herbeizuführen.» Das Gedächtnis, geistige Aktivitäten, der Intellekt allein vermochten ihn nicht so vollständig in Bann zu schlagen wie innerliche, ethische Hingabe und Handlung.

Aber «ethisch» ist vielleicht ein zu enger Begriff, denn ästhetische und dramatische Elemente hatten dieselbe Wirkung. Das Erlebnis, Jimmie in der Kirche zu beobachten, schärfte meinen Blick für andere Bereiche, in denen die Seele durch Teilhabe und Hingabe angesprochen, eingebunden und getröstet wird. Dieselbe tiefe Versenkung und Aufmerksamkeit stellte sich auch in Verbindung mit Musik und Kunst ein: Er hatte keinerlei Schwierigkeiten, einem Musikstück oder einem einfachen Theaterstück zu «folgen», denn in der Kunst enthält jeder Moment andere Momente, auf die er sich bezieht. Auch fand Jimmie Gefallen an Arbeiten, die er in unserem Garten übernommen hatte. Zunächst schien ihm dieser jeden Tag neu zu sein, aber aus irgendeinem Grund war er damit bald vertrauter als mit den Räumlichkeiten des Heims. Er verlief sich fast nie im Garten. Ich glaube, das gedankliche Bild, das er sich von ihm machte, entsprach dem Muster der Gärten in Connecticut, an die er sich erinnerte und die er in seiner Jugend geliebt hatte.

In der extensionalen, «räumlichen» Zeit war Jimmie völlig verloren, aber die Einteilung der Bergsonschen «intensionalen» Zeit bereitete ihm keinerlei Schwierigkeiten; was als formale Struktur flüchtig und vergänglich war, wurde als Kunst und Wille völlig stabil und greifbar. Außerdem war da noch etwas, das den Augenblick überdauerte. Wenn Jimmie von einer Aufgabe, einem Rätsel, einem Spiel oder einer Berechnung kurz «fasziniert» war, wenn er sich ihrer rein intellektuellen Herausforderung stellte, dann fiel er, sobald diese Aufgabe bewältigt war, in seine Amnesie, in den Abgrund seines Nichts. Aber wenn seine Aufmerksamkeit emotional oder spirituell beansprucht war – zum Beispiel bei der Betrachtung von Kunstwerken oder der Natur, wenn er Musik hörte oder an der Messe teilnahm –, dann bestand diese Aufmerksamkeit, ihre «Stimmung» und ihre innere Ruhe, noch eine Weile fort, und er strahlte eine Nachdenklichkeit und einen Frieden aus, den wir sonst, wenn überhaupt, nur selten an ihm bemerkten.

Ich kenne Jimmie jetzt seit neun Jahren, und neuropsychologisch betrachtet hat sich sein Zustand nicht im geringsten verändert. Er hat immer noch ein äußerst ernstes, tiefreichendes

Korsakow-Syndrom, kann isolierte Eindrücke nicht länger als einige Sekunden behalten und leidet an einer schweren Amnesie, die bis zum Jahre 1945 zurückreicht. Aber in menschlicher, spiritueller Hinsicht ist er manchmal ein völlig anderer Mensch – nicht verwirrt, ruhelos, gelangweilt und verloren, sondern von einer tiefen Achtsamkeit für die Schönheit und die Seele der Welt. Die Kierkegaardschen Kategorien – das Ästhetische, das Ethische, das Religiöse, das Dramatische – sind bei ihm stark ausgeprägt. Als ich ihm das erste Mal begegnet war, hatte ich mich gefragt, ob er, wie das Geschöpf, das Hume beschrieben hat, zur bedeutungslosen Existenz eines Blattes im Wind des Lebens verurteilt sei und ob es für ihn eine Möglichkeit gebe, die durch seine «Humesche Krankheit» hervorgerufene Zusammenhangslosigkeit seines Lebens zu transzendieren. Der empirischen Wissenschaft zufolge besteht diese Möglichkeit nicht – aber die empirische Wissenschaft, der Empirismus, läßt die Seele und das, was das persönliche Wesen bestimmt und ausmacht, außer acht. Vielleicht läßt sich hieraus sowohl eine philosophische als auch eine klinische Lehre ziehen: daß in Fällen von Korsakow-Syndrom, Demenz und anderen Katastrophen, wie groß auch immer das Ausmaß des organischen Schadens und der Humeschen Auflösung der Kontinuität sein mag, immer noch die Möglichkeit der Wiedereingliederung durch die Kunst, durch die Gemeinschaft mit Menschen und durch das Anrühren des menschlichen Geistes besteht. Und dieser menschliche Geist kann auch dann bewahrt werden, wenn es sich auf den ersten Blick um einen hoffnungslosen Fall neurologischer Zerstörung zu handeln scheint.

Nachschrift

Ich weiß inzwischen, daß retrograde Amnesie im Zusammenhang mit dem Korsakow-Syndrom sehr häufig, wenn nicht sogar immer auftritt – jedenfalls in gewissem Umfang. Das klassische Korsakow-Syndrom – eine tiefgreifende und permanente, «reine» Auslöschung des Gedächtnisses infolge einer Zerstörung der Mammillarkörper durch Alkohol – ist, auch bei sehr starken Trinkern, selten. Man begegnet dem Korsakow-Syndrom natürlich auch bei anderen Erkrankungen, wie Lurijas Tumorpatienten beweisen. Eine besonders faszinierende Form eines akuten (und erfreulicherweise vorübergehenden) Korsakow-Syndroms ist erst kürzlich sehr gut im Krankheitsbild der sogenannten Transitorischen globalen Amnesie (TGA) beschrieben worden, die im Zusammenhang mit Migräne, Kopfverletzungen oder einer Beeinträchtigung der Blutzufuhr zum Gehirn auftritt. Hier kann es für einige Minuten oder Stunden zu einer schweren und ungewöhnlichen Amnesie kommen, auch wenn der Patient weiterhin Auto fährt oder seine beruflichen Aufgaben auf mechanische Art und Weise erfüllt. Aber unter dieser oberflächlichen Kompetenz verbirgt sich eine hochgradige Amnesie: Jeder Satz ist, kaum gesprochen, schon wieder vergessen, alle Eindrücke sind, kaum wahrgenommen, wieder gelöscht, obwohl lange bestehende Erinnerungen und Routineabläufe vollständig erhalten bleiben können. (Einige sehr aufschlußreiche Video-Aufnahmen von Patienten mit TGA-Schüben hat vor kurzem, 1986, der Oxforder Mediziner John Hodges gemacht.)

Weiterhin kann es in solchen Fällen zu einer starken retrograden Amnesie kommen. Mein Kollege Leon Protass erzählte mir von einem solchen Fall, den er kürzlich gesehen hat: Der Patient, ein hochintelligenter Mann, konnte sich einige Stunden lang nicht an seine Frau oder seine Kinder erinnern, ja nicht einmal daran, daß er überhaupt Frau und Kinder *hatte*. Er hatte – glücklicherweise nur einige Stunden lang – praktisch dreißig Jahre seines Lebens verloren. Die Genesung von solchen Anfällen ist rasch und vollständig – aber sie sind in gewisser Weise erschreckende «kleine Schlaganfälle», da sie Jahrzehnte eines reichen, erfüllten, umfassend erinnerlichen Lebens ganz und gar auslöschen können. Es ist typisch, daß nur Außenstehende diesen Schrecken empfinden. Der Patient, dem seine Amnesie ja nicht bewußt ist, mag mit dem, was er gerade tut, unbekümmert fortfahren und erst später merken, daß er nicht nur einen Tag (wie es bei gewöhnlichen Blackouts infolge von Alkoholvergiftung normal ist), sondern, ohne es zu wissen, ein halbes Leben verloren hat. Die

Tatsache, daß die Erinnerung an einen großen Teil des Lebens einfach so verschwinden kann, hat etwas Unheimliches und Erschreckendes.

Bei einem Erwachsenen können die hochentwickelten geistigen Fähigkeiten durch Schlaganfälle, Senilität, Hirnverletzungen usw. ein vorzeitiges Ende finden, aber gewöhnlich bleibt das Bewußtsein, daß man ein Leben gelebt und eine Vergangenheit hinter sich hat, ein Bewußtsein, das oft der Kompensation dient: «Wenigstens habe ich vor dieser Hirnverletzung, diesem Schlaganfall usw. ein erfülltes Leben gehabt.» Genau dieses tröstliche oder auch quälende Gefühl eines «gelebten Lebens» fällt der retrograden Amnesie zum Opfer. Jene «retrograde Amnesie, die ein ganzes Leben auslöschen kann», von der Buñuel spricht, mag vielleicht im Endstadium einer Demenz auftreten, nach meinen Erfahrungen jedoch nicht als plötzliche Folge eines Schlaganfalls. Es gibt aber eine andere, vergleichbare Art der Amnesie, die plötzlich erfolgen kann – anders insofern, als sie nicht «umfassend», sondern «modalitätsspezifisch» ist.

So kam es bei einem meiner Patienten zu einer plötzlichen Thrombose in den hinteren Blutgefäßen des Gehirns, die den sofortigen Untergang des Sehzentrums zur Folge hatte. Der Patient erblindete vollständig, aber er wußte es nicht. Er bewegte sich wie ein Blinder, aber er beklagte sich nicht darüber. Gespräche und Untersuchungen ergaben zweifelsfrei, daß er nicht nur zentral oder «kortikal» blind war, sondern auch alle visuellen Bilder und Erinnerungen völlig verloren hatte – und doch entwickelte sich bei ihm kein Gefühl für den Verlust. Er hatte keinen Begriff mehr davon, was es heißt zu sehen, und er war unfähig, etwas visuell zu beschreiben, ja sogar verwirrt, wenn ich Worte wie «sehen» oder «Licht» gebrauchte. Er war zu einem Wesen geworden, für das «sehen» nicht existierte. Die visuellen Eindrücke, die er ein Leben lang gesammelt hatte, waren ihm abhanden gekommen, im Augenblick des Schlaganfalls für immer ausgelöscht worden. Eine solche visuelle Amnesie, eine Blindheit für die Blindheit sozusagen, eine Amnesie der Amnesie, stellt praktisch ein «totales», auf die Visualität beschränktes Korsakow-Syndrom dar.

Eine noch enger begrenzte, aber nicht weniger totale Amnesie kann sich, wie im vorangegangenen Kapitel beschrieben, auch auf eine bestimmte Form der Wahrnehmung beziehen. Bei Dr. P., dem «Mann, der seine Frau mit einem Hut verwechselte», handelte es sich um eine absolute «Prosopagnosie» oder Agnosie für Gesichter: Er konnte keine Gesichter mehr erkennen, ja war nicht einmal in der Lage, sich irgendwelche Gesichter vorzustellen oder sich an sie zu erinnern – er hatte die Vorstellung davon verloren, was ein «Gesicht» ist, so wie der Patient, dessen Fall ich eben kurz geschildert habe, keine Vorstellung von «sehen» oder «Licht» hatte. Solche Syndrome hat Gabriel Anton in den neunziger Jahren des vorigen Jahrhunderts beschrieben, aber mit den Implikationen des Korsakow-Syndroms und des Anton-Syndroms, mit den Auswirkungen auf die Realität, das Leben und die Identität der betroffenen Patienten hat man sich bis auf den heutigen Tag kaum beschäftigt.

Wir überlegten manchmal, wie Jimmie wohl reagieren würde, wenn wir ihn in seine Heimatstadt, also praktisch in die Zeit vor seiner Amnesie, zurückbringen würden, aber der kleine Ort in Connecticut hatte sich im Laufe der Zeit in eine Großstadt verwandelt. Später hatte ich Gelegenheit herauszufinden, was unter solchen Umständen geschieht, wenn auch mit einem anderen Patienten. Stephen R. war 1980 am Korsakow-Syndrom erkrankt, und seine retrograde Amnesie erstreckte sich nur auf etwa zwei Jahre. Bei diesem Patienten, dessen schwere Anfälle, spastische Krämpfe und andere Störungen eine stationäre Behandlung erforderlich machten, kam es während seiner seltenen Wochenendbesuche zu Hause zu erschütternden Szenen. In der Klink erkannte er nichts und niemanden und befand sich auf Grund seiner Desorientiertheit fast unaufhörlich in einem Zustand der Erregung. Aber wenn seine Frau ihn abholte und mit ihm nach Hause fuhr, war ihm dort, in dieser «Zeitkapsel», sofort alles vertraut. Er erkannte alle Gegenstände, klopfte auf das Barometerglas, überprüfte die Einstellung des Thermostats und setzte sich in seinen Lieblingssessel, wie er es immer getan hatte. Er sprach über die

Nachbarn, die Läden, die Eckkneipe und das Kino in der Nähe, als sei seit Mitte der siebziger Jahre alles so geblieben, wie es war. Die kleinsten Veränderungen im Haus beunruhigten und verwirrten ihn. («Du hast andere Vorhänge aufgehängt!» stellte er seine Frau einmal zur Rede. «Wieso? Und warum so plötzlich? Heute morgen waren sie noch grün.» Dabei hatte seine Frau die Vorhänge schon 1978 ausgetauscht.) Er erkannte die meisten Nachbarhäuser und Läden wieder – sie hatten sich zwischen 1978 und 1983 nur wenig verändert –, war aber erstaunt, daß das Kino nicht mehr da war. («Wie haben sie das nur geschafft, es abzureißen und über Nacht einen Supermarkt hinzustellen?») Auch Freunde und Nachbarn erkannte er wieder, fand aber, daß sie älter aussahen, als er es erwartet hatte. («Der gute alte Soundso! Er ist ja ganz schön alt geworden. Habe ich vorher nie bemerkt. Wie kommt es, daß alle auf einmal so alt aussehen?») Aber das wirklich Schreckliche, Erschütternde seiner Situation trat am deutlichsten zutage, wenn er wieder zu uns zurückkehrte: Für ihn war es absurd und völlig unerklärlich, daß seine Frau ihn in ein Heim brachte, das er nicht kannte und in dem Leute wohnten, die er noch nie gesehen hatte, und ihn dann allein ließ. Er war außer sich vor Verwirrung. «Was machst du?» schrie er. «Wo zum Teufel bin ich hier? Was geht hier eigentlich vor?» Bei diesen Szenen dabeizusein war eine Erfahrung, die uns an die Grenze des Erträglichen führte. Er muß sich gefühlt haben wie in einem Alptraum. So gesehen war es ein Segen, daß er sich schon nach wenigen Minuten nicht mehr daran erinnern konnte.

Diese in der Vergangenheit gefangenen Menschen können sich nur in der Vergangenheit zurechtfinden und zu Hause fühlen. Für sie steht die Zeit still. Jedesmal, wenn Stephen R. zu uns zurückkehrt, schreit er vor Entsetzen und Verwirrung – er schreit nach einer Vergangenheit, die nicht mehr existiert. Aber was können wir tun? Sollen wir eine Zeitkapsel schaffen, eine Fiktion aufbauen? Mit Ausnahme vielleicht von Rose R., deren Geschichte ich in ‹Bewußtseinsdämmerungen› geschildert habe, ist mir nie ein Patient begegnet, den der Anachronismus der Welt, mit der er konfrontiert war, so gequält hat wie ihn.

Jimmie hat einen gewissen Frieden gefunden; William (siehe Kapitel 12) erhält seine Welt durch ständiges Geplauder aufrecht; aber Stephen hat eine klaffende, unendlich schmerzhafte Zeit-Wunde davongetragen, die nie verheilen wird.

3

Die körperlose Frau

Die für uns wichtigsten Aspekte der Dinge sind durch
ihre Einfachheit und Alltäglichkeit verborgen.
(Man kann es nicht bemerken – weil man es immer vor Augen hat.)
Die eigentlichen Grundlagen seiner Forschung
fallen dem Menschen gar nicht auf.

Ludwig Wittgenstein

Was Wittgenstein hier über die Erkenntnistheorie schreibt, ließe sich auch auf Aspekte der Physiologie und Psychologie anwenden – vor allem auf das, was Sherrington «unseren verborgenen sechsten Sinn» genannt hat, jenen ständigen, unbewußten Fluß von Informationen über die beweglichen Teile unseres Körpers (Muskeln, Sehnen, Gelenke). Mit ihrer Hilfe werden Haltung, Muskeltonus und Bewegungen unablässig überwacht und den jeweiligen Umständen angepaßt. Da dies jedoch automatisch und unwillkürlich geschieht, merken wir nichts davon.

Das Wirken unserer anderen fünf Sinne ist deutlich zu erkennen, aber dieser – unser verborgener Sinn – mußte gewissermaßen erst entdeckt werden, und zwar von Sherrington in den neunziger Jahren des vergangenen Jahrhunderts. Er nannte ihn «Propriozeption» (Eigenwahrnehmung), um ihn von der «Extrozeption» (Wahrnehmung von Außenreizen) und der «Interozeption» (Wahrnehmung von Innenreizen) zu unterscheiden und um herauszuheben, daß dieser Sinn für die

Wahrnehmung *unserer selbst* unerläßlich ist. Nur durch die Eigenwahrnehmung sind wir nämlich in der Lage, unseren Körper als zu uns gehörig, als unser «Eigen-tum», als uns selbst zu erleben (Sherrington 1906, 1940).

Denn was ist für uns von elementarerer Bedeutung als die Steuerung, der Besitz und die Handhabung unseres physischen Selbst? Und doch geschieht dies so automatisch und selbstverständlich, daß wir nie einen Gedanken darauf verschwenden.

Normalerweise stellen wir den Körper nie in Frage, da er über jeden Zweifel erhaben ist – er ist einfach unzweifelhaft *da*. Dieses unbestreitbare Vorhandensein des Körpers, die Gewißheit seiner Existenz, ist für Wittgenstein der Ausgangspunkt allen Wissens und aller Gewißheit. So beginnt sein letztes Buch (*‹Über Gewißheit›*) mit den Worten: «Wenn du weißt, daß hier eine Hand ist, so geben wir dir alles übrige zu.» Aber einige Zeilen später folgt der Satz: «Wohl aber läßt sich fragen, ob man dies sinnvoll bezweifeln kann.» Und wenig später heißt es: «Braucht man zum Zweifel nicht Gründe? Wohin ich schaue, ich finde keinen Grund, daran zu zweifeln, daß...»

Sein Buch könnte auch «Über Zweifel» heißen, denn damit beschäftigt er sich ebensosehr wie mit der Gewißheit. Insbesondere befaßt er sich mit der Frage – und der Leser wiederum mag sich fragen, inwieweit diese Gedanken der Arbeit mit Patienten, in einem Krankenhaus oder Lazarett entsprangen –, ob es Situationen oder Umstände geben könnte, die die Körper-Gewißheit aufheben und Zweifel an seiner Existenz aufsteigen lassen, Zweifel, die vielleicht so existentiell sind, daß man durch sie den ganzen Körper verliert. Dieser Gedanke durchzieht Wittgensteins letztes Buch wie ein Alptraum.

Christina war siebenundzwanzig Jahre alt, als ich sie kennenlernte – eine kräftige, selbstbewußte, körperlich wie geistig robuste Frau, die Hockey spielte und gern ritt. Sie hatte zwei kleine Kinder und arbeitete zu Hause als Computerprogrammiererin. Sie war intelligent und gebildet und schwärmte für Ballett und die Dichter der englischen Hochromantik (nicht aber für Wittgenstein, würde ich vermuten). Im Laufe ihres erfüllten Lebens voller Aktivitäten war sie kaum jemals einen Tag krank gewesen. Es kam daher für sie etwas unerwartet, als man bei ihr, nach heftigen, anfallartigen Leibschmerzen, Gallensteine diagnostizierte und ihr riet, sich die Gallenblase entfernen zu lassen.

Drei Tage vor der Operation wurde sie im Krankenhaus aufgenommen, und man gab ihr ein Antibiotikum, um einer bakteriellen Infektion vorzubeugen. Das war reine Routine, eine Vorsorgemaßnahme, und man rechnete mit keinerlei Komplikationen. Christina wußte das und hatte keine große Angst.

Am Tag vor der Operation hatte Christina einen beunruhigenden, merkwürdig intensiven Traum, in dem sie heftig hin und her schwankte und sehr unsicher auf den Beinen stand. Sie konnte kaum den Boden unter ihren Füßen spüren, hatte fast kein Gefühl in ihren Händen, die sich ohne ihr Zutun bewegten, und konnte nichts festhalten.

Dieser Traum beunruhigte sie so sehr («So etwas hab ich noch nie geträumt – ich kriege das einfach nicht aus meinem Kopf»), daß wir einen Psychiater hinzuzogen. «Präoperative Angstzustände», lautete seine Diagnose. «Das ist ganz normal – so etwas haben wir hier jeden Tag.»

Einige Stunden später wurde der Traum Wirklichkeit. Christina konnte sich nur sehr unsicher auf den Beinen halten, vollführte ungelenke, rudernde Bewegungen und ließ immer wieder Gegenstände fallen.

Wieder wurde der Psychiater geholt. Er machte einen verärgerten Eindruck, war aber einen Moment lang erstaunt und unsicher. «Angsthysterie», stellte er fest, und seinem Ton ließ sich entnehmen, daß damit die Sache für ihn erledigt war. «Typische Konversionssymptome – damit haben wir hier täglich zu tun.»

Aber am Tag der Operation hatte sich Christinas Zustand weiter verschlechtert. Sie konnte nur stehen, wenn sie dabei auf ihre Füße sah. Ihre Hände «machten sich selbständig», und sie konnte nur etwas festhalten, wenn sie sie im Auge behielt. Wenn sie etwas in die Hand nehmen oder etwas in den Mund stecken wollte, griff sie daneben oder schoß über ihr

71

Ziel hinaus, als sei sie nicht mehr in der Lage, ihre Bewegungen zu steuern und zu koordinieren.

Zudem konnte sie kaum aufrecht sitzen – ihr Körper «gab nach». Ihr Gesicht war seltsam ausdruckslos und schlaff, ihr Unterkiefer hing herab, und sogar ihre Stimmlage hatte sich verändert.

«Es ist irgend etwas Furchtbares passiert», stieß sie mit einer geisterhaft dünnen Stimme hervor. «Ich spüre meinen Körper nicht. Ich fühle mich wie verhext – als wäre ich körperlos.»

Es war beklemmend, sie so reden zu hören. «Körperlos»? War sie vielleicht verrückt geworden? Aber wie ließ sich dann ihr körperlicher Zustand erklären, ihre zusammengesunkene Haltung, der Tonusverlust in allen Muskeln, die Bewegungen ihrer Hände, die sie nicht zu bemerken schien, ihr Schwanken und die Tatsache, daß ihre Hände beim Greifen ihr Ziel verfehlten? Es war, als erhalte sie keine Informationen mehr von der Peripherie, als seien die Kontrollschleifen für Muskelspannung und Bewegungen ausgefallen.

«Das ist eine seltsame Bemerkung», sagte ich zu den Assistenzärzten. «Schwer vorstellbar, was dahintersteckt.»

«Aber hat der Psychiater nicht gesagt, es handle sich um eine Hysterie, Dr. Sacks?»

«Ja, das stimmt. Aber haben Sie je eine Hysterie dieser Art gesehen? Denken Sie phänomenologisch – betrachten Sie das, was Sie sehen, als ein echtes Phänomen, bei dem ihr körperlicher und ihr geistiger Zustand nicht eingebildet ist, sondern ein psychophysisches Ganzes darstellt. Gibt es irgend etwas, das den Gesamteindruck eines derart zerrütteten Körpers und Geistes erzeugt? – Ich will Sie nicht auf die Probe stellen», fügte ich hinzu. «Ich stehe wie Sie vor einem Rätsel. Noch nie ist mir so etwas unter die Augen gekommen...»

Gemeinsam dachten wir nach.

«Könnte es sich nicht um ein beidseitiges Scheitellappen-Syndrom handeln?» fragte einer von ihnen.

«Es ist mehr ein ‹als ob›», antwortete ich. «Es scheint so, *als ob* die Scheitellappen nicht mit den normalen sensorischen Informationen versorgt werden. Lassen Sie uns einige sensorische Tests vornehmen – und auch die Funktion der Scheitellappen untersuchen.»

Das taten wir, und allmählich wurde das Bild klarer. Es schien ein sehr tiefgreifender, fast totaler Ausfall der Eigenwahrnehmung vorzuliegen, und zwar von ihren Fußspitzen bis zu ihrem Kopf. Die Scheitellappen arbeiteten normal, *aber sie erhielten keine Informationen, die sie hätten verarbeiten können.* Christina mochte an Hysterie leiden, aber sie litt außerdem noch an erheblich mehr, und zwar an etwas, das keiner von uns kannte oder sich auch nur vorgestellt hatte. Nun zogen wir eiligst einen Spezialisten hinzu, allerdings keinen Psychiater, sondern einen Neurophysiologen.

Da der Fall dringend war, kam er schnell. Er machte große Augen, als er Christina sah, untersuchte sie rasch und gründlich und nahm anschließend einen Elektrotest der Nerven- und Muskelfunktionen vor. «Ein sehr außergewöhnlicher Fall», murmelte er. «So was habe ich noch nie gesehen – auch nichts darüber gelesen. Sie haben recht: Sie hat von Kopf bis Fuß jede Eigenwahrnehmung verloren. Sie spürt weder Muskeln noch Sehnen noch Gelenke. Außerdem sind noch andere Sinnesmodalitäten etwas in Mitleidenschaft gezogen – Berührungssinn, Temperatursinn, Schmerzempfinden –, und auch die Motorik ist leicht betroffen. Am schwersten aber ist die Wahrnehmung der Körperhaltung – die Eigenwahrnehmung – beeinträchtigt.»

«Was ist die Ursache?» fragten wir.

«Das müssen Sie selbst herausfinden. *Sie* sind schließlich die Neurologen.»

Am Nachmittag hatte sich Christinas Verfassung weiter verschlechtert. Sie lag bewegungslos in ihrem Bett, hatte keinen Muskeltonus, und selbst ihre Atmung war flach. Ihr Zustand war so besorgniserregend, daß wir künstliche Beatmung in Erwägung zogen. Wir konnten uns noch immer nicht erklären, was eigentlich vorgefallen war.

Eine Punktion des Rückenmarkkanals ergab eine akute Polyneuropathie sehr ungewöhnlicher Art: kein Guillain-Barré-Syndrom, das sich fast ausschließlich auf die Motorik auswirkt, sondern eine reine (oder fast reine) sensorische Neuritis, die die Wurzeln der Rückenmarks- und Hirnnerven auf der gesamten Nervenachse beeinträchtigte.*

Der Eingriff wurde verschoben – es wäre Wahnsinn gewesen, jetzt zu operieren. Weit wichtiger war die Frage, ob sie überleben würde und was wir für sie tun konnten.

«Wie lautet das Urteil?» fragte Christina mit schwacher Stimme und einem noch schwächeren Lächeln, nachdem wir ihre Rückenmarksflüssigkeit untersucht hatten.

«Sie haben eine Entzündung, eine Neuritis...» fingen wir an und sagten ihr alles, was wir wußten. Wenn wir etwas vergaßen oder uns vage ausdrückten, um sie zu schonen, stellte sie uns klare Fragen.

«Werde ich wieder gesund werden?» wollte sie wissen. Wir wechselten rasche Blicke untereinander, dann sahen wir ihr in die Augen und sagten: «Wir wissen es nicht.»

Die Empfindung des Körpers, erklärte ich ihr, basiere auf drei Dingen: der visuellen Wahrnehmung, den Gleichgewichtsorganen (dem Vestibularapparat) und der Eigenwahrnehmung, die sie verloren habe. Normalerweise arbeiteten diese drei zusammen. Wenn eines der Elemente ausfalle, könnten die anderen diesen Verlust – in gewissem Umfang – ausgleichen oder ersetzen. Ich schilderte ihr ausführlich den Fall meines Patienten MacGregor, der mit Hilfe seiner Augen die Beeinträchtigung seines Gleichgewichtssinns kompensierte (siehe Kapitel 7). Und ich erzählte ihr von Patienten, die an Neurosyphilis litten und ähnliche Symptome, wenn auch auf die Beine beschränkt, zeigten – daß auch sie diesen Verlust durch ihre Augen ausgleichen mußten (siehe «Phantombeine» in Kapitel 6) und daß ein solcher Patient, wenn man ihn bitte, seine Beine zu bewegen, gewöhnlich sage: «Gern, Doktor – sobald ich sie gefunden habe.»

Christina hörte genau zu, mit einer Aufmerksamkeit, die nur die Verzweiflung hervorbringt.

---

* Solche sensorischen Polyneuropathien treten nur selten auf. Was Christinas Fall nach unserem damaligen Wissensstand (im Jahre 1977) so einmalig machte, war die ungewöhnliche Trennschärfe: Es waren ausschließlich die propriozeptiven Nervenfasern betroffen.

«Ich muß also», sagte sie langsam, «mein Sehvermögen, meine Augen in all den Situationen einsetzen, in denen ich mich bis jetzt auf meine – wie haben Sie das genannt? – Eigenwahrnehmung verlassen konnte. Ich habe schon bemerkt», fügte sie nachdenklich hinzu, «daß ich meine Arme ‹verliere›. Ich meine, sie seien *hier*, aber in Wirklichkeit sind sie *dort*. Diese ‹Eigenwahrnehmung› ist also wie das Auge des Körpers – das, womit der Körper sich selbst wahrnimmt –, und wenn sie, wie bei mir, weg ist, dann ist es, als sei der Körper blind. Mein Körper kann sich selbst nicht ‹sehen›, weil er seine Augen verloren hat, stimmt's? Also muß *ich* ihn jetzt sehen und diese Augen ersetzen. Hab ich das richtig verstanden?»

«Ganz genau», antwortete ich. «Sie wären eine gute Physiologin.»

«Das werde ich auch sein *müssen*», sagte sie, «denn mit meiner Physiologie ist schließlich irgend etwas nicht in Ordnung, und sie wird wahrscheinlich auch nie mehr *auf natürlichem Wege* so werden, wie sie einmal war...»

Es war gut, daß Christina von Anfang an so viel innere Stärke besaß, denn obwohl die akute Entzündung abklang und die Werte der Rückenmarksflüssigkeit sich wieder normalisierten, blieben die propriozeptiven Nervenfasern dauerhaft geschädigt, so daß in den acht Jahren, die seitdem vergangen sind, keine Besserung eingetreten ist. Doch ist es ihr durch Umstellungen gelungen, ein fast normales Leben zu führen – Umstellungen, die nicht nur neurologischer Natur sind, sondern sich auf ihr gesamtes Gefühlsleben und Wertesystem erstrecken.

In der ersten Woche tat Christina nichts. Sie lag teilnahmslos da und aß kaum etwas. Sie war verzweifelt, in einem tiefen Schock befangen. Was für ein Leben lag vor ihr, wenn ihre Eigenwahrnehmung so grundlegend gestört blieb? Was für ein Leben würde das sein, in dem jede Bewegung bewußt überwacht werden mußte? Und vor allem: Was für ein Leben erwartete sie, wenn sie das Gefühl hatte, keinen Körper zu besitzen?

Aber das Leben behauptete sich – Christina begann, sich zu bewegen. Zuerst konnte sie nichts tun, ohne ihre Augen zu gebrauchen: Sobald sie sie schloß, brach sie hilflos zusammen. Sie mußte sich mit Hilfe ihrer Augen überwachen und auf jeden Teil ihres Körpers, den sie bewegte, mit fast schmerzhafter Konzentration und Sorgfalt achten. Die Bewegungen, die sie bewußt kontrollierte und steuerte, wirkten zunächst unbeholfen und künstlich. Aber dann – und hier waren wir beide angenehm überrascht von der Macht eines täglich zunehmenden Automatismus – wurden ihre Bewegungen immer feiner, graziöser und natürlicher (wenn auch Christina dabei noch stets auf ihre Augen angewiesen war).

Mit jeder Woche wurde das normale, unbewußte Feedback der Eigenwahrnehmung immer mehr von einer ebenso unbewußten Rückmeldung durch visuelle Wahrnehmung, einen visuellen Automatismus und zunehmend integriertere und flüssigere Reflexabläufe ersetzt. Fand bei ihr eine grundlegendere Entwicklung statt? Erhielt möglicherweise das visuelle Modell des Körpers, das Körperbild des Gehirns – das gewöhnlich recht schwach (und bei von Geburt an Blinden überhaupt nicht) ausgeprägt und normalerweise dem propriozeptiven Körperschema untergeordnet ist – jetzt, da dieses propriozeptive Körperschema verlorengegangen war, infolge von Kompensation und Substitution in zunehmendem, ungewöhnlichem Maße Gewicht? Und hier mochte noch eine kompensatorische Verstärkung des vestibulären Körperschemas oder Körperbildes hinzukommen... beides in einem Ausmaß, mit dem wir nicht gerechnet, auf das wir nicht gehofft hatten.*

* Man vergleiche den faszinierenden Fall, den der inzwischen verstorbene J. Purdon Martin in seinem Buch ‹The Basal Ganglia and Posture› (1967) auf Seite 32 beschrieben hat: «Trotz jahrelanger Physiotherapie und Übung hat der Patient die Fähigkeit, normal zu gehen, nie wiedererlangt. Die größten Schwierigkeiten hat er damit, sich in Gang zu setzen und sich vorwärts zu bewegen... Er ist auch nicht in der Lage, von einem Stuhl aufzustehen. Er kann weder kriechen noch sich auf alle viere stellen. Beim Gehen oder Stehen ist er völlig auf seine Augen angewiesen und fällt zu Boden, wenn er sie schließt. Anfangs konnte er auch auf einem gewöhnlichen Stuhl nicht mit geschlossenen Augen sitzen, hat sich jedoch nach und nach die Fähigkeit hierzu erworben.»

Während eine Verstärkung des Feedbacks der Gleichgewichtsorgane nicht eindeutig festgestellt werden konnte, ließ sich jedoch mit Sicherheit sagen, daß das Gehör für Christina immer wichtiger wurde. Normalerweise spielt das auditive Feedback eine untergeordnete, beim Sprechen recht unbedeutende Rolle – auch wenn unser Gehör sich, etwa infolge eines Schnupfens, verschlechtert, sprechen wir wie immer, und auch Menschen, die von Geburt an taub sind, können praktisch einwandfrei sprechen lernen. Die Modulation der Laute ist nämlich gewöhnlich durch die Eigenwahrnehmung bedingt und wird durch die Impulse gesteuert, die von allen lauterzeugenden Organen ausgehen. Diese Empfindung, und damit auch ihren normalen Ton und ihre Stimmlage, hatte Christina verloren. Daher war sie auf ihre Ohren, auf ihr Gehör-Feedback angewiesen.

Außer diesen neuen, kompensatorischen Arten von Feedback begann Christina – zunächst langsam und bewußt, dann aber immer unwillkürlicher – auch andere Arten neuer und kompensatorischer «Feed-forwards» zu entwickeln. (Bei all ihren Bemühungen unterstützten sie verständnisvolle und kompetente Fachleute für Rehabilitation.)

Unmittelbar nach dem Zusammenbruch ihrer Eigenwahrnehmung und noch etwa einen Monat später war Christina so schlaff und hilflos wie eine Puppe. Sie konnte sich nicht einmal selbst aufsetzen. Aber schon drei Monate später stellte ich zu meiner Überraschung fest, daß sie sehr gut sitzen konnte – zu gut vielleicht, zu graziös, wie eine Tänzerin, die mitten in einer Bewegung innegehalten hat. Und bald merkte ich, daß dies tatsächlich eine Pose war, die sie, sei es bewußt oder automatisch, einnahm und aufrechterhielt, eine gezwungene oder schauspielerhafte Positur, die das Fehlen einer echten, natürlichen Haltung ausgleichen sollte. Da die Natur versagt hatte, behalf sie sich mit einem «Kunstgriff», aber das Gekünstelte ihrer Haltung orientierte sich an der Natur und wurde ihr bald zur «zweiten Natur». Das galt auch für ihre Sprechweise – anfangs war sie fast stumm gewesen.

Auch ihre Stimme hatte etwas Unnatürliches, so als stehe sie auf einer Bühne und spreche ins Publikum. Sie wirkte theatralisch, nicht weil sie es auf Effekte abgesehen hatte oder bestimmte Motive verfolgte, sondern weil sie ihre natürliche Stimmhaltung noch immer nicht wiedererlangt hatte. Auch ihr Gesicht blieb (obwohl sie von intensiven Gefühlen bewegt war) meist ausdruckslos, da ihr die Eigenwahrnehmung ihrer Gesichtsmuskeln fehlte*, es sei denn, sie setzte künstliche Ausdrucksverstärkungen ein (so wie sich Menschen, die an Aphasie leiden, übertriebener Wendungen und Ausdrucksweisen bedienen).

Aber all dies konnte bestenfalls Stückwerk sein; es konnte das Leben erträglich, nicht aber normal machen. Christina lernte zu gehen, mit Bus und Bahn zu fahren und ihr gewohntes Leben wiederaufzunehmen. Allerdings erforderte das eine außergewöhnliche Wachsamkeit und merkwürdige Methoden – sobald ihre Aufmerksamkeit abgelenkt wurde, drohte sie die Kontrolle über ihre Bewegungen zu verlieren. Wenn sie also beispielsweise beim Essen sprach oder sich in Gedanken mit anderen Dingen beschäftigte, umklammerte sie Messer und Gabel mit aller Gewalt, so daß das Blut aus ihren Fingerspitzen wich; sie konnte ihren Griff jedoch nicht lockern, denn dann bestand die Gefahr, daß sie das Besteck fallen ließ – es gab für sie keinen Mittelweg, keine Abstufung.

Obwohl also keine neurologische Besserung (im Sinne einer Gesundung der geschädigten Nervenfasern) zu verzeichnen war, kam es, unterstützt durch vielfältige Formen intensiver Therapie – sie blieb fast ein Jahr lang auf der Rehabilitationsstation der Klinik – zu einer beachtlichen funktionellen Wiederherstellung, das heißt, es gelang ihr, bestimmte Handlungen auszuführen, indem sie deren Steuerung anderen Sinnesorganen übertrug. So konnte Christina schließlich die Klinik verlassen, nach Hause gehen und wieder bei ihren Kindern sein.

* Purdon Martin war fast der einzige zeitgenössische Neurologe, der oft von Gesichts- und Stimm-«Haltung» sprach und sagte, daß ihre Grundlage letztlich die Unversehrtheit der Eigenwahrnehmung sei. Er war fasziniert, als ich ihm von Christina erzählte und ihm Filme und Tonbandaufnahmen von ihr vorführte. Viele meiner Vermutungen und Formulierungen verdanke ich ihm.

Sie arbeitete wie zuvor an ihrem Heimcomputer, den sie mit einem Tempo und Geschick zu bedienen lernte, das erstaunlich war, wenn man bedenkt, daß sie alle ihre Bewegungen mit den Augen überwachen mußte. Aber wie fühlte sie sich? Hatten die Substitutionen das Gefühl der Körperlosigkeit, von dem sie anfangs gesprochen hatte, verschwinden lassen?

Die Antwort lautet: Nicht im geringsten. Infolge des noch immer bestehenden Verlustes der Eigenwahrnehmung hat sie das Gefühl, ihr Körper sei tot, sei nicht wirklich, gehöre nicht ihr – sie ist unfähig, eine Verbindung zwischen ihm und sich selbst herzustellen. Es fehlen ihr die Worte, um diesen Zustand zu beschreiben. Sie muß auf Analogien zurückgreifen, die sich auf die anderen Sinnesorgane beziehen: «Es ist, als sei mein Körper sich selbst gegenüber blind und taub... Er hat kein Gefühl für sich selbst.» Diese Beraubtheit, diese sensorische Finsternis (oder Stille), die einer Blindheit oder Taubheit gleicht, entzieht sich der direkten Schilderung. Auch uns fehlen hierfür die Worte. Und die Gesellschaft kennt diesen Zustand nicht und bringt auch kein Verständnis dafür auf. Mit Blinden hat man wenigstens Mitleid – man kann sich ihre Lage vorstellen und behandelt sie dementsprechend. Aber wenn Christina langsam und unbeholfen in einen Bus steigt, hört sie nur verständnislose und wütende Bemerkungen: «Was ist los mit Ihnen? Sind Sie blind – oder haben Sie einen in der Krone?» Was soll sie darauf antworten – «Ich habe keine Eigenwahrnehmung mehr»? Daß die Menschen kein Mitgefühl für sie haben und sie nicht unterstützen, ist eine zusätzliche Belastung. Sie leidet unter einer Behinderung, wenn diese auch nicht offensichtlich ist – schließlich ist Christina nicht blind oder gelähmt oder auf eine andere, für jedermann sichtbare Art verkrüppelt –, aber man behandelt sie wie eine Idiotin oder Simulantin. Diese Erfahrung machen alle, die mit der äußerlich nicht erkennbaren Beeinträchtigung einer Sinneswahrnehmung leben müssen (auch Patienten, bei denen der Gleichgewichtssinn gestört oder denen das Labyrinth entfernt worden ist).

Christina ist zu einem Leben in einem unbeschreiblichen, unvorstellbaren Reich verurteilt – «Nicht-Reich» oder «Nichts» wäre vielleicht ein besseres Wort dafür. Manchmal bricht sie unter dem Druck zusammen – nicht vor anderen Leuten, aber bei mir. «Wenn ich nur etwas *fühlen* könnte!» schreit sie. «Aber ich habe vergessen, wie das ist... Ich war doch ganz normal, oder? Ich konnte mich doch wirklich wie alle anderen bewegen.»

«Ja, selbstverständlich.»

«Das ist gar nicht selbstverständlich. Ich kann es nicht glauben. Ich will Beweise.»

Ich zeige ihr einen Film, auf dem sie mit ihren Kindern zu sehen ist. Er wurde ein paar Wochen vor ihrer Erkrankung aufgenommen.

«Ja, das bin ich!» Christina lächelt, aber dann sagt sie mit verzweifelter Stimme: «Aber ich kann mich mit dieser graziösen Frau nicht mehr identifizieren! Sie ist weg, ich kann mich an sie nicht erinnern, ich kann sie mir nicht einmal mehr vorstellen. Es ist, als hätte man mir etwas entfernt, etwas aus meinem Zentrum. Das macht man doch mit Fröschen, stimmt's? Man entfernt ihnen das Rückenmark, man höhlt sie aus... Genau das ist es: Ich bin *ausgehöhlt*, wie ein Frosch... Kommen Sie, meine Herrschaften, treten Sie ein, und sehen Sie Chris, das erste ausgehöhlte menschliche Wesen. Sie hat keine Eigenwahrnehmung, kein Gefühl für sich selbst – Chris, die ausgehöhlte Frau, die Frau ohne Körper!» Sie bricht in ein haltloses, fast hysterisches Lachen aus. Ich beruhige sie, während ich denke: Hat sie vielleicht recht?

Denn in gewisser Hinsicht ist sie tatsächlich «ausgehöhlt» und körperlos, eine Art Gespenst. Sie hat mit ihrer Eigenwahrnehmung auch die grundlegende, organische Verankerung der Identität verloren – jedenfalls die der körperlichen Identität, des «Körper-Ichs», das für Freud die Grundlage des Selbst war: «Das Ich ist vor allem ein körperliches.» Eine solche De-Personalisation oder De-Realisation tritt immer auf, wenn die Körperwahrnehmung oder das Körperbild tiefgreifend gestört ist. Silas Weir Mitchell machte diese Entdeckung, als er im amerikanischen Bürgerkrieg Amputierte und nervengeschädigte Patienten behandelte. Die einzigartige, berühmte und quasi-fiktionalisierte Beschreibung dieser Situation, die er seinem Arzt/Patienten George Dedlow in den

Mund legt, ist immer noch die beste und phänomenologisch akkurateste, die es gibt: «Zu meinem Schrecken stellte ich fest, daß ich manchmal meiner selbst, meiner eigenen Existenz weniger bewußt war als früher. Dieses Gefühl war so ungewohnt, daß ich zunächst sehr bestürzt war. Ich hätte am liebsten andauernd irgend jemand gefragt, ob ich wirklich George Dedlow war oder nicht; aber da ich sehr gut wußte, wie lächerlich ich mich durch eine solche Frage machen würde, unterließ ich es, über meinen Fall zu sprechen, und konzentrierte mich mehr darauf, meine Gefühle zu analysieren. Zuzeiten war die Überzeugung, ich sei nicht ich selbst, überwältigend und äußerst schmerzhaft. Es war – besser kann ich es nicht beschreiben – ein Fehlen der egoistischen Empfindung von Individualität.»

Auch für Christina existiert dieses allgemeine Gefühl – dieses «Fehlen der egoistischen Empfindung von Individualität» –, auch wenn es im Laufe der Zeit durch die Gewöhnung abgenommen hat. Und es existiert ein spezifisches, organisch begründetes Gefühl der Körperlosigkeit, das noch ebenso stark und unheimlich ist wie am ersten Tag. Dieses Gefühl haben beispielsweise auch Menschen, bei denen das Rückenmark weit oben durchtrennt ist – aber sie sind natürlich gelähmt, während Christina sich, auch wenn sie «körperlos» ist, bewegen kann.

Es verschafft ihr vorübergehend Erleichterung, wenn ihre Haut stimuliert wird. Wann immer sie Gelegenheit dazu hat, geht sie ins Freie; sie genießt es, in einem offenen Wagen zu fahren, wo sie den Wind auf ihrem Körper spüren kann (die Empfindung der Haut für leichte Berührung ist nur wenig beeinträchtigt). «Es ist herrlich», sagt sie. «Ich spüre den Wind auf der Haut, auf den Armen und im Gesicht, und dann merke ich undeutlich, daß ich tatsächlich Arme und ein Gesicht habe. Es ist nicht das echte Gefühl, aber es ist immerhin etwas – es nimmt eine Zeitlang diesen schrecklichen Todesschleier von mir.»

Aber ihre Situation ist und bleibt eine «Wittgensteinsche». Sie weiß nicht: «Hier ist eine Hand» – ihr Verlust der Eigenwahrnehmung, der Afferenz, hat sie ihrer existentiellen

Grundlage von Erkenntnis beraubt – und nichts, was sie tut oder denkt, kann daran etwas ändern. Sie kann sich ihres Körpers nicht gewiß sein. Was hätte Wittgenstein wohl in ihrer Situation gesagt?

Auf eine außergewöhnliche Weise hat sie etwas geschafft und ist gleichzeitig gescheitert. Sie hat es geschafft zu *funktionieren*, nicht aber zu *sein*. Es ist ihr in einem fast unglaublichen Ausmaß gelungen, ihr Leben so weit in den Griff zu bekommen, wie es Willenskraft, Mut, Ausdauer, Unabhängigkeit und die Anpassungsfähigkeit der Sinne und des Nervensystems zulassen. Sie befand und befindet sich noch immer in einer beispiellosen Situation, hat unvorstellbare Schwierigkeiten und Hindernisse überwunden und sich als Mensch mit unerschütterlichem Lebenswillen erwiesen.

Und doch ist sie noch immer behindert und wird es auch bleiben. Aller Kampfgeist und Einfallsreichtum, alle Substitutionen oder Kompensationen, die das Nervensystem zuläßt, können nichts daran ändern, daß sie ihre Eigenwahrnehmung – jenen unerläßlichen sechsten Sinn, ohne den ein Organismus unwirklich und führungslos ist – vollständig und für immer verloren hat.

Christina ist 1985 ebenso «ausgehöhlt», wie sie es vor acht Jahren war, und sie wird es bis ans Ende ihres Lebens bleiben. Ihr Fall ist beispiellos. Sie ist meines Wissens die erste, der dies widerfahren ist – das erste «körperlose» menschliche Wesen.

Nachschrift

Inzwischen hat Christina gewissermaßen Gesellschaft bekommen. H. H. Schaumberg, der erste, der dieses Syndrom wissenschaftlich beschrieben hat, berichtete mir, daß es jetzt überall zahlreiche Patienten mit schweren sensorischen Neuropathien gibt. In den gravierendsten Fällen treten, wie bei Christina, Störungen des Körperschemas auf. Die meisten dieser Patienten sind Anhänger bestimmter Ernährungslehren oder glauben, es sei gesund, Vitaminpräparate in hoher Dosierung zu schlucken, und haben ungeheure Mengen Vitamin B 6 (Pyridoxin) eingenommen. So gibt es jetzt einige Hundert «körperloser» Männer und Frauen – obwohl die meisten, im Gegensatz zu Christina, auf eine Besserung ihres Zustandes hoffen können, sobald sie aufhören, sich mit Pyridoxin zu vergiften.

4

Der Mann,
der aus dem Bett fiel

Vor vielen Jahren, während meiner Studienzeit, rief mich eine ziemlich aufgeregte Krankenschwester an und erzählte mir folgende merkwürdige Geschichte: Ein neuer Patient – ein junger Mann – sei morgens aufgenommen worden. Er habe einen sehr netten Eindruck gemacht und sich den ganzen Tag über völlig normal verhalten – bis er vor einigen Minuten aus einem Nickerchen erwacht sei. Seitdem sei er erregt und benehme sich sonderbar, als sei er ein anderer Mensch. Er habe es irgendwie fertiggebracht, aus dem Bett zu fallen, sitze jetzt laut brüllend auf dem Boden und weigere sich beharrlich, sich wieder hinzulegen. Ob ich nicht bitte vorbeikommen und nach ihm sehen könne?

Als ich kam, lag der Patient auf dem Boden neben seinem Bett und starrte eines seiner Beine an. In seinem Gesicht spiegelte sich eine Mischung aus Wut, Sorge, Verwunderung und Heiterkeit – wobei Verwunderung mit einer Spur Bestürzung überwog. Ich fragte ihn, ob er sich nicht wieder ins Bett legen wolle und ob er dabei Hilfe brauche, aber er schien aufgebracht über diese Vorschläge und schüttelte den Kopf. Also hockte ich mich neben ihn auf den Boden und bat ihn, mir seine Geschichte zu erzählen. Er war am Morgen für einige Tests in die Klinik gekommen. Er hatte über keine Beschwerden geklagt, aber die Neurologen hatten den Eindruck gewonnen, er habe ein «träges» linkes Bein – genau so hatten sie sich ausgedrückt –, und ihm nahegelegt, gleich zu bleiben. Den ganzen Tag über war es ihm gutgegangen, und gegen Abend war er eingeschlafen. Auch beim Aufwachen war noch alles in Ordnung gewesen – bis er sich bewegt hatte. Denn im Bett hatte er, wie er sich ausdrückte, «irgendein Bein» gefunden – *ein abgetrenntes menschliches Bein*. Ein entsetzlicher Fund! Er war zunächst erstarrt vor Überraschung und Ekel – so etwas Unglaubliches war ihm selbst in seinen wildesten Träumen noch nie begegnet! Vorsichtig hatte er das Bein angefaßt. Es schien vollkommen geformt zu sein, hatte sich aber «sonderbar» und kalt angefühlt. In diesem Augenblick war ihm eine Idee gekommen: *Das Ganze war nur ein Witz!* Ein ziemlich schlechter und geschmackloser, aber sehr origineller Witz! Es war Silvesterabend, und überall wurde gefeiert. Das halbe Pflegepersonal war betrunken, Scherze und Knallkörper flogen hin und her – wie beim Karneval ging es zu. Offenbar hatte sich eine Schwester mit einem makabren Sinn für Humor in den Seziersaal geschlichen, ein Bein gestohlen und es ihm, während er fest schlief, ins Bett gelegt. Er war sehr erleichtert gewesen über diese Erklärung, aber da er gefunden hatte, daß dieser Witz zu weit ging, hatte er das verdammte Ding aus dem Bett geworfen. Doch – und in diesem Augenblick gab er den Plauderton, in dem er bisher erzählt hatte, auf, begann zu zittern und wurde aschfahl – *als er es aus dem Bett geworfen hatte, war er irgendwie hinterhergefallen, und jetzt war das Bein an ihm festgewachsen.*

«Sehen Sie es sich an!» rief er mit vor Ekel verzerrtem Gesicht. «Haben Sie jemals so ein widerwärtiges Ding gesehen? Ich dachte immer, ein Toter wäre tot, und damit basta. Aber das hier ist unheimlich! Und irgendwie – es ist gespenstisch – kriege ich es nicht ab!» Er packte das Bein mit beiden Händen, versuchte mit ungewöhnlicher Kraft, es sich abzureißen, und schlug, als ihm dies nicht gelang, wütend darauf ein.

«Langsam!» sagte ich. «Immer mit der Ruhe! Beruhigen Sie sich! Ich würde das Bein nicht so schlagen.»

«Und warum nicht?» fragte er herausfordernd.

«Weil es *Ihr* Bein ist», antwortete ich. «Erkennen Sie Ihr eigenes Bein nicht?»

Er sah mich ungläubig und entsetzt an, doch hinter dem Ausdruck der Verblüffung trat rasch eine Art schalkhaften

Mißtrauens hervor. «Ach so!» sagte er. «Sie wollen mich an der Nase herumführen! Sie stecken mit dieser Schwester unter einer Decke – aber Sie sollten Ihre Patienten nicht so auf den Arm nehmen!»

«Ich nehme niemanden auf den Arm», erwiderte ich. «Das ist Ihr Bein.»

Er sah meinem Gesicht an, daß ich es vollkommen ernst meinte. Blankes Entsetzen trat in seine Augen. «Das soll mein Bein sein? Meinen Sie nicht auch, daß man sein eigenes Bein kennen sollte?»

«Selbstverständlich», antwortete ich. «Man sollte tatsächlich sein eigenes Bein kennen. Ich kann mir nicht vorstellen, daß man es *nicht* kennt. Vielleicht sind *Sie* derjenige, der uns hier die ganze Zeit auf den Arm nimmt.»

«Nein, ich schwöre, bei allem, was mir heilig ist... Man sollte wirklich seinen eigenen Körper kennen und wissen, was zu einem gehört und was nicht – aber dieses Bein, dieses Ding–» wieder überlief ihn ein Schauder des Ekels – «fühlt sich nicht richtig, nicht wirklich an. Und es sieht auch nicht so aus, als ob es zu mir gehört.»

«Wie sieht es denn aus?» fragte ich ihn. Ich war inzwischen genauso verwundert wie er.

«Wie sieht es denn aus?» wiederholte er meine Frage langsam. «Ich werde es Ihnen sagen: Es sieht absolut grauenhaft aus, mit nichts zu vergleichen, was ich je gesehen habe. Wie kann so etwas zu mir gehören? Ich weiß nicht einmal, *wohin* so ein Ding gehören sollte...» Seine Stimme erstarb.

«Hören Sie», sagte ich, «ich glaube, es geht Ihnen nicht gut. Das beste ist, Sie legen sich wieder ins Bett. Aber eine letzte Frage möchte ich Ihnen noch stellen: Wenn dies, dieses Ding, *nicht* Ihr linkes Bein ist» (er hatte es in seiner Erzählung als «Fälschung» bezeichnet und sich darüber gewundert, daß sich jemand solche Mühe gegeben habe, ein «Faksimile herzustellen»), «wo ist dann Ihr *echtes* linkes Bein?»

Wieder wurde er blaß – so blaß, daß ich dachte, er würde in Ohnmacht fallen. «Ich weiß es nicht», sagte er. «Ich habe keine Ahnung. Es ist verschwunden. Es hat sich in Luft aufgelöst. Ich kann es nirgends finden...»

Nachschrift

Nachdem diese Geschichte (in meinem Buch ‹Der Tag, an dem mein Bein fortging›) erschienen war, erhielt ich von dem Neurologen Michael Kremer einen Brief, in dem er schrieb:

«Man bat mich, nach einem Patienten in der Kardiologie zu sehen, dessen Verhalten Rätsel aufgab. Er litt an Herzflimmern und hatte eine Embolie ausgebildet, durch die er linksseitig gelähmt war. Ich sollte ihn untersuchen, weil er nachts immer wieder aus dem Bett fiel. Die Herzspezialisten hatten keine Erklärung dafür.

Als ich ihn fragte, was in der Nacht geschehe, erzählte er ohne Umschweife, daß er immer ein totes, kaltes, behaartes Bein in seinem Bett vorfinde, wenn er nachts erwache. Er könne sich das zwar nicht erklären, wolle es aber nicht dort haben und schiebe es daher mit seinem gesunden Arm und Bein aus dem Bett – worauf natürlich auch der Rest seines Körpers zu Boden fiel.

Er war ein Paradebeispiel für den vollständigen Verlust des Bewußtseins für die gelähmte Körperhälfte. Interessanterweise konnte ich ihn jedoch nicht dazu bringen, mir zu sagen, ob sein *eigenes* linkes Bein noch da war, denn seine Gedanken kreisten ausschließlich um jenes unerfreuliche fremde Bein.»

5

Hände

Madeleine J., eine sechzigjährige, von Geburt an blinde Frau, wurde 1980 in das St. Benedict's Hospital in der Nähe von New York gebracht. Sie war Spastikerin (zerebrale Kinderlähmung) und war ihr Leben lang zu Hause von ihrer Familie versorgt worden. Angesichts dieser Krankengeschichte und ihres bemitleidenswerten Zustandes – sie litt an Spastizität und Athetose, das heißt an unwillkürlichen Bewegungen der Hände, und außerdem hatten sich ihre Augen nicht entwikkelt – hatte ich erwartet, einer retardierten und regredierten Frau zu begegnen.

Sie war jedoch weder das eine noch das andere. Im Gegenteil: Sie erwies sich als eine vom Leben ungebrochene, außergewöhnlich intelligente und belesene Frau, die sich flüssig, ja geradezu eloquent auszudrücken verstand (ihre Sprechfähigkeit war glücklicherweise durch die Spastizität kaum beeinträchtigt).

«Sie haben außerordentlich viel gelesen», sagte ich. «Sie beherrschen die Blindenschrift wohl sehr gut?»

«Nein, überhaupt nicht», antwortete sie. «Ich lasse mir alles von anderen Leuten vorlesen – entweder direkt oder auf Kassette. In Blindenschrift kann ich kein einziges Wort entziffern. Ich kann mit meinen Händen *überhaupt nichts* anfangen. Sie sind völlig nutzlos.»

Sie hielt sie verächtlich hoch. «Nutzlose, überflüssige Teigklumpen – sie fühlen sich nicht einmal so an, als gehörten sie mir.»

Diese Feststellung erschien mir sehr sonderbar. Eine zerebrale Kinderlähmung ergreift normalerweise nicht die Hände, jedenfalls nicht wesentlich: Sie mögen leicht spastisch, schwach oder mißgestaltet sein, aber im allgemeinen ist der Erkrankte in der Lage, sie zu gebrauchen (im Gegensatz zu den Beinen, die in der als «Littlesche Krankheit» oder «spastische Diplegie» bezeichneten Unterform total gelähmt sein können).

Madeleine J.s Hände waren *leicht* spastisch und athetotisch, ihre sensorischen Fähigkeiten dagegen zeigten, wie ich rasch feststellte, keinerlei Beeinträchtigung. Sie erkannte sofort und korrekt selbst zarte Berührungen, Schmerz, Temperaturunterschiede und die passive Bewegung der Finger. Die grundlegenden Empfindungen waren also völlig intakt. In krassem Gegensatz zu diesem Befund stand die tiefgreifende Beeinträchtigung der Wahrnehmung. Madeleine J. konnte überhaupt nichts identifizieren, was ich ihr in die Hände legte – auch meine eigenen Hände nicht. Sie konnte nichts erkennen, und sie betastete auch nichts. Sie führte keine aktiven, «fragenden» Bewegungen mit ihren Händen aus – sie waren tatsächlich so passiv und leblos, so nutzlos wie «Teigklumpen».

Das ist wirklich seltsam, dachte ich. Wie reimte sich das zusammen? Ein nennenswerter sensorischer «Ausfall» lag nicht vor. Ihre Hände hätten eigentlich völlig normale Hände sein müssen – und doch waren sie es nicht. Konnte es sein, daß sie funktionslos – «nutzlos» – waren, weil sie sie nie gebraucht hatte? Hatte die Tatsache, daß sie von Geburt an «behütet», «versorgt», «verhätschelt» worden war, verhindert, daß sie ihre unmittelbare Umgebung mit den Händen erkundete, wie es alle Kleinkinder in den ersten Monaten ihres Lebens tun? Hatte man sie immer herumgetragen, war ihr stets alles abgenommen worden, so daß es nicht zu einer normalen Entwicklung der Hände hatte kommen können? Und wenn das der Fall war – es schien weit hergeholt, war aber die einzige Hypothese, die mir in den Sinn kam –, konnte sie dann jetzt, mit sechzig Jahren, nachholen, was sie in den ersten Wochen und Monaten ihres Lebens hätte lernen müssen?

Ich überlegte, ob es einen Präzedenzfall gab. War ein solches Phänomen schon einmal beschrieben worden? Ich wußte es nicht, aber mir fiel sofort ein möglicher Parallelfall ein, den Leontjew und Zaporožec (Saporoshek) in ihrem Buch ‹Rehabilitation of Hand Function› aufführen. Die dort geschilderten Umstände hatten völlig andere Ursachen: Die beiden Autoren beschreiben eine ähnliche «Entfremdung» der Hand in etwa zweihundert Fällen, in denen Soldaten schwere Verletzungen erlitten hatten und operiert worden waren. Die verletzten Hände fühlten sich, obwohl sie im wesentlichen neurologisch und sensorisch wiederhergestellt waren, «fremd», «leblos», «nutzlos» und «aufgesteckt» an. Leontjew und Zaporožec zeigen, daß die «gnostischen Systeme», die eine «Gnosis», einen auf Erkennen gerichteten Einsatz der Hände, ermöglichen, in solchen Fällen infolge von Verletzung, Operation und der Tatsache, daß der Gebrauch der Hände wochen- und monatelang unterbrochen war, «abgespalten» sein können. In Madeleine J.s Fall jedoch dauerte dieser Zustand bereits ein Leben lang, obwohl es sich um dasselbe Phänomen handelte: «Nutzlosigkeit», «Leblosigkeit» und «Entfremdung». Sie mußte nicht lediglich wieder lernen, ihre Hände zu gebrauchen – sie mußte sie vielmehr erst noch entdecken, sie sich zu eigen machen, sie ihrer Bestimmung zuführen. Sie mußte nicht nur ein abgespaltenes gnostisches System wiedererlangen, sondern sich ein gnostisches System aufbauen, über das sie nie verfügt hatte. War das möglich?

Die verwundeten Soldaten, über die Leontjew und Zaporožec schrieben, hatten vor ihrer Verletzung normal entwickelte Hände gehabt. Sie mußten sich nur an das «erinnern», was infolge ihrer schweren Verwundung «vergessen» oder «abgespalten» oder «deaktiviert» worden war. Madeleine dagegen konnte auf keinerlei Erinnerungen zurückgreifen, denn sie hatte weder ihre Arme noch ihre Hände je gebraucht – sie hatte ja das Gefühl, keine Hände zu besitzen. Sie hatte nie selbst gegessen, war nie allein auf die Toilette gegangen, hatte sich nie selbst etwas genommen. Sie hatte sich immer von anderen helfen lassen. Sechzig Jahre lang hatte sie gelebt, als sei sie ein Wesen ohne Hände.

Dies also war die Herausforderung, vor der wir standen: Wir hatten es mit einer Patientin zu tun, die über ein vollkommen entwickeltes elementares Empfindungsvermögen in den Händen verfügte, diese Empfindungen jedoch offenbar nicht auf der Ebene derjenigen Wahrnehmungen zu integrieren vermochte, die eine Beziehung zur Welt und zu sich selbst herstellen. In bezug auf ihre «nutzlosen» Hände konnte sie nicht sagen «Ich nehme wahr, ich erkenne, ich will, ich handle». Dennoch mußten wir sie (ebenso wie Leontjew und Zaporožec ihre Patienten) irgendwie dazu bringen, zu handeln und ihre Hände aktiv zu gebrauchen, und wir hofften, dadurch eine Integration zu erreichen. «Die Integration liegt im Handeln», schreibt Roy Campbell.

Madeleine war mit all dem einverstanden, ja sie war sogar fasziniert, wenn auch verwirrt und nicht sehr hoffnungsvoll. «Wie kann ich denn irgend etwas mit meinen Händen tun, wenn sie nichts weiter sind als zwei Klumpen Knete?» fragte sie.

«Im Anfang war die Tat», heißt es im ‹Faust›. Das mag stimmen, wenn wir in einem ethischen oder existentiellen Zwiespalt stecken, nicht aber, wenn es um den Ursprung von Wahrnehmung und Bewegung geht. Und doch geschieht auch hier immer etwas Unvermitteltes: ein erster Schritt (oder ein erstes Wort, wie Helen Kellers «Wasser»), eine erste Bewegung, eine erste Wahrnehmung, ein erster Impuls – etwas, das «aus heiterem Himmel» geschieht, wo vorher nichts beziehungsweise nichts Sinnvolles war. «Im Anfang ist der Impuls.» Nicht eine Tat, nicht ein Reflex, sondern ein «Impuls», der eindeutiger und gleichzeitig doch geheimnisvoller ist als eine Tat oder ein Reflex... Wir konnten zu Madeleine nicht sagen: «Tun Sie etwas!», aber wir konnten auf einen Impuls hoffen, wir konnten einem solchen Impuls den Weg bahnen, wir konnten sogar versuchen, ihn herbeizuführen...

Mir fiel ein, wie Säuglinge die Hand nach der Brust ihrer Mutter ausstrecken. «Stellen Sie Mrs. J.s Essen bei Gelegenheit, wie aus Versehen, etwas außerhalb ihrer Reichweite hin», sagte ich zu ihren Pflegerinnen. «Lassen Sie sie nicht hungern, und quälen Sie sie nicht. Zeigen Sie sich einfach etwas weniger bemüht als sonst, ihr zu helfen.» Und eines Tages geschah etwas, was noch nie zuvor geschehen war: Anstatt passiv und ergeben zu warten, streckte sie hungrig und ungeduldig den Arm aus, tastete auf dem Tisch umher, fand einen Teigkringel und führte ihn zum Mund. Dies war das erste Mal in sechzig Jahren, daß sie ihre Hände gebrauchte – ihre erste manuelle Handlung. Es war ihre Geburtsstunde als «motorisches Individuum» (Sherringtons Bezeichnung für die Person, die sich handelnd manifestiert). Es war dies auch ihre erste manuelle Wahrnehmung und damit auch ihre Geburtsstunde als vollständiges «wahrnehmendes Individuum». Ihr erstes Wahrnehmen, ihr erstes Erkennen galt einem Kringel beziehungsweise der «Kringelheit» – so wie Helen Kellers erstes Erkennen, ihre erste Äußerung, dem Wasser, der «Wasserheit» galt.

Nach dieser ersten Handlung, dieser ersten Wahrnehmung, machte sie gewaltige Fortschritte. Sie hatte den Arm ausgestreckt und einen Kringel ertastet und mit den Händen erforscht, und diese Erfahrung hatte in ihr einen Hunger geweckt, der sie die Hände ausstrecken ließ, um die ganze Welt zu berühren und zu erkunden. Das Essen war der Anstoß gewesen, das Erfühlen und Erforschen verschiedener Nahrungsmittel, Behälter, Gerätschaften usw. Das «Erkennen» beruhte auf seltsam umständlichen Vermutungen und Schlußfolgerungen, denn da sie von Geburt an sowohl blind als auch «ohne Hände» gewesen war, besaß sie nicht einmal die einfachsten inneren Vorstellungen (während Helen Keller wenigstens über taktile Vorstellungen verfügte). Sie wäre fast so hilflos wie ein Baby geblieben, wenn sie nicht außerordentlich intelligent und belesen gewesen wäre und sich eine Vorstellungswelt geschaffen hätte, die sozusagen von den Vorstellungen anderer erfüllt war und durch diese erhalten wurde – Vorstellungen, die sich durch Sprache, durch *Worte* vermittelt bildeten.

Sie identifizierte einen Kringel als rundes Gebäck mit einem Loch in der Mitte, eine Gabel als einen länglichen, flachen Gegenstand mit mehreren dünnen Spießen. Aber dann wich diese vorbereitende Analyse einer unmittelbaren Intuition, und sie erkannte Dinge sofort als das, was sie waren, als Gegenstände, die ihr aufgrund ihrer Eigenschaften und ihrer «Physiognomie» sogleich vertraut waren und die sie auf der Stelle als einzigartig, als «alte Freunde» identifizierte. Und diese Art des Erkennens, das nicht analytisch, sondern synthetisch und direkt war, wurde begleitet von einer lebhaften Freude und dem Bewußtsein, daß sie dabei war, eine verzauberte, geheimnisvolle und schöne Welt zu entdecken.

Die alltäglichsten Dinge begeisterten sie und weckten in ihr das Bedürfnis, sie nachzubilden. Sie bat uns um Ton und begann, Modelle zu formen: Ihre erste Skulptur stellte einen Schuhlöffel dar, und selbst dieses Objekt, das eine eigenartige Intensität und zugleich etwas Komisches hatte, erinnerte mit seinen fließenden, kraftvollen, voluminösen Formen an eine frühe Plastik von Henry Moore.

Und dann – es war noch kein Monat vergangen, seitdem sie die ersten Dinge erkannt hatte – wandte sie ihre Aufmerksamkeit auch Personen zu. Immerhin waren ja die Ausdrucksmöglichkeiten von Dingen und das Interesse, das sie weckten, begrenzt, auch wenn ein unschuldiger, einfallsreicher und oft witziger Geist seine Wahrnehmungen von ihnen schöpferisch umsetzte. Sie verspürte nun den Drang, Gesichter und die menschliche Gestalt in ruhendem Zustand und in Bewegung zu erforschen. Von Madeleine «erfühlt» zu werden, war eine bemerkenswerte Erfahrung. Ihre Hände, die vor kurzem noch nutzlos wie Teigklumpen gewesen waren, schienen jetzt von einer übernatürlichen Wachheit und Sensibilität beseelt zu sein. Man wurde nicht einfach identifiziert und auf eine Art und Weise erforscht, die weit gründlicher war und tiefer vordrang als eine visuelle Betrachtung – vielmehr wurde man «geschmeckt» und von einer geborenen (und wiedergeborenen) Künstlerin meditativ, ästhetisch und mit Hilfe der Vorstellungskraft erfaßt. Man spürte, daß dies nicht die tastenden Hände irgendeiner blinden Frau waren, sondern die einer blinden Künstlerin, eines reflektierenden, schöpferischen Geistes, der sich der ganzen sinnlichen und spirituellen Realität der Welt gerade erst geöffnet hatte. Auch die Erfahrungen, die Madeleine hierbei machte, verlangten danach, sinnlich faßbar ausgedrückt zu werden.

Sie begann, Köpfe und Gestalten zu modellieren, und innerhalb eines Jahres war sie stadtbekannt als «die blinde Bildhauerin von St. Benedict's». Ihre Plastiken waren gewöhnlich halb oder drei Viertel lebensgroß. Die Gesichtszüge waren nicht fein herausgearbeitet, aber erkennbar, und verrieten eine frappante schöpferische Kraft. Für mich, für sie und für uns alle war dies eine tief berührende, an ein Wunder grenzende Erfahrung. Wer hätte sich träumen lassen, daß eine so lange vernachlässigte grundlegende Wahrnehmungsfähigkeit, die sich normalerweise in den ersten Monaten des Lebens ausbildet, im sechzigsten Lebensjahr noch entwickelt werden kann? Dies eröffnete wunderbare Möglichkeiten für das Lernen im fortgeschrittenen Alter und für Behinderte. Und wer hätte sich träumen lassen, daß in dieser blinden, gebrechlichen Frau, die ihr ganzes Leben lang versorgt, verhätschelt und zur Untätigkeit verurteilt war, zu ihrer eigenen und aller anderen Überraschung der Keim einer erstaunlichen künstlerischen Sensibilität schlummerte, der, nachdem er sechzig Jahre lang an seiner Entfaltung gehindert worden war, in seltener Schönheit aufblühte?

Nachschrift

Wie ich herausfand, war Madeleine J.s Fall keineswegs einzigartig. Innerhalb eines Jahres traf ich auf einen weiteren Patienten (Simon K.), der ebenfalls an einer spastischen Lähmung litt, die mit einer erheblichen Sehbehinderung einherging. Obwohl K.s Hände hinsichtlich ihrer Kraft und ihres Empfindungsvermögens normal entwickelt waren, gebrauchte er sie kaum jemals und war außergewöhnlich ungeschickt, wenn es darum ging, etwas zu handhaben, zu ertasten oder über den Tastsinn zu identifizieren. Jetzt, da uns Madeleine J.s Fall bekannt war, fragten wir uns, ob nicht auch Simon K. eine ähnliche «Entwicklungsagnosie» haben und auf dieselbe Weise «behandelt» werden könnte. Und in der Tat stellten wir bald fest, daß er ebenso große Fortschritte machen konnte wie Madeleine J. Innerhalb eines Jahres war er in jeder Hinsicht sehr geschickt geworden und hatte besondere Freude an einfachen Schreinerarbeiten. Er schnitt Sperrholz und Massivholz zu und machte daraus einfaches Holzspielzeug. Da er kein geborener Künstler wie Madeleine J. war, verspürte er keine Neigung, Skulpturen oder andere Kunstobjekte herzustellen. Und dennoch – nachdem er fünfzig Jahre praktisch ohne Hände gelebt hatte, genoß er es, sie zu gebrauchen.

Dies ist vielleicht um so bemerkenswerter, als er, im Gegensatz zu der lebhaften und hochbegabten Madeleine J., ein leicht zurückgebliebener Mann mit einem schlichten Gemüt ist. Man könnte sagen, daß Mrs. J. eine außergewöhnliche Frau ist, eine zweite Helen Keller, ein Mensch, wie es ihn unter Millionen nur einmal gibt. Von Simon K. kann man das nicht behaupten. Und doch stellte sich heraus, daß er zu dieser entscheidenden Leistung – der Aneignung seiner Hände – ebenso in der Lage war wie Madeleine J. Anscheinend spielt Intelligenz als solche in diesem Fall keine Rolle. Das einzig Ausschlaggebende ist der *Gebrauch*, die Übung.

Solche Fälle von Entwicklungsagnosie mögen selten sein. Man stößt jedoch häufig auf Fälle von erworbener Agnosie, die deutlich machen, von welch fundamentaler Bedeutung der regelmäßige Gebrauch der Gliedmaßen ist. So habe ich des öfteren Patienten mit einer schweren sogenannten «Handschuh und Strumpf»-Neuropathie, die durch Diabetes hervorgerufen wird. Wenn diese Neuropathie in ein akutes Stadium tritt, weicht bei den Patienten die vorherrschende Empfindung der Taubheit (das «Handschuh und Strumpf»-Gefühl) einem Gefühl des völligen Nichts, der De-Realisation. Sie fühlen sich manchmal (wie ein Patient es ausdrückte) «wie ein Arm- und Beinamputierter» – ihre Hände und Füße «fehlen» ganz und gar. Manchmal haben sie das Gefühl, als seien ihre Arme und Beine nur noch Stümpfe, an denen «Gips- oder Teigklumpen» irgendwie «festgemacht» seien. In typischen Fällen tritt dieses Gefühl der De-Realisation urplötzlich auf... und die Wiederkehr der Realität erfolgt, wenn es dazu kommt, ebenso unvermittelt. Es gibt jedoch gewissermaßen eine kritische (funktionale und ontologische) Barriere. Es ist äußerst wichtig, daß man solche Patienten dazu bringt, ihre Hände und Füße zu *gebrauchen* – wenn nötig, muß man sie dazu «überlisten». Dadurch wächst die Wahrscheinlichkeit, daß eine plötzliche Re-Realisation eintritt, ein unvermittelter Sprung zurück in «das Leben» und die subjektive Realität – vorausgesetzt, es besteht noch ein ausreichendes physiologisches Potential. (Wenn die Neuropathie total ist, wenn die distalen Teile der Nerven ganz abgestorben sind, ist eine solche Re-Realisation unmöglich.)

Für Patienten mit einer schweren, aber nicht totalen Neuropathie ist ein mäßiger Gebrauch der Gliedmaßen buchstäblich lebensnotwendig. Er macht den Unterschied aus zwischen einem «Arm- und Beinamputierten» und einem halbwegs selbständigen Menschen. (Bei übermäßigem Gebrauch der Gliedmaßen kann es allerdings zu einer Ermüdung der begrenzten Nervenfunktionen und einer plötzlichen abermaligen De-Realisation kommen.)

Ich sollte hinzufügen, daß diese subjektiven Empfindungen eine exakte objektive Entsprechung haben: Man kann in den Muskeln der Hände und Füße eine lokale «elektrische Stille» messen, und im Bereich der Sinne läßt sich auf allen Ebenen, bis zum sensorischen Rindenfeld, das völlige Fehlen aller «evozierten Potentiale» feststellen. Sobald der Betroffene seine Hände und Füße infolge ihres Gebrauchs wieder als wirklich empfindet, erfolgt eine vollständige Umkehrung dieser physiologischen Erscheinung.

Ein ähnliches Gefühl der Leblosigkeit und Unwirklichkeit ist in Kapitel 3 («Die körperlose Frau») beschrieben.

6

Phantome

Als «Phantom» bezeichnet man in der Neurologie die wirklichkeitsgetreue Vorstellung von einem Körperteil beziehungsweise die lebhafte Erinnerung an ihn, die auch Monate
oder Jahre nach seinem Verlust noch unvermindert fortbe-
steht. Dieses Phänomen war schon im Altertum bekannt.
Nach dem amerikanischen Bürgerkrieg wurde es von dem
großen Neurologen Silas Weir Mitchell in allen Einzelheiten
erforscht und beschrieben.

Weir Mitchell schilderte mehrere *Arten* von Phantomen –
manche waren sonderbar geisterhaft und unwirklich (er
nannte sie «Sinnesgeister»); manche waren auf überwältigende, ja gefährliche Weise lebensecht und real; manche waren
überaus schmerzhaft, die meisten hingegen nicht von Schmerzen begleitet; manche waren fotografisch exakt wie Nachbil-
dungen oder Faksimiles des verlorenen Gliedes, andere waren
grotesk verkürzt oder entstellt... Weir Mitchell beschrieb
auch «negative Phantome» oder «Fehl-Phantome». Er wies
auch darauf hin, daß solche Störungen des «Körperbildes» –
dieser Ausdruck wurde erst fünfzig Jahre später von Henry
Head eingeführt – entweder durch zentrale Faktoren (Stimulierung oder Zerstörung des sensorischen Rindenfeldes, insbesondere das der Scheitellappen) oder durch periphere Faktoren
beeinflußt sein könnte (das heißt durch den Zustand des Ner-
venstumpfes oder Neuroms; die Zerstörung, Blockierung
oder Reizung des Nervs; durch Störungen der Spinalnerven-
wurzeln oder der Nervenbahnen im Rückenmark). Ich selbst

habe mich besonders mit diesen peripheren Einwirkungen beschäftigt.

Die folgenden, sehr kurzen, ja fast anekdotischen Abschnitte sind der Rubrik «Klinische Kuriosa» des *British Medical Journal* entnommen.

Phantomfinger

Ein Seemann schnitt sich versehentlich seinen rechten Zeigefinger ab. Danach überkam ihn vierzig Jahre lang immer wieder das quälende Gefühl, sein Finger sei noch immer gerade ausgestreckt, wie in dem Moment, als er ihn sich abschnitt. Wenn er seine Hand an sein Gesicht führte – zum Beispiel, um zu essen oder sich an der Nase zu kratzen –, fürchtete er, sich mit dem Phantomfinger ins Auge zu stechen. (Er wußte zwar, daß das unmöglich war, aber das Gefühl war geradezu überwältigend real.) Später bekam er infolge von Diabetes eine schwere sensorische Neuropathie und verlor jedes Gefühl für seine Finger. Auch der Phantomfinger verschwand.

Es ist wohlbekannt, daß eine zentrale pathologische Störung, zum Beispiel ein sensorischer Insult, eine Phantomerscheinung «heilen» kann. Wie oft geschieht es, daß eine periphere pathologische Störung dieselbe Auswirkung hat?

Verschwindende Phantomglieder

Amputierte und alle, die mit ihnen therapeutisch arbeiten, wissen, daß ein Phantomglied unerläßlich für den Gebrauch einer Prothese ist. Der Neurologe Michael Kremer schreibt: «Ein Phantomglied ist für den Amputierten von großer Bedeutung. Ich bin ganz sicher, daß niemand eine Beinprothese zufriedenstellend benutzen kann, bevor das Körperschema, mit anderen Worten: das Phantomglied, mit ihr verschmolzen ist.»

Das Verschwinden eines Phantomgliedes kann also katastrophale Folgen haben, und seine Wiedererlangung, seine Wiederbelebung ist dringend erforderlich. Dies läßt sich auf verschiedene Weise bewerkstelligen: Weir Mitchell beschreibt, wie eine Phantomhand durch die Faradisation des brachialen Nervengeflechtes nach fünfundzwanzig Jahren plötzlich wieder «zum Leben erweckt» wurde. Einer meiner Patienten erzählte mir, er müsse sein Phantomglied jeden Morgen «wecken»: Zunächst hebe er seinen Oberschenkelstumpf an und gebe ihm dann – «wie einem neugeborenen Kind» – mehrere kräftige Klapse. Beim fünften oder sechsten Schlag sei das Phantombein, angeregt durch die periphere Stimulierung, urplötzlich «da». Erst dann könne er seine Prothese anlegen und laufen. Ich frage mich, welche ungewöhnlichen Methoden wohl andere Amputierte anwenden mögen.

Phantombeine

Ein Patient, Charles D., wurde zu uns überwiesen, weil er häufig Schwindelanfälle hatte, stolperte und hinfiel. Die Vermutung, daß bei ihm eine Störung des vestibulären Systems vorlag, hatte sich nicht bestätigt. Bei näherer Befragung stellte sich heraus, daß er keineswegs an Schwindelanfällen litt, sondern das Opfer zahlreicher, sich ständig verändernder räumlicher Sinnestäuschungen war: Plötzlich schien der Boden weiter entfernt zu sein, dann wieder kam er mit einemmal näher, er neigte, hob und senkte sich, er verhielt sich – um es mit Charles D.s Worten auszudrücken – «wie ein Schiff in schwerer See». Infolgedessen schwankte auch er selbst hin und her, *es sei denn, er sah hinab auf seine Füße*. Er mußte hinsehen, wenn er die Beschaffenheit des Bodens oder die Haltung seiner Füße überprüfen wollte – sein Gefühl war höchst unbeständig und unzuverlässig geworden –, aber manchmal war sein Gefühl stärker als sein Gesichtssinn, so daß der Boden und seine Füße *aussahen*, als wogten sie beängstigend auf und ab.

Wir stellten bald fest, daß er an akuter Rückenmarksschwindsucht (Tabes) und (da auch die Fasern der Hinterstränge in Mitleidenschaft gezogen waren) an einer Art von sensorischem Wahn, an rasch aufeinanderfolgenden «Eigenwahrnehmungstäuschungen» litt. Das klassische Endstadium von

99

Rückenmarksschwindsucht, in dem es zu einer völligen «Blindheit» der Eigenwahrnehmung der Beine kommt, ist vielen bekannt. Gibt es Leser, die diesem Zwischenstadium – räumliche Sinnestäuschungen infolge eines akuten (und reversiblen) tabetischen «Wahns» – schon einmal begegnet sind?

Die Geschichte dieses Mannes erinnert mich an eine außergewöhnliche Erfahrung, die ich selbst gemacht habe, als ich mich von einem Ausfall der Eigenwahrnehmung *erholte*. In ‹Der Tag, an dem mein Bein fortging› habe ich diesen Zustand beschrieben: «Ich war äußerst unsicher auf den Beinen und mußte auf meine Füße hinabsehen. Dadurch wurde mir die Ursache meiner Unsicherheit offenbar: Es lag an meinem Bein – oder besser: diesem Ding, dieser formlosen Kalksäule, die mir als Bein diente, dieser kreidebleichen Vorstellung von einem Bein. Eben noch war diese Säule hundert Meter lang gewesen, gleich darauf schrumpfte sie auf zwei Millimeter zusammen; eben noch hatte ich sie als dick empfunden, und im nächsten Moment war sie dünn wie ein Fädchen; eben war sie in diese Richtung gekrümmt gewesen, jetzt bog sie sich in jene. Sie veränderte sich ständig in Größe und Form, in Haltung und Winkel, und die Veränderungen erfolgten vier- bis fünfmal in der Sekunde. Das Ausmaß der Verwandlungen und Veränderungen war ungeheuer: Zwischen zwei aufeinanderfolgenden ‹Bildern› hatten sich die Dimensionen manchmal um das Tausendfache verschoben...»

Leblos oder lebendig?

In der wissenschaftlichen Auseinandersetzung mit Phantomwahrnehmungen herrscht oft eine gewisse Unentschiedenheit vor: Sollen sie auftreten oder nicht? Sind sie pathologisch oder nicht? Sind sie «real» oder nicht? Während die Literatur zu diesem Thema verwirrend ist, drücken sich die Betroffenen eindeutig aus und schaffen Klarheit, indem sie verschiedene *Arten* von Phantomwahrnehmungen schildern.

So erzählte mir beispielsweise ein verständiger Mann, dessen Bein oberhalb des Knies amputiert war, folgendes: «Dieses *Ding*, dieser Geisterfuß, tut manchmal höllisch weh – und die Zehen biegen sich auf und verkrampfen sich. Am schlimmsten ist es nachts oder wenn ich die Prothese abgeschnallt habe oder wenn ich nur dasitze und nichts tue. Wenn ich die Prothese anlege und ein paar Schritte gehe, verschwindet der Schmerz. Ich kann das Bein dann immer noch genau spüren, aber es ist ein *gutes* Phantom. Es ist anders – es macht die Prothese lebendig und läßt mich laufen.»

Es scheint, als sei bei diesem wie auch bei allen anderen Patienten der *Gebrauch* der Prothese unerläßlich, um ein «schlechtes» (oder passives oder pathologisches) Phantom zu vertreiben, sofern es existiert, und um das «gute» Phantom – das heißt die immer noch vorhandene Erinnerung, die Vorstellung von dem Glied – so gut, lebendig und aktiv zu erhalten, wie sie sein soll.

Nachschrift

Viele (aber nicht alle) Patienten mit Phantomen leiden an «Phantomschmerzen» oder Schmerzen im Phantomglied. Manchmal haben diese Empfindungen etwas Bizarres, aber oft handelt es sich um recht «gewöhnliche» Schmerzen, um andauernde Schmerzempfindungen, die schon vor der Amputation in dem betreffenden Glied aufgetreten waren, oder um neue Schmerzen, die vollkommen normal gewesen wären, hätte man das Glied nicht amputiert. Nachdem die erste Auflage dieses Buches erschienen war, habe ich viele interessante Briefe von Patienten erhalten, die sich mit diesen Phänomenen befassen. Ein Patient schilderte die Schmerzen, die ihm noch Jahre nach der Amputation ein eingewachsener Zehennagel bereitete, um den man sich vor der Operation nicht «gekümmert» hatte. Es wurden jedoch auch ganz andere Schmerzempfindungen beschrieben, zum Beispiel ein starker Wurzelschmerz im Phantomglied, der nach einem akuten Bandscheibenvorfall auftrat und nach der operativen Entfernung der Bandscheibe und dem Verwachsen der beiden Wirbel wieder verschwand.

Solche Symptome sind nicht ungewöhnlich und keineswegs «eingebildet» – ihre Existenz kann neurophysiologisch nachgewiesen werden.

So beschreibt Jonathan Cole, einer meiner ehemaligen Studenten, der sich inzwischen als ein auf die Spinalnerven spezialisierter Neurophysiologe einen Namen gemacht hat, den Fall einer Frau, die an fortwährenden Phantomschmerzen im Bein leidet. Eine Anästhesie des Spinalbandes mit Lidocain bewirkte, daß das Phantomglied für kurze Zeit empfindungslos wurde (ja sogar verschwand); eine elektrische Stimulation der Spinalwurzeln dagegen erzeugte einen scharfen, prickelnden Schmerz im Phantomglied, der sich deutlich von dem zuvor aufgetretenen dumpfen Schmerz unterschied, während eine weiter oben vorgenommene Stimulation des Rückenmarks die Phantomschmerzen linderte (Cole erzählte mir davon in einem Gespräch). Cole hat auch die Ergebnisse ausführlicher elektrophysiologischer Untersuchungen eines Patienten vorgelegt, der vierzehn Jahre lang an einer sensorischen Polyneuropathie litt. Dieser Fall war in mancher Hinsicht dem von Christina, der «körperlosen Frau», sehr ähnlich (*Proceedings of the Physiological Society*, Februar 1986, S. 51 P).

7

Schräglage

Vor nunmehr neun Jahren lernte ich Mr. MacGregor in der neurologischen Klinik von St. Dunstan's kennen, einem Altersheim, in dem ich früher arbeitete. Ich kann mich noch so lebhaft an ihn erinnern, als habe unsere Begegnung erst gestern stattgefunden.

«Was kann ich für Sie tun?» fragte ich ihn, als er mit beängstigender Schräglage in mein Zimmer trat.

«Nichts – eigentlich fehlt mir gar nichts... Aber von anderen höre ich immer wieder, daß ich mich schief halte. ‹Du siehst aus wie der schiefe Turm von Pisa›, sagen sie. ‹Noch ein bißchen mehr, und du fällst um.›»

«Und *Sie* merken nichts davon?»

«Nein, ich fühle mich großartig. Ich weiß überhaupt nicht, was die meinen. Wie könnte ich mich schief halten, ohne es zu wissen?»

«Ja, das klingt seltsam», erwiderte ich. «Lassen Sie uns einen kleinen Versuch machen: Würden Sie bitte aufstehen und ein paar Schritte gehen – nur von hier bis zur Wand dort drüben und wieder zurück? Ich möchte das mit eigenen Augen sehen, und Sie sollen es sich auch ansehen. Ich werde Sie auf Video aufnehmen.»

«Na gut, Herr Doktor», sagte er und stand nach einigen Anläufen auf. Was für ein rüstiger alter Mann, dachte ich. Dreiundneunzig ist er und sieht aus wie siebzig. Er ist hellwach, kein bißchen senil, und könnte ohne weiteres hundert werden. Und er ist stark wie ein Möbelpacker, auch wenn er die Parkinsonsche Krankheit hat. Er ging auf die Wand zu, mit sicheren, raschen Schritten, aber in einer geradezu unwahrscheinlichen Schräglage von etwa zwanzig Grad. Sein Schwerpunkt war nach links verschoben, und er hielt das Gleichgewicht nur mit knapper Not.

«Na bitte!» sagte er mit zufriedenem Lächeln. «Haben Sie gesehen? Es ist nichts – ich hab mich so gerade gehalten wie nur was.»

«Haben Sie das wirklich, Mr. MacGregor?» fragte ich. «Sehen Sie selbst.»

Ich spulte den Film zurück und spielte ihm die Aufnahme vor. Er war zutiefst bestürzt, als er sich auf dem Bildschirm sah. Seine Augen traten hervor, sein Mund klappte auf, und er murmelte: «Da soll mich doch...!» Er hielt inne und fuhr fort: «Sie haben recht, ich gehe tatsächlich ganz schief. Ich *sehe* es ja ganz deutlich, aber ich merke es nicht. Ich *spüre* es einfach nicht.»

«So ist es», sagte ich. «Das ist das Problem.»

Wir haben fünf Sinne, die wir leicht identifizieren können und auf die wir uns mit einem gewissen Stolz verlassen. Auf sie gründet sich unser Verständnis der sinnlich faßbaren Welt. Aber es gibt noch andere Sinne – verborgene Sinne, «sechste Sinne» –, die ebenso lebenswichtig, aber praktisch unbekannt sind. Diese Sinne, die unbewußt und automatisch funktionieren, mußten erst entdeckt werden, was praktisch erst in den letzten hundert Jahren geschehen ist. Was man im viktorianischen Zeitalter vage mit «Muskelsinn» umschrieb – das Bewußtsein von der relativen Stellung des Rumpfes und der Gliedmaßen aufgrund von Informationen, die von Rezeptoren an Sehnen und Gelenken weitergegeben werden –, wurde erst in den neunziger Jahren des 19. Jahrhunderts genau definiert und mit dem Begriff «Eigenwahrnehmung» benannt. Und die komplexen Mechanismen und Steuerfunktionen, die uns in die Lage versetzen, unseren Körper auszurichten und im Gleichgewicht zu halten, sind erst in diesem Jahrhundert bestimmt worden und bergen noch immer viele Geheimnisse. Vielleicht werden wir erst in unserem Raumfahrtzeitalter mit seinen paradoxen Möglichkeiten und Gefahren eines Lebens ohne Schwerkraft wirklich erkennen, welche Bedeutung das Innenohr, der Labyrinthvorhof und all die anderen verborgenen Rezeptoren und Reflexe haben, die uns eine Körperorientierung ermöglichen. Unter normalen Bedingungen sind wir uns ihrer nicht bewußt.

Und dennoch kann ihr Fehlen auffällige Wirkungen haben. Wenn unsere unbeachteten verborgenen Sinne Informationen verstümmelt (oder verzerrt) weitergeben, dann ist das Ergebnis das äußerst seltsame und mit Worten kaum beschreibbare Äquivalent zu Blindheit oder Taubheit. Wenn die Eigenwahrnehmung, die Propriozeption, überhaupt nicht mehr funktioniert, wird der Körper sozusagen blind und taub für sich selbst – er hört auf (das lateinische Wort *proprius* deutet darauf hin), sich selbst zu «besitzen», sich als sich selbst zu begreifen (siehe auch Kapitel 3, «Die körperlose Frau»).

Der alte Mann versank plötzlich in tiefes Grübeln. Er spitzte den Mund, legte die Stirn in Falten, stand reglos da und dachte angestrengt nach. Er bot einen Anblick, der mir immer wieder nahegeht: der Patient in dem Moment, da er, halb abgestoßen, halb erleichtert, zum erstenmal genau erkennt, was ihm eigentlich fehlt, und gleichzeitig mit großer Klarheit sieht, was unternommen werden muß – der therapeutische Augenblick.

«Lassen Sie mich nachdenken, lassen Sie mich nachdenken», murmelte er, mehr an sich selbst gewandt, zog seine buschigen weißen Augenbrauen zusammen und unterstrich jeden Punkt mit seinen kräftigen, knorrigen Händen. «Lassen Sie mich nachdenken. Überlegen Sie mit mir – es muß doch eine Lösung geben! Ich halte mich schief, aber ich merke es nicht, stimmt's? Ich *müßte* es eigentlich merken, ich müßte es spüren, aber ich spüre es eben nicht.» Er hielt inne. «Ich war früher Tischler», sagte er dann, und sein Gesicht hellte sich auf. «Und wenn ich wissen wollte, ob etwas wirklich waagrecht oder lotrecht war, habe ich eine Wasserwaage genommen. Gibt es im Gehirn auch eine Art Wasserwaage?»

Ich nickte.

«Und die kann durch die Parkinsonsche Krankheit ausgeschaltet werden?»

Wieder nickte ich.

«Und das ist bei mir passiert?»

«Ja.» Ich nickte ein drittes Mal.

Die Wasserwaage, von der Mr. MacGregor gesprochen hatte, war ein ausgezeichneter Vergleich, eine Metapher für ein wichtiges Kontrollsystem im Gehirn. Teile des Innenohrs funktionieren tatsächlich nach dem physikalischen Prinzip der Wasserwaage: Das vestibuläre System besteht aus halbkreisförmigen Kanälen, die eine Flüssigkeit enthalten. Jede Bewegung dieser Flüssigkeit wird sofort registriert. Aber der Fehler lag eigentlich nicht im vestibulären System, sondern eher in MacGregors Unvermögen, seine Gleichgewichtsorgane in Verbindung mit der Eigenwahrnehmung des Körpers und der visuellen Wahrnehmung der Welt zu *gebrauchen*. Der einfache Vergleich, den MacGregor gezogen hatte, trifft nicht nur auf das vestibuläre System zu, sondern auch auf die komplexe *Integration* der drei verborgenen Sinne, in der die Wahrnehmung durch das vestibuläre System, die Eigenwahrnehmung und die visuelle Wahrnehmung zusammenfließen. Eben diese Synthese wird durch die Parkinsonsche Krankheit gestört.

Die gründlichsten (und brauchbarsten) Untersuchungen dieser Integration – und ihrer *Des*integrationen durch die Parkinsonsche Krankheit – hat der verstorbene große Neurologe J. Purdon Martin vorgenommen. Die Ergebnisse sind in seinem Buch ‹The Basal Ganglia and Posture› veröffentlicht. (Die erste Fassung erschien 1967. Das Buch wurde jedoch in den folgenden Jahren ständig neu überarbeitet und erweitert: Purdon Martin war gerade mit der Durchsicht einer neuen Ausgabe beschäftigt, als er 1984 starb.) Über diese Integration, diesen Integrator im Gehirn schreibt er: «Es muß ein Zentrum, eine ‹höhere Autorität› im Gehirn geben... Wir könnten sie als ‹Kontrolleur› bezeichnen. Dieser Kontrolleur, diese höhere Autorität muß ständig über das Gleichgewicht oder Ungleichgewicht des Körpers informiert sein.»

In dem Abschnitt, der sich mit «Reaktionen auf Schräglagen» befaßt, hebt Purdon Martin hervor, wie sehr das Einnehmen einer stabilen, aufrechten Haltung davon abhängt, daß die drei zuvor erwähnten Sinnesorgane einwandfrei zusammenwirken, und merkt an, daß dieses empfindliche Gleichgewicht häufig durch die Parkinsonsche Krankheit gestört wird und daß vor allem «der Beitrag des vestibulären Systems gewöhnlich früher verlorengeht als der der visuellen Wahrnehmung und der Eigenwahrnehmung». Dieses dreifache Überwachungssystem, schließt er, ist so beschaffen, daß *ein* Sinn, *eine* Kontrollinstanz einen Ausfall der anderen kompensieren kann – wenn auch nicht vollständig (denn die Sinne unterscheiden sich ja in ihrer Kapazität, Eindrücke aufzunehmen und weiterzuleiten), so doch wenigstens partiell und in einem Ausmaß, das einen gewissen Nutzen bringt. Die visuellen Reflexe und Überwachungen sind wohl normalerweise am unwichtigsten. Solange die Systeme des Innenohrs und der Eigenwahrnehmung intakt sind, können wir uns mit geschlossenen Augen ohne Schwierigkeiten gerade und aufrecht halten. Wir neigen uns nicht nach einer Seite oder stürzen zu Boden, sobald wir die Augen schließen, aber bei Menschen, die an der Parkinsonschen Krankheit leiden und daher leicht das Gleichgewicht verlieren, kann dies der Fall sein. (Oft sieht man Parkinson-Patienten stark nach einer Seite geneigt dasitzen, ohne daß ihnen das bewußt wäre. Sobald man ihnen aber einen Spiegel vorhält, so daß sie ihre Haltung *sehen* können, setzen sie sich gerade auf.)

Die Eigenwahrnehmung kann Defekte des Innenohrs in erheblichem Maße ausgleichen. Dies läßt sich bei Patienten beobachten, denen das vestibuläre System operativ entfernt werden mußte (ein solcher Eingriff ist manchmal erforderlich, um das unerträgliche, lähmende Schwindelgefühl zu beseitigen, das schwere Fälle der Ménière-Krankheit begleitet): Während sie zunächst nicht aufrecht stehen oder auch nur einen einzigen Schritt gehen können, lernen sie nach und nach, ihre Eigenwahrnehmung in ganz erstaunlichem Umfang einzusetzen und zu *erweitern*. Vor allem lernen sie, sich der Sensoren in den breiten Rückenmuskeln – den größten und beweglichsten Muskeln des Körpers – als eines zusätzlichen Gleichgewichtsorgans zu bedienen. Diese Muskeln wirken wie zwei große, flügelförmige Propriozeptoren. Mit etwas Übung wird diese Art der Wahrnehmung den Patienten zur zweiten Natur, und sie sind imstande, zu stehen und zu gehen – wenn auch nicht

perfekt, so doch sicher, ungezwungen und mit Selbstver-
trauen.

Purdon Martin war sehr einfallsreich, wenn es darum ging,
Mechanismen und Methoden zu entwickeln, die schwerbehinderten Parkinson-Patienten eine künstliche Normalität in
Gang und Haltung ermöglichen: auf den Boden gemalte Linien, Gegengewichte im Gürtel, laut tickende Schrittmacher,
die beim Gehen den Rhythmus vorgaben. Dabei strebte er immer danach, von seinen Patienten zu lernen. Er war ein zutiefst
menschlicher Pionier, und mit seinem Verständnis von der
Medizin und von Zusammenarbeit in der Therapie wies er vielen den Weg. Für ihn waren Patient und Arzt gleichrangige
Partner, die voneinander lernen, einander helfen und *gemeinsam* neue Erkenntnisse und Behandlungsmethoden finden. Allerdings hat er meines Wissens kein Hilfsmittel entwickelt, mit
dem sich das Symptom, an dem MacGregor litt – eine Beeinträchtigung der Reflexe des oberen Labyrinthvorhofs und der
Neigungsreflexe –, korrigieren ließ.

«Das ist es also», sagte MacGregor. «Die Wasserwaage in
meinem Kopf ist zu nichts nütze. Aber wenn ich schon meine
Ohren nicht gebrauchen kann, dann wenigstens meine Augen.» Prüfend neigte er den Kopf auf eine Seite. «Es sieht alles
genauso aus wie vorher – nichts liegt schief.» Auf seine Bitte
hin ließ ich einen großen Spiegel ins Zimmer bringen. «*Jetzt*
sehe ich, daß ich Schräglage habe», sagte er. «Jetzt kann ich
mich gerade halten. Vielleicht könnte ich immer... Aber ich
kann ja nicht umgeben von Spiegeln leben oder immer einen
mit mir herumtragen.»

Wieder versank er, die Stirn in Falten legend, in tiefes, kon-
zentriertes Nachdenken. Dann hellte sich sein Gesicht plötzlich auf, und er lächelte. «Ich hab's!» rief er. «Ja, ich hab's! Ich
brauche keinen Spiegel – ich brauche nur eine Wasserwaage.
Wenn ich die *in* meinem Kopf nicht gebrauchen kann, dann
könnte mir doch eine helfen, die *außerhalb* von meinem Kopf
ist. Es müßte irgend etwas sein, das ich *sehen* kann, das ich vor
Augen habe.» Er nahm seine Brille ab und betrachtete sie ge-
dankenvoll von allen Seiten. Sein Lächeln wurde langsam breiter.

«Hier zum Beispiel, der Rand meiner Brille... daran könnte ich merken, könnte ich sehen, daß ich mich schief halte. Zu Anfang müßte ich den Rand immer im Auge behalten. Das ist natürlich eine ziemliche Anstrengung, aber nach und nach geht es vielleicht ganz automatisch. Was halten Sie von dieser Idee, Herr Doktor?»

«Ich finde sie großartig, Mr. MacGregor. Versuchen wir es doch einfach!»

Das Prinzip war klar, aber die mechanische Umsetzung erwies sich als recht schwierig. Zunächst experimentierten wir mit einer Art Pendel, einem am Brillengestell befestigten Faden mit einem Gewicht, aber er hing zu dicht vor den Augen und war kaum wahrzunehmen. Dann brachten wir in der zur Klinik gehörigen Werkstatt mit Hilfe unseres Optikers einen Bügel an der Brücke der Brille an, der an seinem Ende, etwa zwei Nasenlängen vor den Gläsern, mit einer Art künstlichem Horizont versehen war. Wir probierten verschiedene Modelle aus, die MacGregor allesamt testete und abänderte. Nach einigen Wochen hatten wir einen Prototyp kreiert. «Die erste Brille dieser Art auf der Welt!» sagte MacGregor mit freudiger, triumphierender Stimme. Er setzte sie auf. Sie sah kaum seltsamer und klobiger aus als die plumpen Hörgerät-Brillen, die damals gerade aufkamen. In den Tagen, die nun folgten, mußte man in unserem Altersheim auf den sonderbaren Anblick von Mr. MacGregor mit seiner von ihm selbst erfundenen und verfertigten Brille auf der Nase gefaßt sein. Wie ein Steuermann, der den Kompaß seines Schiffes nicht aus den Augen läßt, ging er mit starrem Blick umher. Das funktionierte ganz passabel – jedenfalls hörte er auf, sich nach einer Seite zu neigen –, aber es erforderte eine ständige, ermüdende Anstrengung. Doch im Laufe der Wochen fiel ihm dies immer leichter; er nahm sein «Instrument» immer unbewußter wahr – so wie man das Armaturenbrett seines Autos im Auge behält und dabei nachdenken, sich unterhalten oder andere Dinge tun kann.

MacGregors Brille entwickelte sich zum Schlager von St. Dunstan's. Wir hatten mehrere andere Patienten, die an der Parkinsonschen Krankheit litten und deren Haltungsreflexe und Reaktionen auf Schräglagen ebenfalls beeinträchtigt waren. Diese Behinderung kann nicht nur gefährliche Folgen haben, sondern entzieht sich auch, wie in Fachkreisen allgemein bekannt ist, jeder Behandlung. Bald trug ein zweiter, dann ein dritter Patient eine Brille wie MacGregor und war dadurch, wie ihr Erfinder, imstande, aufrecht und ohne Schräglage zu gehen.

8

Augen rechts!

Mrs. S., eine intelligente Frau in den Sechzigern, hat einen schweren Schlaganfall hinter sich, der die tiefer gelegenen und hinteren Teile ihrer rechten Gehirnhälfte gelähmt hat. Ihre Intelligenz – und ihr Sinn für Humor – sind jedoch unbeeinträchtigt geblieben.

Manchmal beschwert sie sich bei den Schwestern, sie hätten ihr keinen Kaffee oder Nachtisch auf ihr Tablett gestellt. Wenn sie dann antworten: «Aber Mrs. S., da steht es doch – links von Ihrem Teller», scheint sie nicht zu verstehen, was sie sagen, und sieht nicht nach links. Wenn man ihren Kopf sanft nach links dreht, so daß das Dessert in der intakten rechten Hälfte ihres Gesichtsfeldes erscheint, sagt sie: «Ach, da ist es ja – aber eben war es noch nicht da.» Sie hat den Begriff «links», bezogen sowohl auf die Außenwelt als auch auf ihren eigenen Körper, vollständig verloren. Manchmal beklagt sie sich, ihre Portionen seien zu klein, aber das kommt daher, daß sie nur von der rechten Hälfte des Tellers ißt. Es kommt ihr nicht in den Sinn, daß er auch eine linke Hälfte hat. Manchmal trägt sie Lippenstift und Make-up auf – aber nur auf die rechte Seite ihres Gesichtes. Die linke läßt sie völlig unbeachtet. Eine Behandlung dieses Fehlverhaltens ist fast unmöglich, denn man kann ihre Aufmerksamkeit nicht darauf lenken («halbseitiger Gesichtsfeldausfall», vgl. «hemi-inattention», Battersby 1956) und sie ist sich keines Fehlers bewußt. Intellektuell weiß und versteht sie, daß sie etwas falsch macht, und lacht darüber, aber es ist ihr unmöglich, es direkt zu erfahren.

Da sie geistig – durch Schlußfolgerung – in der Lage ist, zu begreifen, daß ihre Wahrnehmung fehlerhaft ist, hat sie Strategien entwickelt, um dem zu begegnen. Sie kann nicht direkt nach links sehen oder sich nach links wenden, und daher dreht sie sich nach rechts und beschreibt dabei einen vollständigen Kreis. Um dies tun zu können, hat sie um einen Rollstuhl gebeten, der sich um die eigene Achse drehen kann, und ihn auch bekommen. Wenn sie jetzt etwas, von dem sie weiß, daß es da sein müßte, nicht finden kann, fährt sie nach rechts herum, bis es in Sicht kommt. Diese Methode ist besonders dann erfolgreich, wenn es ihr nicht gelingt, ihren Kaffee oder ihr Dessert zu finden. Wenn ihr die Portionen zu klein vorkommen, dreht sie sich, die Augen nach rechts gerichtet, rechts herum, bis die «fehlende» Hälfte in ihr Blickfeld kommt; dann ißt sie diese, oder vielmehr die Hälfte davon, worauf sie sich weniger hungrig fühlt als zuvor. Aber wenn sie noch nicht satt ist oder über die Sache nachdenkt und den Eindruck gewinnt, sie könnte nur die Hälfte der fehlenden Hälfte gesehen haben, macht sie eine zweite Drehung, bis sie das verbleibende Viertel sieht, von dem sie wieder die Hälfte ißt. Das reicht gewöhnlich aus, um ihren Hunger zu stillen – immerhin hat sie jetzt sieben Achtel ihrer Mahlzeit verzehrt. Manchmal aber, wenn sie sehr hungrig oder besonders gründlich ist, führt sie noch eine dritte Drehung aus und ißt ein weiteres Sechzehntel ihrer Mahlzeit. (Dabei bleibt natürlich das linke Sechzehntel auf dem Teller unbemerkt.) «Es ist absurd», sagt sie. «Ich komme mir vor wie Zenos Pfeil: Ich erreiche nie das Ziel. Mag sein, daß es komisch aussieht, aber was bleibt mir unter diesen Umständen anderes übrig?»

Es wäre wahrscheinlich weitaus einfacher, nicht sich selbst, sondern ihren Teller zu drehen. Das findet sie auch, und sie hat es versucht – oder zumindest hat sie versucht, es zu versuchen. Doch seltsamerweise bereitet ihr diese einfache Handlung Schwierigkeiten. Der erforderliche Bewegungsablauf ist für sie, im Gegensatz zur Drehung um ihre eigene Achse, nicht natürlich, weil ihr Sehen, ihre Aufmerksamkeit, all ihre spontanen Bewegungen und Impulse jetzt instinktiv und ausschließlich nach rechts orientiert sind.

Als besonders verletzend empfand sie die spöttischen Bemerkungen der anderen Patienten, als sie mit einem nur zur Hälfte aufgetragenen Make-up vor ihnen erschien. Sie bot einen absurden Anblick, da auf der linken Seite ihres Gesichtes, im krassen Kontrast zur rechten, keine Spur von Rouge oder Lippenstift zu sehen war. «Ich setze mich vor den Spiegel», sagte sie, «und schminke alles, was ich sehe.» Wir fragten uns, ob man ihr mit einem «Spiegel» helfen könne, in dem sie die linke Seite ihres Gesichtes rechts sehen würde, einer Apparatur also, die sie so zeigen würde, wie ein Gegenüber sie sieht. Wir versuchten es mit einer Video-Kamera und einem Bildschirm. Das Ergebnis war überraschend und seltsam. Denn jetzt, mit dem Bildschirm als «Spiegel», sah sie die linke Hälfte ihres Gesichtes rechts – eine Erfahrung, die selbst für einen normalen Menschen verwirrend ist (wie jeder bestätigen kann, der jemals versucht hat, sich vor einem Video-Monitor zu rasieren), und in ihrem Fall doppelt irritierend und unheimlich, weil die linke Gesichts- und Körperhälfte, die sie jetzt sah, infolge ihres Schlaganfalls gefühllos und für sie nicht existent war. «Nehmen Sie diesen Apparat wieder mit!» rief sie gequält und verwirrt, und so gaben wir diesen Versuch auf. Das war bedauerlich, denn solche Formen von Video-Feedback könnten, wie auch R. L. Gregory vermutet, für Patienten mit halbseitigem Gesichtsfeldausfall höchst vielversprechend sein. Das ganze Problem ist jedoch physisch, ja metaphysisch, so verwirrend, daß nur Experimente Aufschluß geben können.

Nachschrift

Computer und Computerspiele (die 1976, als ich Mrs. S. zum erstenmal begegnete, noch nicht auf dem Markt waren) können Menschen mit halbseitiger Beeinträchtigung dazu dienen, die «fehlende» Körperhälfte zu überwachen, oder ihnen dabei helfen zu lernen, wie sie diese Aufgabe selbst bewältigen können – ein unschätzbarer Gewinn. Ich habe 1986 einen kurzen Film darüber gemacht.

Fast gleichzeitig mit der ersten Ausgabe dieses Buches ist ein sehr wichtiges Werk erschienen: ‹*Principles of Behavioral Neurology*› (Philadelphia 1985), herausgegeben von M. Marsel Mesulam. Ich zitiere Mesulams ausgezeichnete Beschreibung des Phänomens «Wahrnehmungsausfall»: «In schweren Fällen kann es vorkommen, daß der Patient sich verhält, als habe eine Hälfte der Welt von einem Moment auf den anderen keine Bedeutung mehr... Patienten mit einseitigen Wahrnehmungsstörungen verhalten sich so, als geschähe in der linken Hälfte der Welt nichts mehr, ja als könnte von dieser Hälfte überhaupt nichts Bedeutsames mehr ausgehen.»

9

Die Ansprache des
Präsidenten

Was war da los? Aus der Aphasie-Station drang, gerade als die
Rede des Präsidenten übertragen wurde, lautes Gelächter, und
dabei waren doch alle so gespannt darauf gewesen...

Da war er also, der alte Charmeur, der Schauspieler mit seiner routinierten Rhetorik, seiner Effekthascherei, seinen Ap-
pellen an die Emotionen – und alle Patienten wurden von
Lachkrämpfen geschüttelt. Nein, nicht alle: Einige sahen verwirrt aus, andere wirkten erregt, zwei oder drei machten einen
besorgten Eindruck, aber die meisten amüsierten sich großartig. Die Worte des Präsidenten waren eindringlich wie immer, aber bei den Patienten riefen sie offenbar hauptsächlich
Heiterkeit hervor. Was mochte in ihnen vorgehen? Verstanden
sie ihn nicht? Oder verstanden sie ihn vielleicht nur zu gut?

Es hieß oft, diese Patienten, die zwar intelligent waren, aber
an schwerer sensorischer oder totaler Aphasie litten und daher
nicht imstande waren, die Bedeutung von Worten als solchen
zu begreifen, verstünden dennoch das meiste von dem, was
man zu ihnen sagte. Ihre Freunde, ihre Verwandten, die
Schwestern, die sie gut kannten, konnten manchmal kaum
glauben, daß sie tatsächlich eine sensorische Sprachstörung
hatten.

Wie es dazu kam, war uns klar: Wenn man natürlich mit
ihnen sprach, erfaßten sie die Bedeutung des Ganzen mehr
oder weniger vollständig. Und natürlich spricht man immer
«natürlich».

Um ihre Aphasie zu erkennen, mußte man als Neurologe

große Anstrengungen unternehmen, sich unnatürlich zu benehmen und auszudrücken und keine nonverbalen Hinweise auf das Gesagte zu geben, das heißt, man mußte mit neutralem Tonfall und ohne suggestive Betonung oder Modulation mit ihnen sprechen und alle visuellen Anhaltspunkte (Mimik, Gestik, das ganze, weitgehend unbewußte, persönliche Repertoire der die Sprache begleitenden Haltung) unterdrücken. All dies hatte zu unterbleiben (was manchmal erforderte, daß man selbst unsichtbar blieb und seiner Stimme, gegebenenfalls durch einen Synthesizer, einen ganz und gar unpersönlichen Klang gab), um Sprache auf reine Worte zu reduzieren, so daß ihr emotiver, evokativer Ausdruck, das, was Frege «Klangfarben» nannte, völlig getilgt wurde. Bei den sensibelsten Patienten war nur durch die Verwendung einer derart künstlichen, mechanischen Sprache – die Ähnlichkeit mit der von Computern in Science-fiction-Filmen hat – zweifelsfrei nachzuweisen, daß sie an Aphasie litten.

Wie kam das? Sprache – natürliche Sprache – besteht weder nur aus Worten noch (wie Hughlings-Jackson glaubte) lediglich aus «Propositionen». Sie besteht aus *Äußerungen*, aus Sprechakten – man drückt die Bedeutung dessen, was man sagen will, mit dem ganzen Körper aus –, und das Verständnis dieser Äußerungen erfordert weit mehr als die bloße Identifizierung von Worten. Menschen, die an Aphasie leiden, greifen diese Hinweise auf und verstehen das Gesagte, auch wenn die *Worte* für sie unverständlich bleiben. Denn obwohl die Worte, die verbalen Konstruktionen an sich keinen Sinn ergeben, fließt die Sprache normalerweise in einer «Melodie» dahin und wird von einer Ausdruckskraft getragen, die die rein verbale Ebene übersteigt. Und eben diese vielfältige, komplexe und subtile Ausdruckskraft bleibt bei Aphasie-Patienten erhalten, auch wenn das Wortverständnis ausgeschaltet ist. Sie bleibt erhalten – und oft mehr als das: Sie wird geradezu übernatürlich verstärkt...

Auch dies wird allen, die mit Aphasie-Patienten zusammenleben oder mit ihnen arbeiten – ihrer Familie, ihren Freunden, Krankenschwestern oder Ärzten –, häufig auf verblüffende, komische oder drastische Weise klar. Zunächst fällt uns vielleicht gar nichts Besonderes auf, aber dann erkennen wir, daß eine große Veränderung, fast eine Umkehrung in ihrem Sprachverständnis stattgefunden hat. Es stimmt zwar, daß irgend etwas verschwunden und ausgelöscht ist, aber an seine Stelle ist etwas anderes getreten und unglaublich verstärkt worden, so daß den Aphasikern, zumindest bei Äußerungen, die von Emotionen begleitet sind, die Bedeutung völlig klar ist, auch wenn sie kein einziges Wort verstanden haben. Dies erscheint unserer Spezies, dem Homo loquens, beinah als Verkehrung der herkömmlichen Ordnung – als Verkehrung oder auch als Rückkehr zu etwas, das primitiver und elementarer ist. Vielleicht hat Hughlings-Jackson deshalb Aphasiker mit Hunden verglichen (ein Vergleich, über den beide gleichermaßen empört wären!). Dabei dachte er allerdings hauptsächlich an ihre linguistische Unfähigkeit und nicht an ihre bemerkenswerte, fast unfehlbare Sensibilität für «Tonfall» und Gefühl. Henry Head, der in dieser Hinsicht feinfühliger war, spricht in seiner Abhandlung über Aphasie (1926) von «Ton-Gefühl» und weist nachdrücklich darauf hin, daß dieses bei Aphasie-Patienten erhalten bleibe und oft verstärkt werde.*

Daher habe ich manchmal – wie alle, die viel mit Aphasie-Patienten arbeiten – das Gefühl, daß es unmöglich ist, einen solchen Menschen anzulügen. Er versteht die Worte nicht und

---

* «Ton-Gefühl» ist ein Ausdruck, den Head gern gebraucht, und zwar nicht nur in bezug auf die Aphasie, sondern auch im Zusammenhang mit der affektiven Qualität der Wahrnehmung, da dies auch durch thalamische oder periphere Störungen verändert werden kann. Wir haben den Eindruck, daß es Head immer halb unbewußt dazu drängte, das «Ton-Gefühl» zu erforschen und gewissermaßen eine Neurologie des Ton-Gefühls zu schaffen, als Gegensatz oder Ergänzung zur klassischen Neurologie der Propositionen und Prozesse.

Der Ausdruck «Ton-Gefühl» ist, nebenbei gesagt, in den USA recht weit verbreitet, wenigstens unter den Schwarzen in den Südstaaten. Es ist ein geläufiges, erdiges und unersetzliches Wort. «Natürlich gibt es so was wie Ton-Gefühl... und wenn du das nicht hast, dann bist du geliefert» (zitiert von Studs Terkel als Motto zu seiner 1967 erschienenen Sammlung von Zeitzeugenberichten mit dem Titel ‹Division Street: America›).

kann also auch nicht durch sie getäuscht werden, aber das, was er versteht, versteht er mit unfehlbarer Präzision: den *körperlichen Gesamtausdruck*, der die Worte begleitet, jene totale, spontane, unwillkürliche Ausstrahlung, die niemals simuliert oder gefälscht werden kann, wie es bei Worten nur allzu leicht der Fall ist...

Wir wissen, daß Hunde diese Fähigkeit besitzen, und machen sie uns zunutze, um Falschheit, gute oder böse Absichten zu erkennen, um festzustellen, wem wir trauen können, wer lautere Motive hat, mit wem wir uns verstehen, wenn wir, die wir durch Worte so leicht zu täuschen sind, unseren eigenen Instinkten nicht trauen können.

Und Menschen, die an Aphasie leiden, sind hierzu ebenso imstande wie Hunde, und dies obendrein mit menschlicher Auffassungsgabe auf unvergleichlich höherem Niveau. «Man lügt wohl mit dem Mund», schreibt Nietzsche, «aber mit dem Maule, das man dabei macht, sagt man doch die Wahrheit.» Für einen solchen Gesichtsausdruck, für jede Falschheit der körperlichen Erscheinung und Haltung haben diese Menschen ein übernatürliches Gespür. Und wenn sie ihr Gegenüber nicht sehen können – dies gilt besonders für blinde Aphasie-Patienten –, dann haben sie ein unfehlbares Gehör für jede stimmliche Nuance, für den Tonfall, den Rhythmus, die Hebungen und Senkungen, die Satzmelodie, für die subtilsten Modulationen, Tonveränderungen und Abweichungen von der normalen Aussprache, die dem Gesagten die Glaubwürdigkeit geben oder nehmen können.

Darauf gründet sich also ihre Fähigkeit, etwas zu verstehen und zu erkennen, was wahr und was unwahr ist, ohne die Worte zu begreifen. Folglich waren es die Mimik, die schauspielerischen Übertreibungen, die aufgesetzten Gesten und vor allem der falsche Tonfall, die falsche Satzmelodie des Redners, die diesen sprachlosen, aber ungeheuer sensiblen Patienten heuchlerisch erschien. Auf solche (für sie) höchst offenkundigen, ja grotesken Widersinnigkeiten und Ungereimtheiten reagierten diese Patienten, die sich durch Worte nicht täuschen ließen, weil sie durch Worte nicht zu täuschen waren.

Darum lachten sie über die Ansprache des Präsidenten.

Wenn man einen Menschen, der an Aphasie leidet, auf Grund seiner besonderen Sensibilität für Ausdruck und «Ton» nicht anlügen kann, wie verhält es sich dann, so könnten wir fragen, mit Patienten, denen jeder Begriff von Ausdruck und «Ton» *fehlt*, während ihr Verständnis für Wörter unverändert erhalten bleibt – Patienten also, deren Krankheitsbild das genaue Gegenteil der Aphasie darstellt? Wir haben auf der Aphasie-Station auch einige solcher Patienten, obwohl sie eigentlich nicht an Aphasie, sondern an einer Agnosie, insbesondere der sogenannten «tonalen» Agnosie leiden. Diese Patienten nehmen typischerweise die Ausdrucksqualitäten von Stimmen – Tonfall, Timbre, Gefühl, den ganzen Charakter der Stimme – nicht mehr wahr, während sie Worte (und grammatikalische Konstruktionen) ohne Schwierigkeiten verstehen. Solche tonalen Agnosien (oder «Atonien») treten bei Störungen des rechten Schläfenlappens auf, während Aphasien eine Folge von Störungen des linken Schläfenlappens sind.

Zu den Patienten mit tonaler Agnosie in unserer Aphasie-Station, die der Ansprache des Präsidenten lauschten, gehörte auch Emily D. Sie hatte ein Gliom in ihrem rechten Schläfenlappen. Als ehemalige Englischlehrerin und recht bekannte Lyrikerin, die, in sprachlicher Analyse wie im Ausdruck, über ein außergewöhnliches Sprachgefühl verfügte, konnte sie sehr gut artikulieren, wie die Rede des Präsidenten für einen Menschen klang, der an tonaler Agnosie litt. Sie konnte nicht mehr sagen, welche Gefühle eine Stimme ausdrückte, ob sie wütend, fröhlich oder traurig klang. Da Stimmen für sie keinen Ausdruck mehr hatten, mußte sie auf die Gesichter der Menschen, ihre Haltung und ihre Bewegungen achten, wenn sie sprachen, und das tat sie mit einer Aufmerksamkeit und Intensität, die sie noch nie zuvor an sich festgestellt hatte. Doch auch darin war sie mehr und mehr beeinträchtigt, denn sie hatte ein bösartiges Glaukom, und ihr Sehvermögen verschlechterte sich rapide.

Ihr blieb nichts anderes übrig, als auf äußerste Genauigkeit in Sprache und Sprachgebrauch zu achten und darauf zu bestehen, daß die Menschen in ihrer Umgebung dasselbe taten. Sie hatte wachsende Schwierigkeiten, Unterhaltungen zu folgen, die in Umgangssprache oder Slang geführt wurden und in denen Gefühle oder Anspielungen eine Rolle spielten, und bat ihre Gesprächspartner immer häufiger, *Prosa* zu sprechen – «das rechte Wort am rechten Platz». Dadurch, so stellte sie fest, ließ sich die fehlende Wahrnehmung von Tonfall oder Gefühl in gewissem Umfang ausgleichen.

Auf diese Weise war sie imstande, den Gebrauch der «darstellenden» Sprache (in der die Bedeutung ganz und gar durch die richtige Wahl der Wörter und ihre Beziehung zueinander vermittelt wird) beizubehalten und sogar auszuweiten, während sie mehr und mehr das Gefühl für die «evokative» Sprache (in der die Bedeutung vom Einsatz und Verständnis des Tonfalls abhängt) verlor.

Mit steinernem Gesicht hörte auch Emily D. der Rede des Präsidenten zu und unterlegte sie mit einer seltsamen Mischung aus verstärkten und fehlerhaften Wahrnehmungen – genau das Gegenteil von dem, was unsere Aphasie-Patienten taten. Die Rede bewegte sie nicht – kein gesprochenes Wort rief mehr eine Regung in ihr hervor –, und alles, was Emotionen ausdrückte, seien es echte oder gespielte, ging völlig an ihr vorbei. War diese Frau, für die gesprochene Worte keine Gefühle mehr vermittelten, nun ebenso fasziniert und mitgerissen wie wir? Keineswegs. «Er ist nicht überzeugend», sagte sie. «Er spricht keine gute Prosa. Er gebraucht die falschen Worte. Entweder ist er hirngeschädigt, oder er hat etwas zu verbergen.» Die Rede des Präsidenten zeigte also bei Emily D. infolge ihres sensibilisierten Gefühls für den Gebrauch formaler Sprache und für die Angemessenheit gesprochener Prosa ebensowenig Wirkung wie bei unseren Aphasie-Patienten, die die Bedeutung der Worte zwar nicht mehr erkannten, aber eine große Sensibilität für den Tonfall besaßen.

Das war also das Paradoxon der Präsidenten-Rede. Wir «Normalen» wurden, zweifellos beeinflußt durch unseren Wunsch, hinters Licht geführt zu werden, tatsächlich und gründlich hinters Licht geführt (*«Populus vult decipi, ergo decipiatur»*). Die Täuschung durch die Worte war, im Verein mit der Täuschung durch den irreführenden Tonfall, so gekonnt, daß nur die Hirngeschädigten davon unbeeindruckt blieben.

TEIL ZWEI

Überschüsse

Einleitung

Das Lieblingswort in der Neurologie ist, wie gesagt, «Ausfall». Es ist sogar deren einzige Bezeichnung für jegliche Beeinträchtigung einer Funktion. Entweder ist die Funktion (wie ein Kondensator oder eine Sicherung) normal, oder sie ist fehlerhaft und unvollkommen – welche andere Möglichkeit besteht denn schon in dem mechanistischen Konstrukt der Neurologie, das im wesentlichen nichts anderes ist als ein System von Fähigkeiten und Verbindungen?

Aber wie steht es mit dem Gegenteil: einem Überschuß oder Überfluß an Funktion? In der Neurologie gibt es kein Wort dafür, weil diese Vorstellung nicht existiert. Eine Funktion, ein funktionales System, wird den Anforderungen entweder gerecht oder versagt – eine andere Möglichkeit gibt es nicht. Daher stellt eine Krankheit, deren Hauptmerkmal das «Überschäumende», das «Produktive» ist, die grundlegenden mechanistischen Konzepte der Neurologie in Frage, und dies ist zweifellos ein Grund dafür, warum solche Störungen – so verbreitet, bedeutsam und faszinierend sie sind – nie mit der Aufmerksamkeit untersucht wurden, die sie verdienen. In der Psychiatrie ist das geschehen; man spricht dort von produktiven Störungen und Erregungszuständen – von übersteigerter Phantasie oder Impulsivität, von Manien. Und auch in der Anatomie und Pathologie hat man sich damit befaßt; dort ist die Rede von Hypertrophien und Mißbildungen, von Teratomen. In der Physiologie jedoch gibt es hierfür keine Entsprechung, kein Pendant zu Mißbildungen oder Manien. Und dies allein schon deutet darauf hin, daß unser grundlegendes Konzept, unsere Gewohnheit, das Nervensystem als eine Art Maschine oder Computer zu betrachten, äußerst unzulänglich ist und durch dynamischere, lebendigere Konzepte ergänzt werden muß.

Diese tiefgreifende Unzulänglichkeit mag nicht ins Auge fallen, solange wir es nur mit Ausfällen zu tun haben – der Aufhebung von Funktionen, wie ich sie im ersten Teil geschildert habe. Aber sie wird sofort sichtbar, wenn wir uns den Übersteigerungen von Funktionen zuwenden: nicht der Amnesie, sondern der Hypermnesie, nicht der Agnosie, sondern der Hypergnosie und allen anderen «Hyper»-Funktionen, die wir uns vorstellen können.

Die klassische, «Jacksonsche» Neurologie beschäftigt sich nie mit solchen Störungen durch Übersteigerung, das heißt mit primären Überschüssen oder Auswüchsen oder Verästelungen von Funktionen (im Gegensatz zu den sogenannten «Freisetzungen»). Es stimmt zwar, daß Hughlings-Jackson selbst von «hyperphysiologischen» und «überpositiven Geisteszuständen» sprach. Aber in diesem Fall, so könnte man sagen, läßt er lediglich spielerisch die Zügel schießen oder sich einfach von seiner klinischen Erfahrung leiten, befindet sich jedoch im Widerspruch zu seinen eigenen mechanistischen Konzepten von Funktion. (Solche Widersprüche waren charakteristisch für seinen genialen Geist; zwischen seinem Naturalismus und seinem starren Formalismus gähnte ein tiefer Abgrund.)

Wir müssen fast bis in die Gegenwart gehen, um einen Neurologen zu finden, der Übersteigerungen überhaupt in Betracht zieht. Die zwei klinischen Biographien von A. R. Lurija werden beiden Aspekten gerecht: ‹The Man with a Shattered World› befaßt sich mit Ausfällen, ‹The Mind of a Mnemonist› mit Überschüssen. In meinen Augen ist das zweite Werk das bei weitem interessantere und originellere, denn hier geht es im Grunde um die Erforschung des Vorstellungsvermögens und des Gedächtnisses (und eine solche Erforschung ist in der klassischen Neurologie nicht möglich).

Bei den Fällen, die ich in ‹Bewußtseinsdämmerungen› schilderte, herrschte sozusagen ein inneres Gleichgewicht zwischen den schrecklichen Äußerungen von Geistesgestörtheit vor der Behandlung mit L-Dopa – Akinesie, Abulie, Adynamie, Anergie usw. – und den fast gleichermaßen schrecklichen Auswüchsen nach der Behandlung mit L-Dopa – Hyperkinese, Hyperbulie, Hyperdynamie usw.

Hier sehen wir die Entstehung neuer Arten von Bezeichnungen, von Bezeichnungen und Konzepten, die sich nicht auf Funktionen beziehen: Impuls, Wille, Dynamik, Energie. Diese Bezeichnungen sind im wesentlichen kinetisch und dynamisch, während die in der klassischen Neurologie verwendeten im wesentlichen statisch sind. Und im Geist eines Mnemonikers sehen wir Dynamismen einer weit höheren Ordnung am Werk: das Drängen sich fortwährend verästelnder und fast unkontrollierbarer Assoziationen und Vorstellungen, eine ausufernde Zunahme des Denkens, eine Art Teratom des Geistes, das der Mnemoniker in Lurijas Buch «Es» nennt.

Aber auch die Bezeichnung «Es» oder «Automatismus» ist zu mechanistisch. Die beunruhigend lebendige Art des Prozesses wird besser durch Begriffe wie «Auswuchs» oder «Verästelung» wiedergegeben. Bei dem Mnemoniker oder bei meinen infolge der L-Dopa-Behandlung überenergetischen, zu neuem Leben erweckten Patienten können wir eine übersteigerte, monströse oder verrückte Art von Lebhaftigkeit beobachten. Es handelt sich hierbei nicht lediglich um einen Überschuß, sondern um eine organische Wucherung, eine Hervorbringung – um Wachstum; nicht einfach um eine Unausgewogenheit, die Störung einer Funktion, sondern um die Störung eines generativen Geschehens.

Angesichts eines Falles von Amnesie oder Agnosie könnten wir uns vorstellen, daß lediglich eine Funktion oder Fähigkeit beeinträchtigt ist, aber bei Patienten mit Hypermnesie und Hypergnosie müssen wir feststellen, daß das Erinnerungs- und Erkenntnisvermögen angeboren, ständig aktiv, fruchtbar, aber eben auch potentiellen Mißbildungen unterworfen ist. So müssen wir von einer Neurologie der Funktion weiterschreiten zu einer Neurologie der Aktion, des Lebens. Zu diesem entscheidenden Schritt zwingen uns die Krankheiten, die durch einen Überschuß entstehen – und ohne ihn können wir das «Leben des Geistes» nicht einmal ansatzweise erforschen. Die traditionelle Neurologie mit ihrem mechanistischen Konzept und ihrem Schwerpunkt auf den Ausfällen verstellt uns den Blick auf das Leben, das allen Hirnfunktionen in Wahrheit innewohnt – jedenfalls den höheren Funktionen, wie zum Beispiel dem Vorstellungsvermögen, dem Gedächtnis und der Wahrnehmung. Die traditionelle Neurologie verbirgt das eigentliche Leben des Geistes vor uns. Mit diesen lebendigen (und oft höchst individuellen) Veranlagungen des Gehirns und des Geistes – insbesondere in einem Zustand gesteigerter und daher aufschlußreicher Aktivität – werden wir uns nun befassen.

Gesteigerte Aktivität läßt nicht nur eine gesunde Fülle und Üppigkeit entstehen, sondern kann auch zu einer recht bedenklichen Zügellosigkeit führen, zu einer Abweichung und Mißbildung – zu jener Art von «Zuvielheit» also, deren beunruhigende Präsenz bei den Fällen, die ich in ‹Bewußtseinsdämmerungen› beschrieben habe, immer dann zu spüren war, wenn übererregte Patienten drohten, ihr inneres Gleichgewicht und ihre Selbstbeherrschung zu verlieren – eine Überwältigung durch Impuls, Vorstellung und Willen, eine Besessenheit (oder «Enteignung») durch eine außer Kontrolle geratene Physiologie.

Diese Gefahr ist mit Wachstum und Leben untrennbar verbunden. Aus Wachstum kann Wucherung, aus Leben kann «Hyper-Leben» werden. Alle «Hyper»-Zustände können sich in monströse, perverse, anomale «Para»-Zustände verwandeln: Hyperkinese entwickelt sich zu Parakinese (abnorme Bewegungen, Chorea, Tics); Hypergnosie wird leicht zu Paragnosie (Verirrungen und Erscheinungen, die aufgrund der krankhaft erhöhten Sinnestätigkeit auftreten); aus der Begeisterung der «Hyper»-Zustände kann gewalttätige Leidenschaft werden.

Das Paradoxon einer Krankheit, die in der Maske des Wohlbefindens auftritt, einem also das wunderbare Gefühl gibt, gesund und munter zu sein, und ihr wahres Gesicht erst später zeigt, ist eine der Chimären, Tricks und Ironien der Natur. Eine ganze Reihe von Künstlern, vor allem jene, die Kunst mit Krankheit gleichsetzen, waren davon fasziniert. Dieses

Thema, das gleichzeitig dionysisch, venerisch und faustisch ist, taucht daher immer wieder in den Werken von Thomas Mann auf – von den fiebrigen, tuberkulösen Wahnvorstellungen im ‹Zauberberg› über die syphilitischen Inspirationen in ‹Doktor Faustus› bis zu der aphrodisischen Verderblichkeit in seiner letzten Geschichte ‹Die Betrogene›.

Ich war immer schon gefesselt von solchen Paradoxa und habe bereits früher über sie geschrieben. In ‹Migräne› habe ich das Hochgefühl geschildert, das den Beginn eines Anfalls markiert oder ihm unmittelbar vorausgeht, und dabei George Eliots Bemerkung zitiert, ein «gefährlich gutes» Gefühl sei für sie der Vorbote, das erste Anzeichen eines Anfalls. «Gefährlich gut» – was für eine Ironie schwingt in dieser Bezeichnung mit! Sie betont die Doppeldeutigkeit, das Paradoxon, das zum Ausdruck kommt, wenn wir sagen, es gehe uns «zu gut».

Denn Wohlbefinden ist natürlich kein Grund zur Klage – man genießt es, man erfreut sich seiner, man ist von Beschwerden so weit entfernt, wie es nur möglich ist. Man beklagt sich, wenn man sich krank fühlt, nicht aber, wenn man sich wohl fühlt – außer wenn man, wie George Eliot, die Anzeichen des «Übels» oder der Gefahr erkennt, sei es durch Wissen oder Erinnerung, sei es durch die Erkenntnis, daß ein Überschuß an Überschuß vorliegt. Obwohl ein Patient sich selten darüber beklagen wird, daß es ihm «sehr gut» geht, kann es daher sein, daß er mißtrauisch wird, wenn es ihm «zu gut» geht.

Dies war das zentrale und (gewissermaßen) grausame Thema von ‹Bewußtseinsdämmerungen›: daß schwerkranke Patienten, die seit Jahrzehnten an heftigen Ausfällen litten, sich wie durch ein Wunder plötzlich gesund fühlten, um dann in die Gefahren und Leiden von Überschüssen gestürzt zu werden, wenn Funktionen über «akzeptable» Grenzen hinaus stimuliert waren. Manche Patienten waren sich dessen bewußt und hatten Vorahnungen – bei anderen war dies nicht der Fall. So sagte Rose R. in der ersten Freude über ihre wiederhergestellte Gesundheit: «Es ist unglaublich, herrlich!» Als die Entwicklung jedoch immer unkontrollierbarer wurde, meinte sie: «So kann es nicht weitergehen. Etwas Furchtbares braut sich zusammen.» Und bei den meisten anderen Patienten, ob sie nun einsichtiger waren oder nicht, lief es ähnlich ab – so zum Beispiel bei Leonard L., als er an der Schwelle zwischen Fülle und Überschuß stand: «Das über- schäumende Gefühl von Gesundheit und Energie, von ‹Gnade›, wie Mr. L. sich ausdrückte, wurde *zu* übermäßig und begann, eine übertriebene, manische und großsüchtige Form anzuneh- men ... Sein Gefühl der Harmonie, Leichtigkeit und müheloser Beherrschung wurde durch ein Gefühl des *Zu-Viel*, der Kraft, des Drucks ... ersetzt», das ihn in seine Bestandteile aufzulösen und zu zerschmettern drohte.

Dies ist die Gnade und der Fluch, die Freude und die Qual eines Überschusses, und Patienten, die das Wesen ihrer Krank- heit erkannt haben, empfinden dies als fragwürdig und para- dox. «Ich habe zuviel Energie», sagte ein Patient, der an der Tourette-Krankheit litt. «Alles ist zu hell, zu stark, zu viel. Alles hat eine fiebrige Energie, einen morbiden Glanz.»

«Gefährlich gut», «morbider Glanz», eine irreführende Eu- phorie, unter der ein Abgrund gähnt – dies ist die Verheißung und die Drohung des Überschusses, ob er nun durch eine na- turgegebene berauschende Geistesstörung oder in Gestalt einer von uns selbst hervorgerufenen Sucht nach bestimmten Reizen auftritt.

In solchen Situationen steht man vor einem außergewöhn- lichen menschlichen Dilemma, denn die Patienten haben es hier mit Krankheiten zu tun, die in Gestalt von Verführern auftreten, also mit etwas ganz anderem und weit Unbestimmbarerem als der gewohnten, mit Schmerz und Leiden assoziierten Vorstel- lung von Krankheit. Und niemand, absolut niemand, ist gegen diese bizarren Täuschungen, diese Demütigungen gefeit. Bei Störungen, die durch Überschüsse entstehen, kann es zu einer Art Kollusion kommen: Das Selbst gehorcht mehr und mehr seiner Krankheit, es identifiziert sich in zunehmendem Maße mit ihr, so daß es schließlich jede eigenständige Existenz zu verlieren und nichts weiter zu sein scheint als ein Produkt der Krankheit. Diese *Angst* faßt Witty Ticcy Ray (Kapitel 10) in Worte, wenn er sagt: «Ich bestehe ausschließlich aus Tics» oder wenn er sich eine Zunahme der geistigen Aktivität – ein «Tou- rettoma» – vorstellt, das ihn in den Abgrund reißen könnte. Ihm mit seinem starken Ich und seinem relativ schwach ausgeprägten Touretteschen Syndrom hat jedoch diese Gefahr nie wirklich gedroht. Aber bei Patienten mit schwachem oder unterentwickeltem Ich besteht, in Verbindung mit einer übermächtigen Krankheit, das sehr reale Risiko einer solchen «Besessenheit» oder «Enteignung». Im Kapitel «Die Besessenen» werde ich diesen Aspekt wenigstens streifen.

10

Witty Ticcy Ray

1885 beschrieb Gilles de la Tourette, ein Schüler von Charcot, das erstaunliche Syndrom, das heute seinen Namen trägt. Das «Tourettesche Syndrom», wie es genannt wird, ist gekennzeichnet durch einen Überschuß an nervlicher Energie und durch eine übersteigerte Neigung zu seltsamen Bewegungen und Impulsen: zu Tics, Zuckungen, gekünstelten Verhaltensweisen, Grimassen, Geräuschen, Flüchen, unwillkürlichen Imitationen und zwanghaften Handlungen aller Art, gepaart mit einem sonderbar schalkhaften Humor und einer Neigung zu übermütigen, neckischen Spielereien. In seiner ausgeprägtesten Form erfaßt das Tourettesche Syndrom alle Aspekte des affektiven, instinktiven und imaginativen Lebens; in seinen weniger ausgeprägten und wohl verbreiteteren Formen mag es zu wenig mehr als zu abnormen Bewegungen und Impulshandlungen kommen, obwohl auch diese etwas Befremdliches haben. Dieses Syndrom wurde in den letzten Jahren des vorigen Jahrhunderts klar erkannt und umfassend beschrieben, denn in jener Zeit waren die Grenzen der Neurologie weit gesteckt, und man hegte keine Bedenken, das Organische mit dem Psychischen zu verknüpfen. Für Tourette und seine Kollegen lag es auf der Hand, daß dieses Syndrom eine Art von Besessenheit darstellte, bei der der Betroffene von primitiven Impulsen und Trieben beherrscht wurde, eine Besessenheit, die jedoch eine organische Grundlage hatte und durch eine ganz bestimmte (wenn auch noch unentdeckte) neurologische Störung hervorgerufen wurde.

In den Jahren nach dem Erscheinen von Tourettes Publikation wurden Hunderte solcher Fälle beschrieben – und nicht einer glich dem anderen vollkommen. Es wurde deutlich, daß dieses Syndrom in schwach ausgeprägter, abgemilderter Form auftreten, sich aber auch in erschreckend grotesker und heftiger Weise äußern kann. Auch stellte sich heraus, daß es manchen Menschen gelingt, mit dem Touretteschen Syndrom «fertig zu werden», es in eine breit gefächerte Persönlichkeit zu integrieren und darüber hinaus sogar aus dem rasenden Tempo der Gedanken, Assoziationen und Einfälle, die dieses Syndrom mit sich bringt, einen Nutzen zu ziehen. Andere dagegen sind tatsächlich «besessen» und angesichts des verwirrenden Chaos und des gewaltigen Drucks der Impulse kaum imstande, ihre wahre Identität zu finden. Wie Lurija im Zusammenhang mit dem von ihm beschriebenen Fall eines Mnemonikers bemerkt, tobt immer ein Kampf zwischen einem «Es» und einem «Ich».

Charcot und seine Schüler, zu denen neben Tourette auch Freud und Babinski gehörten, waren mit die letzten Neurologen, für die eine Verbindung zwischen Körper und Seele, zwischen «Es» und «Ich», zwischen Neurologie und Psychiatrie bestand. Um die Jahrhundertwende zeichnete sich bereits deutlich eine Spaltung in eine seelenlose Neurologie und eine körperlose Psychologie ab, und damit war einem Verständnis für das Tourettesche Syndrom jede Basis entzogen. Das ging so weit, daß das Tourettesche Syndrom verschwunden zu sein schien – es tauchte in der ersten Hälfte unseres Jahrhunderts kaum in der Fachliteratur auf. Manche Ärzte hielten es gar für einen «Mythos», ein Produkt von Tourettes blühender Phantasie; die meisten aber hatten noch nie davon gehört. Es geriet ebenso in Vergessenheit wie die große Schlafkrankheit-Epidemie der zwanziger Jahre.

Schlafkrankheit *(Encephalitis lethargica)* und Tourettesches Syndrom haben viele Gemeinsamkeiten, die dazu beitrugen, daß sie in Vergessenheit gerieten. Beide Krankheiten waren außerordentlich und – jedenfalls nach Auffassung einer Medizin mit eingeengtem Blickfeld – geradezu unglaublich seltsam. Sie ließen sich nicht in das konventionelle System dieser

Wissenschaft einordnen; deshalb wurden sie vergessen und «verschwanden» auf geheimnisvolle Weise. Aber eine weit engere Verbindung besteht zwischen den beiden (wie es sich in den zwanziger Jahren unseres Jahrhunderts abzeichnete) in den absurden hyperkinetischen Formen, die die Schlafkrankheit manchmal annahm: Die Betroffenen neigten anfangs zu gesteigerter körperlicher und geistiger Erregung, zu heftigen Bewegungen, Tics und zwanghaften Handlungen aller Art. Wenig später ereilte sie das gegenteilige Schicksal: Sie versanken in einem allumfassenden, tranceartigen «Schlaf». Auch als ich sie vierzig Jahre später zum erstenmal sah, befanden sie sich noch in diesem Zustand.

1969 gab ich diesen schlafkranken oder postenzephalitischen Patienten L-Dopa, einen Vorläufer des Neurotransmitters Dopamin, das in ihrem Gehirn kaum vorhanden war. Sie waren nicht wiederzuerkennen. Zunächst «erwachten» sie aus ihrem Stupor und schienen gesund, dann verfielen sie in das andere Extrem, in Tics und Raserei. Dies war meine erste Erfahrung mit Tourette-artigen Symptomkomplexen: wilde Erregungszustände und heftige Impulse, die oft mit verdrehten, ausgelassenen Späßen einhergingen. Ich begann, die Bezeichnung «Tourettismus» zu gebrauchen, obwohl ich bis dahin noch nie einen Patienten gesehen hatte, der am Touretteschen Syndrom litt.

Anfang 1971 fragte mich die *Washington Post*, die sich für das «Erwachen» meiner postenzephalitischen Patienten interessiert hatte, wie es ihnen mittlerweile gehe. «Sie ticken», antwortete ich, was die Zeitung veranlaßte, einen Artikel über «Tics» zu bringen. Darauf erhielt ich zahllose Briefe, die ich zumeist an Kollegen weiterleitete. *Einen* Patienten jedoch wollte ich übernehmen: Ray.

Einen Tag, nachdem ich Ray untersucht hatte, meinte ich mitten in New York auf der Straße drei Menschen mit dem Touretteschen Syndrom zu sehen. Ich war verblüfft, denn dieses Syndrom galt als außerordentlich selten. Es trat, so hatte ich gelesen, mit einer Wahrscheinlichkeit von eins zu einer Million auf, und doch waren mir anscheinend innerhalb einer Stunde drei Fälle begegnet. Ich wunderte mich sehr: War es möglich, daß ich sie die ganze Zeit übersehen hatte – entweder weil ich diese Patienten einfach nicht wahrgenommen oder weil ich sie vage als «nervös», «gestört» oder «verdreht» abgetan hatte? Hatten alle anderen sie vielleicht ebenfalls übersehen? War das Tourettesche Syndrom gar nicht so selten, sondern im Gegenteil recht verbreitet – vielleicht tausendmal häufiger, als bis dahin angenommen? Am nächsten Tag sah ich zwei weitere Fälle auf der Straße, ohne bewußt danach Ausschau zu halten. Ich hatte einen seltsamen Einfall: Angenommen, das Tourettesche Syndrom bleibt, obwohl weit verbreitet, unerkannt, ist aber, *wenn* es einmal erkannt ist, leicht und überall zu beobachten.* Angenommen, ein solcher Tourette-Patient erkennt einen anderen, und diese beiden einen dritten und diese drei einen vierten, bis sich, durch fortlaufendes gegenseitiges Erkennen, eine Gruppe gebildet hat: Brüder und Schwestern in der Pathologie, eine neue Spezies in unserer Mitte, geeint durch die gemeinsame Erkenntnis der Krankheit und die Sorge umeinander. War es nicht möglich, daß aus einem derartigen spontanen Zusammenschluß eine regelrechte Vereinigung von New Yorkern entstand, die am Touretteschen Syndrom litten?

1974, drei Jahre später, stellte ich fest, daß meine Phantasie Wirklichkeit geworden war: Eine solche Vereinigung, die Tourette's Syndrome Association (TSA), war tatsächlich gegründet worden. Damals hatte sie fünfzig Mitglieder, heute sind es einige Tausend. Dieser erstaunliche Zuwachs ist allein das Verdienst der TSA, auch wenn sie nur aus Patienten, ihren Verwandten und Ärzten besteht. Die Organisation hat unermüdlich nach Wegen gesucht, auf die Misere der Tourette-

---

* Eine ähnliche Situation war bei der Muskeldystrophie gegeben, die erst wahrgenommen wurde, als Duchenne sie 1850 beschrieb. Bis 1860, nach seiner ersten Beschreibung der Krankheit, wurden viele hundert Fälle von Muskeldystrophie erkannt und beschrieben – so viele, daß Charcot fragte: «Wie kommt es, daß eine so häufige, so weit verbreitete und mit einem Blick erkennbare Krankheit – die es zweifellos schon immer gegeben hat – erst jetzt entdeckt worden ist? Warum mußte erst M. Duchenne kommen und uns die Augen öffnen?»

Patienten hinzuweisen und sie, im besten Sinn des Wortes, «in der Öffentlichkeit bekannt zu machen». Die Reaktion darauf war nicht – wie früher so oft gegenüber Tourette-Patienten – Ablehnung und Ignoranz, sondern echtes Interesse, und der Komplex wurde von allen Seiten erforscht, von den physiologischen bis zu den soziologischen Aspekten: Man untersuchte biochemische Abläufe im Gehirn eines Tourette-Kranken, genetische und andere Faktoren, die zur Entstehung des Touretteschen Syndroms beitragen können, und die abnorm schnellen und wahllosen Assoziationen und Reaktionen, die ein charakteristisches Merkmal der Krankheit sind. Man hat Instinkt- und Verhaltensmuster entdeckt, die lebensgeschichtlich und selbst phylogenetisch primitiver Natur sind. Ein Teil der Forschung hat sich mit der Körpersprache, der Grammatik und der linguistischen Struktur von Tics befaßt; man hat unerwartete Erkenntnisse über das Wesen des Fluchens und Witzemachens gewonnen (das auch für einige andere neurologische Störungen charakteristisch ist); und nicht zuletzt hat man die wechselseitige Beeinflussung von Tourette-Kranken, ihren Familien und anderen Menschen in ihrer Umgebung untersucht, sowie die seltsamen Mißgeschicke, die solche Beziehungen mit sich bringen. Die erfolgreichen Bemühungen der TSA bilden einen wesentlichen Bestandteil der Geschichte dieser Krankheit und sind als solche beispiellos: Noch nie zuvor haben Patienten den Weg zum Erkennen ihres Leidens gewiesen, und noch nie haben sie so aktiv zum Verständnis und zur Heilung ihrer Krankheit beigetragen.

In den vergangenen zehn Jahren ist – zum großen Teil durch die Initiative der TSA – Gilles de la Tourettes Annahme, dieses Syndrom habe eine organische neurologische Grundlage, eindeutig bewiesen worden. Das «Es» des Touretteschen Syndroms wird, wie das «Es» der Parkinsonschen Krankheit und der Chorea, durch etwas hervorgerufen, das Pawlow «die blinde Gewalt des Subkortex» nannte: eine Störung jener primitiven Teile des Gehirns, die «Bewegung» und «Antrieb» steuern. Bei der Parkinsonschen Krankheit, die zwar die Bewegungen, nicht aber das Handeln als solches beeinträchtigt, liegt die Störung im Mittelhirn und in seinen Verbindungen.

Bei der Chorea, die sich in wahllosen und fragmentarischen Quasi-Aktionen äußert, ist die Störung in den höheren Partien der Basalganglien lokalisiert. Beim Touretteschen Syndrom, das durch eine Erregung der Emotionen und Leidenschaften sowie durch eine Turbulenz der ursprünglichsten, instinktgesteuerten Grundlagen des Verhaltens charakterisiert ist, scheint die Ursache der Störung in den obersten Teilen des «alten Hirns» zu liegen: im Thalamus, im Hypothalamus, im limbischen System und im Mandelkern, also im Sitz der grundlegenden affektiven und instinktiven Determinanten der Persönlichkeit. So ist das Tourettesche Syndrom – sowohl in pathologischer als auch in klinischer Hinsicht – eine Art «fehlendes Glied» zwischen Körper und Geist und liegt gewissermaßen zwischen Chorea und Manie. Wie bei den seltenen hyperkinetischen Fällen von *Encephalitis lethargica* und bei allen postenzephalitischen Patienten, die nach der Verabreichung von L-Dopa übererregt sind, scheinen Patienten, die am Touretteschen Syndrom oder infolge von Schlaganfällen, Hirntumoren, Vergiftungen oder Infektionen an «Tourettismus» leiden, über einen Überschuß an Erregungs-Transmittern im Gehirn, insbesondere an Dopamin, zu verfügen. Und so wie Parkinson-Patienten höhere Dopamin-Dosen brauchen, um aus ihrer Lethargie zu erwachen, so wie meine postenzephalitischen Patienten durch den Dopamin-Vorläufer L-Dopa «geweckt» wurden, so mußte bei übererregten und Tourette-Patienten der Dopamin-Spiegel mit Hilfe eines antagonistisch wirkenden Stoffes, zum Beispiel Haloperidol (Haldol), gesenkt werden.

Andererseits kann man nicht einfach sagen, im Gehirn eines Tourette-Patienten herrsche ein Dopamin-Überschuß und im Gehirn eines Parkinson-Patienten ein Mangel an dieser Substanz. Wie bei einer Störung, die die Persönlichkeit verändern kann, nicht anders zu erwarten, gibt es darüber hinaus viel subtilere und weiter gestreute Abweichungen vom Normalen: Die zahllosen kleinen Pfade, die zur Anomalität führen, unterscheiden sich von Patient zu Patient und können bei jedem einzelnen sogar von Tag zu Tag eine andere Wendung nehmen. Die Verabreichung von Haldol ist eine Möglichkeit, das Tourettesche Syndrom zu behandeln, aber weder dieses noch irgendein anderes Medikament kann ein Wundermittel sein, ebensowenig wie L-Dopa ein Wundermittel gegen die Parkinsonsche Krankheit ist. Zusätzlich zu jeder rein medikamentösen oder medizinischen Behandlung muß auch eine «existentielle» Behandlung vorgenommen werden; insbesondere ist ein einfühlsames Verständnis von Handlungsweisen, Spiel und künstlerischen Aktivitäten erforderlich, Tätigkeiten, die im wesentlichen gesund und frei von Zwängen sind und daher ein Gegengewicht zu den groben Trieben und Impulsen darstellen, zu jener «blinden Gewalt des Subkortex», unter der diese Patienten leiden. Der bewegungsunfähige Parkinson-Patient kann singen und tanzen, und wenn er das tut, ist er völlig frei von den Behinderungen seiner Krankheit, und ebenso ist ein übererregter Tourette-Patient, wenn er singt, spielt oder etwas aufführt, vollkommen von seinem Tourettismus befreit. Das «Ich» gewinnt die Oberhand und bezwingt das «Es».

Es war mir vergönnt, mit dem großen Neuropsychologen A. R. Lurija zu korrespondieren – ein Kontakt, der von 1973 bis zu seinem Tod im Jahre 1977 bestand. Ich schickte ihm häufig Tonbänder und Beobachtungen, die das Tourettesche Syndrom betrafen. In einem seiner letzten Briefe schrieb er mir: «Dies ist wirklich von sehr großer Bedeutung. Jedes Verständnis eines solchen Syndroms wird unser Verständnis der allgemeinen menschlichen Natur ungeheuer vertiefen... Ich kenne kein anderes Syndrom, das ähnlich interessant wäre.»

Als ich Ray zum erstenmal begegnete, war er vierundzwanzig Jahre alt und infolge zahlreicher, sehr heftiger Tics, die alle paar Sekunden in Schüben auftraten, fast außerstande, noch irgend etwas zu tun. Diese Tics hatte er seit seinem vierten Lebensjahr, und durch die Aufmerksamkeit, die sie erregten, hatte er es im Leben sehr schwer gehabt. Seine hohe Intelligenz, sein Witz, seine Charakterstärke und sein Realitätssinn ermöglichten es ihm jedoch, Schule und College erfolgreich abzuschließen. Er hatte eine Frau und einige Freunde, die ihn schätzten und liebten. Nach dem College hatte er jedoch ein Dutzend Arbeitsstellen verloren – und zwar nie wegen Unfähigkeit, sondern wegen seiner Tics – und befand sich ständig in irgendeiner Krise, gewöhnlich infolge seiner Ungeduld, seiner Streitlust und seiner derben Kaltschnäuzigkeit. Außerdem kam durch seine unwillkürlichen Ausrufe wie «Mist!», «Scheiße!» und dergleichen, die ihm entfuhren, wenn er sexuell erregt war, seine Ehe in Gefahr. Er war (wie viele Tourette-Patienten) sehr musikalisch und hätte – sowohl emotional als auch wirtschaftlich – wohl kaum überlebt, wäre er nicht an den Wochenenden als virtuoser Schlagzeuger in einer Jazz-Band aufgetreten. Er war berühmt für seine plötzlichen und wilden Ausfälle, die aus einem Tic, etwa in Gestalt eines unwillkürlichen Schlags auf die Trommel, entstanden. Diesen arbeitete er dann zu einer herrlichen, ungezügelten Improvisation aus, so daß der «Fehler» sich in ein herausragendes Stilmittel verwandelte. Das Tourettesche Syndrom gereichte ihm auch bei verschiedenen Spielen zum Vorteil, vor allem beim Tischtennis, das er souverän beherrschte, zum Teil wegen der abnormen Schnelligkeit seiner Reaktionen und Reflexe, hauptsächlich aber wieder wegen seiner «Improvisationen», seiner (um seine eigenen Worte zu gebrauchen) «ganz plötzlichen, vibrierenden, *gewagten* Schläge», die so unerwartet und überraschend kamen, daß die Bälle für den Gegner praktisch unerreichbar waren. Frei von Tics war Ray nur nach dem Geschlechtsverkehr, im Schlaf, wenn er schwamm, sang oder gleichmäßig und rhythmisch arbeitete, kurz: wenn er eine «kinetische Melodie» fand, ein Spiel, das ohne Spannungen, ohne Tics und ohne Zwänge ablief.

Unter der überschäumenden, aufwallenden, clownesken Oberfläche war er ein sehr ernsthafter, ja verzweifelter Mann. Er hatte noch nie von der TSA (die damals gerade erst ins Leben gerufen worden war) oder von Haldol gehört. Daß er am Touretteschen Syndrom litt, vermutete er, seitdem er den Artikel über «Tics» in der *Washington Post* gelesen hatte. Als ich die Diagnose bestätigte und ihm eine medikamentöse Behandlung mit Haldol vorschlug, war er neugierig, aber vorsichtig. Probeweise injizierte ich ihm eine Dosis. Die Wirkung war außerordentlich stark: Obwohl ich ihm nicht mehr als ein achtel Milligramm verabreicht hatte, waren seine Tics zwei Stunden lang praktisch verschwunden. Das war ein verheißungsvoller

Anfang, und ich verschrieb ihm eine Dosis von dreimal täglich einem viertel Milligramm.

Eine Woche später erschien er mit einem blauen Auge und einer gebrochenen Nase und sagte: «Das hab ich jetzt von Ihrem Scheiß-Haldol!» Selbst diese winzige Dosis, sagte er, habe ihn aus dem Gleichgewicht gebracht und sein Reaktionsvermögen, sein Zeitgefühl und seine übernatürlich schnellen Reflexe beeinträchtigt. Wie viele Tourette-Patienten war er fasziniert von allem, was rotiert, insbesondere von Drehtüren, durch die er blitzschnell flitzte. Der Trick, mit dem er dieses flinke Rein-und-Rausspringen zuwege gebracht hatte, war ihm durch das Haldol abhanden gekommen – er hatte seine Bewegungen falsch berechnet und sich heftig die Nase gestoßen. Außerdem waren viele seiner Tics nicht verschwunden, sondern hatten sich lediglich verlangsamt und zeitlich stark ausgedehnt: Zuweilen konnte es passieren, daß er, wie er sich ausdrückte, «mitten in einem Tic erstarrte» und sich in fast katatonischen Haltungen wiederfand (Ferenczi hat die Katatonie einmal als das Gegenteil von Tics definiert und vorgeschlagen, sie als «Kataklonie» zu bezeichnen). Selbst diese winzige Dosis führte bei ihm also zu ausgeprägtem Parkinsonismus, Dystonie, Katatonie und einer psychomotorischen «Blockade». Diese höchst unerfreuliche Reaktion ließ nicht etwa auf Unempfänglichkeit schließen, sondern auf eine so gesteigerte und pathologische Empfänglichkeit, daß er vielleicht nur von einem Extrem ins andere fallen konnte – von beschleunigten Reaktionen und Tourettismus in Katatonie und Parkinsonismus –, ohne daß für ihn die Möglichkeit bestand, einen goldenen Mittelweg zu finden.

Verständlicherweise entmutigte ihn diese Erfahrung – und je mehr er darüber grübelte, desto niedergeschlagener wurde er. Und noch ein weiterer Gedanke bedrückte ihn: «Mal angenommen, man könnte diese Tics tatsächlich beseitigen», sagte er. «Was bliebe dann? Ich bestehe ausschließlich aus Tics – es wäre nichts von mir übrig.» Er schien, zumindest im Scherz, nur insofern über ein Bewußtsein seiner eigenen Identität zu verfügen, als er sich als einen mit Tics behafteten Menschen sah: Er nannte sich den «Ticker von President's Broadway», sprach von sich in der dritten Person als «Witty Ticcy Ray» und fügte hinzu, er habe eine so starke Veranlagung zu «tickigen Witzeleien und witzigen Tics», daß er kaum wisse, ob dies eine Gnade oder ein Fluch sei. Er sagte, er könne sich ein Leben ohne das Tourettesche Syndrom nicht vorstellen und er habe auch Zweifel, ob ein solches Leben für ihn überhaupt erstrebenswert sei.

An diesem Punkt fühlte ich mich sehr an einige meiner postenzephalitischen Patienten erinnert, die auf L-Dopa außerordentlich sensibel reagiert hatten. In ihrem Fall hatte ich jedoch festgestellt, daß eine solche extreme physiologische Sensibilität und Instabilität überwunden werden kann, wenn der Patient in der Lage ist, ein reiches und erfülltes Leben zu führen, und daß das «existentielle» Gleichgewicht, die innere Ausgeglichenheit eines solchen Lebens eine schwere physiologische Unausgewogenheit aufheben kann. Da ich das Gefühl hatte, daß diese Möglichkeit auch bei Ray bestand und daß er, ungeachtet seiner Worte, nicht unwiderruflich auf exhibitionistische oder narzißtische Weise in seiner Krankheit gefangen war, schlug ich vor, wir sollten drei Monate lang jede Woche einmal ein Gespräch führen. In diesem Zeitraum sollte er versuchen, sich ein Leben ohne das Tourettesche Syndrom vorzustellen; wir würden (wenn auch nur in Gedanken) erkunden, was ein Leben ohne die durch das Tourettesche Syndrom hervorgerufenen abnormen Attraktionen und Sensationen ihm zu bieten hatte; wir würden untersuchen, welche Rolle die Krankheit für ihn spielte, welche wirtschaftliche Bedeutung sie in seinem Leben hatte und wie er ohne sie zurechtkäme. Das alles wollten wir in diesen drei Monaten klären und danach einen weiteren Versuch mit Haldol unternehmen.

Es folgten drei Monate tiefgreifender und geduldiger Erkundung, in deren Verlauf wir (oft gegen Rays starken Widerstand und trotz seiner ausgeprägten Neigung zu gehässigen Bemerkungen, trotz seines mangelnden Vertrauens in sich selbst und in das Leben) zahlreiche gesunde Potentiale entdeckten – Potentiale, die in den tiefsten, verborgensten Bereichen seiner Persönlichkeit zwanzig Jahre eines von schwerer Tourettescher Krankheit geprägten Daseins überdauert hatten. Diese Erkundung war in sich selbst schon erregend und ermutigend und gab uns wenigstens eine schwache Hoffnung. Aber was dann geschah, übertraf all unsere Erwartungen: Was sich anfangs als lediglich vorübergehende Besserung ankündigte, wurde zu einer grundlegenden, dauerhaften Umformung seines Reaktionsvermögens. Denn als ich Ray wieder Haldol verabreichte, in derselben winzigen Dosis wie zuvor, verschwanden die Tics, ohne daß nennenswerte unerwünschte Nebenwirkungen auftraten – und daran hat sich während der letzten neun Jahre nichts geändert.

In diesem Fall wirkte das Haldol «Wunder» – allerdings nur, weil ein Wunder jetzt zugelassen wurde. Anfangs hatte sich das Medikament fast katastrophal ausgewirkt – zum Teil zweifellos aus physiologischen Gründen, aber auch, weil jede Art von «Heilung», jeder Verzicht auf das Tourettesche Syndrom, zu diesem Zeitpunkt verfrüht und wirtschaftlich unmöglich gewesen wäre. Da Ray seit dem vierten Lebensjahr an dieser Krankheit litt, hatte er keine Erfahrung mit einem normalen Leben sammeln können; er war hochgradig abhängig von seinem exotischen Leiden und hatte es, wie kaum anders zu erwarten, auf unterschiedlichste Art und Weise eingesetzt und sich zunutze gemacht. Er war noch nicht bereit gewesen, sich von seiner Krankheit zu trennen, und ich kann mich des Eindrucks nicht erwehren, daß er diese Bereitschaft ohne die drei Monate intensiver Vorbereitung und die schwere und konzentrierte tiefenpsychologische Arbeit niemals entwickelt hätte.

Die vergangenen neun Jahre sind für Ray alles in allem eine glückliche Zeit gewesen: Das Ausmaß seiner Befreiung hat alle Erwartungen übertroffen. Nachdem er zwanzig Jahre lang im Touretteschen Syndrom gefangen und durch die Krankheit zu allem möglichen gezwungen war, hat er jetzt einen Freiraum und eine Bewegungsfreiheit, die er nie (oder, während unserer Analyse, höchstens theoretisch) für möglich gehalten hätte. Er führt eine liebevolle, stabile Ehe und ist inzwischen auch Vater geworden; er hat viele gute Freunde, die ihn als Menschen, und nicht bloß als originellen Clown lieben und schätzen; er ist ein angesehener Bürger seiner Gemeinde und bekleidet an seinem Arbeitplatz eine verantwortliche Stellung. Und doch gibt es Probleme – Probleme, die vielleicht untrennbar mit dem Touretteschen Syndrom und dem Haldol verbunden sind.

Während der Arbeitszeit, an Werktagen, ist Ray durch das Haldol «nüchtern, solide, spießig» – mit diesen Worten beschreibt er sein «Haldol-Selbst». Seine Bewegungen und Urteile sind langsam und überlegt, ohne die Ungeduld und Sprunghaftigkeit, die er vor der Behandlung mit Haldol an den Tag legte, allerdings auch ohne die genialen Improvisationen und Eingebungen, die ihn früher überkamen. Selbst seine Träume haben sich verändert: «Bloß noch schlichte Wunscherfüllungen», sagt er, «ohne die Ausschweifungen und Extravaganzen, die das Touretteschen Syndrom mit sich bringt.» Er ist weniger schlagfertig und sprudelt nicht mehr über vor witzigen Tics und tickigen Witzeleien. Tischtennis oder andere Spiele machen ihm keinen Spaß mehr, und seine Leistungen dabei haben nachgelassen; er spürt nicht mehr «diesen übermächtigen Drang, zu gewinnen, den anderen zu schlagen»; sein Leben ist also weniger von Konkurrenzdenken, aber auch weniger vom Spielerischen geprägt als früher, und sein Drang, aber auch die Fähigkeit zu plötzlichen, «gewagten» Bewegungen, die jedermann überraschten, ist verschwunden. Er hat seinen obszönen, derben Wortwitz und seinen Schwung verloren. Immer mehr hat er das Gefühl, daß ihm irgend etwas abhanden gekommen ist.

Musik war für ihn – als Ausdrucksmittel wie auch als Einkommensquelle – äußerst wichtig, und daher empfand er es als sehr gravierende Einschränkung, daß er unter dem Einfluß von Haldol zwar tüchtig, aber als Musiker einfallslos und durchschnittlich war. Es fehlte ihm die Energie, der Enthusiasmus, der überschäumende Ideenreichtum und die Freude, die er früher empfunden hatte. Er hatte keine Tics mehr und schlug nicht mehr zwanghaft auf die Trommeln ein – aber mit den genialen, kreativen Eingebungen war es ebenfalls vorbei.

Nachdem er dieses Muster erkannt und mit mir darüber gesprochen hatte, traf Ray eine wichtige Entscheidung: An Werktagen wolle er «pflichtgetreu» Haldol nehmen, aber an den Wochenenden wolle er es absetzen und «sich gehenlassen».

An diesen Entschluß hat er sich während der letzten drei Jahre gehalten, so daß es jetzt zwei Rays gibt – einen mit Haldol, und einen ohne. Von Montag bis Freitag ist er der nüchterne Bürger, der seine Entscheidungen bedächtig und mit Überlegung trifft; an den Wochenenden aber ist er der «Witty Ticcy Ray», der von gewagten, verrückten, genialen Einfällen nur so übersprudelt.

Ray gibt freimütig zu, daß dies eine seltsame Situation ist: «Mit dem Touretteschen Syndrom ist das Leben wild und ausgelassen, so als wäre man die ganze Zeit betrunken. Mit Haldol ist es langweilig, man wird nüchtern und spießig. Aber in keinem der beiden Zustände ist man wirklich frei... Ihr ‹Normalen›, bei denen die richtigen Transmitter zur rechten Zeit an den richtigen Stellen im Gehirn sind, könnt euch immer alle Gefühle, alle Lebensstile aussuchen – ihr könnt schwer oder leicht sein, je nachdem, wie es die Situation erfordert. Wir können das nicht: Das Syndrom zwingt uns zu schweben, und Haldol zwingt uns, am Boden der Tatsachen zu kleben. *Ihr* seid frei, ihr befindet euch in einem natürlichen Gleichgewicht, aber wir haben nur ein künstliches und müssen das Beste daraus machen.»

Ray macht das Beste aus seiner Lage. Trotz des Touretteschen Syndroms, trotz Haldol, trotz der «Unfreiheit» und der «Künstlichkeit», und obwohl ihm das Recht auf die Freiheit, die die meisten von uns genießen, genommen worden ist, führt er ein erfülltes Leben. Aber er hat aus seiner Krankheit gelernt und ist gewissermaßen über sie hinausgewachsen. Man könnte mit Nietzsche sagen: «Und was die Krankheit angeht: würden wir nicht fast zu fragen versucht sein, ob sie uns überhaupt entbehrlich ist? Erst der Schmerz ist der letzte Befreier des Geistes.» Paradoxerweise hat Ray, der einer physischen Gesundheit beraubt war, eben durch das ihm auferlegte Schicksal eine neue Gesundheit, eine neue Freiheit gefunden. Er hat das erreicht, was Nietzsche gern die große Gesundheit nannte: Unerschrockenheit, geistige Beweglichkeit und einen ausgeprägten Sinn für Humor – und dies, obwohl oder gerade weil er am Touretteschen Syndrom leidet.

11

Amors Pfeil

Natasha K., eine intelligente Frau von neunzig Jahren, kam vor nicht allzu langer Zeit in unsere Klinik. Kurz nach ihrem achtundachtzigsten Geburtstag habe sie «eine Veränderung» festgestellt, sagte sie. Wir fragten sie, was für eine Veränderung das gewesen sei.

«Oh, eine herrliche!» rief sie. «Ich habe sie sehr genossen. Ich wurde lebendiger und unternehmungslustiger – ich fühlte mich wieder jung. Junge Männer interessierten mich. Ich fing an, mich, man könnte sagen: beschwingt zu fühlen – ja, beschwingt.»

«Und das war problematisch?»

«Nein, anfangs nicht. Es ging mir ja gut, *sehr* gut sogar – warum sollte ich glauben, daß irgend etwas nicht in Ordnung war?»

«Und dann?»

«Meine Freundinnen begannen, sich Sorgen zu machen. Zuerst sagten sie: ‹Du strahlst ja richtig – wie von neuem Leben erfüllt!› Aber mit der Zeit fanden sie mein Verhalten nicht mehr ganz – schicklich. ‹Du warst immer so zurückhaltend›, sagten sie, ‹und jetzt flirtest du mit jedem Mann. Du kicherst, du erzählst Witze... Das gehört sich doch nicht – in deinem Alter!›»

«Und wie haben *Sie* sich gefühlt?»

«Ich war bestürzt. Es hatte mich einfach mitgerissen, und ich hatte gar nicht darüber nachgedacht, was eigentlich los war. Aber dann fing ich an zu überlegen. Ich sagte mir: Natasha, du bist neunundachtzig, und das geht jetzt schon seit einem Jahr so. Du hast deine Gefühle immer gut im Zaum gehalten – und jetzt dieser Überschwang! Du bist eine alte Frau und hast nicht mehr lange zu leben. Woher kommt diese plötzliche Euphorie? Und bei dem Wort ‹Euphorie› fiel es mir wie Schuppen von den Augen... Du bist krank, meine Liebe, sagte ich mir. Es geht dir zu gut, du *mußt* einfach krank sein!»

«Krank, sagen Sie? Gemütskrank? Geisteskrank?»

«Nein, nicht gemütskrank – körperlich krank. Es war irgend etwas in meinem Körper, in meinem Kopf, das mich so beschwingt machte. Und dann dachte ich: Verdammt, das ist Amors Pfeil!»

«Amors Pfeil?» wiederholte ich verständnislos.

«Ja, Amors Pfeil: Syphilis. Vor fast siebzig Jahren arbeitete ich in einem Bordell in Saloniki. Damals bekam ich Syphilis – viele der Mädchen dort hatten sich damit angesteckt. Wir nannten das Amors Pfeil. Mein Mann hat mich gerettet – er holte mich da raus und ließ mich behandeln. Damals gab es natürlich noch kein Penicillin. Könnte es nicht sein, daß ich nach all diesen Jahren einen Rückfall erlitten habe?»

Bei der Syphilis kann eine sehr lange Latenzzeit zwischen der Erstansteckung und dem Ausbruch von Neurosyphilis liegen, vor allem dann, wenn die Krankheit in ihrem Frühstadium unterdrückt worden ist. Einer meiner Patienten, den Ehrlich persönlich mit Salvarsan behandelt hatte, bekam mehr als fünfzig Jahre später Rückenmarksschwindsucht (*Tabes dorsalis*, eine Form der Neurosyphilis).

Aber von einer Latenzzeit von *siebzig* Jahren war mir noch nie etwas zu Ohren gekommen, und ich hatte auch noch nie gehört, daß eine Selbstdiagnose von Neurosyphilis so klar und gelassen gestellt wurde.

«Das ist ein sonderbarer Gedanke», antwortete ich nach einiger Überlegung. «Ich wäre nie selbst darauf gekommen – aber vielleicht haben Sie recht.»

Sie hatte recht; der Befund ihrer Rückenmarksflüssigkeit war positiv. Sie hatte Neurosyphilis, und es waren tatsächlich die Spirochäten, die ihre Großhirnrinde stimulierten. Wir standen nunmehr vor der Frage, wie die Behandlung erfolgen sollte. Aber hier ergab sich ein weiteres Dilemma, das Natasha K. mit der ihr eigenen Genauigkeit umriß: «Ich weiß gar nicht, ob ich überhaupt eine Behandlung *will*. Ich weiß zwar, daß es eine Krankheit ist, aber sie hat dazu geführt, daß es mir *gut* geht. Ich habe das genossen, und ich genieße es noch immer, das kann ich nicht leugnen. Ich fühle mich so lebendig und beschwingt wie in den letzten zwanzig Jahren nicht. Es hat Spaß gemacht. Aber ich weiß, wann etwas Gutes zu weit geht und aufhört, gut zu sein. Ich habe Gedanken und Impulse gehabt, über die ich lieber nicht sprechen möchte. Sie waren – nun ja, albern und beschämend. Zu Anfang war es, als wäre ich ein bißchen beschwipst, aber wenn das so weitergeht...» Sie mimte eine sabbernde, spastische Verrückte. «Mir schwante, daß es Amors Pfeil war, und darum bin ich zu Ihnen gekommen. Ich will nicht, daß es schlimmer wird – das wäre furchtbar; aber ich will auch nicht, daß dieser Zustand ganz aufhört – das wäre genauso schlecht. Bevor es mich überkam, war ich gar nicht richtig am Leben. Ließe es sich nicht so einrichten, daß alles *bleibt*, wie es ist?»

Wir überlegten eine Weile hin und her und schlugen dann den barmherzigen Mittelweg ein. Wir gaben ihr Penicillin, das die Spirochäten abtötete, aber die durch sie hervorgerufene Enthemmung und zerebrale Veränderung nicht wieder rückgängig machen kann.

Und so hat Natasha K. alles: einen gelösten Fluß von beschwingten Impulsen und Gedanken, ohne die Gefahr, daß sie ihre Selbstbeherrschung verliert oder daß ihr Gehirn weiter geschädigt wird. So verjüngt und zu neuem Leben erweckt, hofft sie, hundert Jahre alt zu werden. «Amors Pfeil ist schon ein komisches Ding», sagt sie, «das muß man ihm lassen.»

Nachschrift

Vor kurzem erst (im Januar 1985) habe ich einige der hier beschriebenen Zwiespälte und Paradoxa an einem anderen Patienten (Miguel O.) beobachten können. Er wurde mit der

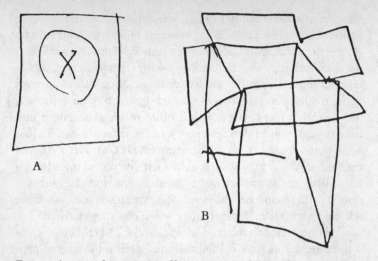

Erregte Ausgestaltung («ein offener Karton»)

Diagnose «manisch» in das staatliche Krankenhaus überwiesen, aber bald stellte man fest, daß er sich in der Erregungsphase der Neurosyphilis befand. Er war ein ungebildeter Mann, ein Landarbeiter aus Puerto Rico, und da er außerdem eine Gehör- und Sprachbehinderung hatte, konnte er sein Befinden nicht allzu gut in Worte fassen. Er beschrieb seine Lage jedoch recht einfach und klar mit Hilfe von Zeichnungen.

Als ich ihn zum erstenmal sah, war er sehr erregt, und als ich ihn bat, ein einfaches Bild (A) abzuzeichnen, malte er mit großem Eifer ein dreidimensionales Gebilde (B) – jedenfalls hielt ich es dafür, bis er mir erklärte, dies sei «ein offener Karton», worauf er versuchte, ein paar Früchte hineinzuzeichnen. Impulsiv wie er war und durch seine erregte Imagination beflügelt, hatte er den Kreis und das Kreuz in der Vorlage ignoriert, aber das Prinzip der «Umschließung» erkannt und umgesetzt. Ein offener Karton, ein Karton voller Orangen – war das nicht aufregender, lebendiger, realer als mein langweiliges Bild?

Einige Tage später traf ich ihn wieder. Er war voller Energie

146

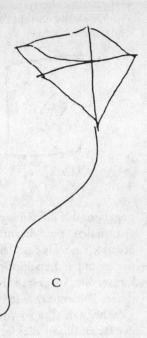

und sehr aktiv, beschwingt von Gedanken und Gefühlen. Ich bat ihn, dasselbe Bild noch einmal abzuzeichnen. Diesmal machte er aus dem Original spontan eine Art Trapez, eine Raute, die ein kleiner Junge an einer Schnur fliegen ließ (C). «Ein Junge mit Drachen, der Drachen fliegt!» rief er aufgedreht.

Nach einigen Tagen besuchte ich ihn zum drittenmal. Er war ziemlich phlegmatisch, eher wie einer, der an der Parkinsonschen Krankheit leidet (man hatte ihm vor den abschließenden Untersuchungen der Rückenmarksflüssigkeit Haldol

«Eingestellt», therapiert...
Phantasie und Lebendigkeit
sind verschwunden

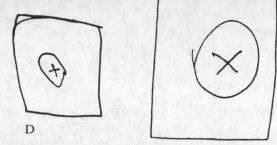

D

gegeben, um ihn ruhigzustellen). Wieder bat ich ihn, das Bild abzumalen, und diesmal kopierte er es langweilig, korrekt, etwas kleiner als das Original (das war die «Mikrographie», zu der es unter dem Einfluß von Haldol kommt) und ohne die kunstvolle Ausgestaltung, die Belebtheit, die Phantasie der anderen Bilder (D). «Ich ‹sehe› keine Dinge mehr», sagte er. «Vorher sah alles so wirklich, so *lebendig* aus. Wird mir nach der Behandlung alles leblos vorkommen?»

Die Bilder von Parkinson-Patienten, die durch die Verabreichung von L-Dopa «zum Leben erweckt» werden, stellen eine lehrreiche Analogie hierzu dar. Auf die Bitte, einen Baum zu zeichnen, kreieren sie zumeist erst ein kleines, kümmerliches, armseliges und verkrüppeltes Ding, einen kahlen, winterlichen Baum, der kein einziges Blatt trägt. Wenn sie aber durch das L-Dopa «warmwerden», «zu sich kommen» und mit Leben erfüllt werden, erhält auch der Baum Lebenskraft, phantasievollere Formen und Blätter. Wird der Patient zu erregt, ist er «high» vom L-Dopa, zeigt der Baum phantastische Ornamente und üppiges Wachstum: Überall sprießen, mit kleinen Verzierungen und Schnörkeln, neue Zweige und Blätter, bis schließlich die ursprüngliche Form von dieser enormen, barocken Fülle ganz und gar erdrückt wird. Solche Zeichnungen sind auch recht charakteristisch für das Tourettesche Syndrom und für die sogenannte *Speed-art* von Amphetamin-Konsumenten: Die ursprüngliche Form, der ursprüngliche Gedanke, geht unter in einem Dschungel von Schnörkeln und Beiwerk. Die Phantasie wird zunächst geweckt und steigert sich dann zu einer manischen Erregung, die kein Maß mehr kennt.

Welch ein Paradoxon, welch eine Grausamkeit, welch eine Ironie liegt in diesem Geschehen: Das Innenleben und die Vorstellungskraft liegen so lange in einem stumpfen Schlaf, bis sie durch eine Krankheit oder Intoxikation geweckt und erlöst werden!

Um eben dieses Paradoxon ging es in ‹Bewußtseinsdämmerungen›; es ist auch der Grund für die Faszination, die vom Touretteschen Syndrom ausgeht (siehe Kapitel 10 und 14), und zweifellos auch für die eigenartige Unsicherheit bei der Bewertung einer Droge wie Kokain. (Es ist bekannt, daß Kokain, ebenso wie das Tourettesche Syndrom oder L-Dopa, den Dopamin-Spiegel im Gehirn hebt.) So ist auch Freuds überraschende Bemerkung «über Coca» zu verstehen, daß das Gefühl von Wohlbefinden und Euphorie, das es hervorruft, «sich von der normalen Euphorie des gesunden Menschen in gar nichts unterscheidet... Man ist eben einfach normal und hat bald Mühe, sich zu glauben, daß man unter irgendwelcher Einwirkung steht.»

Dieselbe paradoxe Einschätzung kann auch auf elektrische Stimulationen des Gehirns zutreffen: Es gibt erregende und suchterzeugende epileptische Zustände, die von den für sie Anfälligen wiederholt selbst hervorgerufen werden können (ebenso wie etwa Ratten, denen man Elektroden eingesetzt hat, zwanghaft die Taste betätigen, die das «Lustzentrum» in ihrem Gehirn stimuliert). Es gibt jedoch auch andere Arten epileptischer Anfälle, die mit einem Gefühl von Frieden und echtem Wohlbefinden einhergehen. Selbst wenn ein solches Gefühl durch eine Krankheit hervorgerufen wird, kann es echt sein. Und ein solches paradoxes Wohlbefinden mag sich sogar, wie im Fall von Mrs. O'C. und ihrer merkwürdigen, zwanghaften «Erinnerung» (vgl. Kapitel 15), als ein dauerhafter Gewinn erweisen.

Wir befinden uns hier in einem seltsamen Reich. Wo Krankheit Gesundheit und Normalität Krankheit bedeuten kann, wo Erregung sowohl eine Fessel als auch eine Erlösung sein mag, wo die Realität vielleicht nicht im nüchternen Zustand, sondern im Rausch erfahren wird, laufen unsere gewohnten Überlegungen und Urteile Gefahr, auf den Kopf gestellt zu werden. Dies ist das Reich von Amor und Dionysos.

Eine Frage der
Identität

«Was darf es heute sein?» sagt er und reibt sich die Hände. «Ein halbes Pfund Virginia oder ein schönes Stück Nova?»

(Offenbar hielt er mich für einen Kunden – es kam oft vor, daß er das Telefon im Stationszimmer abnahm und sich mit «Feinkost Thompson» meldete.)

«Ach, Mr. Thompson!» sage ich. «Was meinen Sie, wer ich bin?»

«Meine Güte, das Licht ist so schlecht – jetzt habe ich dich für einen Kunden gehalten. Wenn das nicht mein alter Freund Tom Pitkins ist...» – «Ich und Tom», flüstert er der Krankenschwester zu, «wir sind immer zusammen zum Rennen gegangen.»

«Sie irren sich schon wieder, Mr. Thompson.»

«Richtig», sagt er, nicht einen Moment lang aus der Fassung gebracht. «Wenn Sie Tom wären, würden Sie ja keinen weißen Kittel tragen. Sie sind Hymie, der jüdische Metzger von nebenan. Keinen Blutspritzer auf dem Kittel? Geht das Geschäft heute schlecht? Na, keine Sorge – zum Wochenende wird's schon besser werden!»

Ich habe langsam selbst das Gefühl, in diesem Strudel von Identitäten unterzugehen, und spiele mit dem Stethoskop, das ich mir umgehängt habe.

«Ein Stethoskop!» ruft er. «Und damit tust du, als wärst du Hymie! Ihr Mechaniker verkleidet euch jetzt wohl alle als Ärzte, mit diesen weißen Kitteln und Stethoskopen – als ob man ein Stethoskop bräuchte, um sich anzuhören, wie ein Motor klingt! Du bist also mein alter Freund Manners von der Tankstelle ein Stückchen die Straße runter. Komm rein! Bologneser auf Roggenbrot?»

William Thompson reibt sich wieder die Hände – die typische Geste eines Kaufmanns – und sieht sich nach der Theke um. Er kann sie nicht entdecken und mustert mich mit einem sonderbaren Blick.

«Wo bin ich?» sagt er, plötzlich verängstigt. «Ich dachte, ich wäre in meinem Laden, Herr Doktor. Wo habe ich bloß meine Gedanken... Soll ich mich frei machen, damit Sie mich untersuchen können wie immer?»

«Nein, nicht wie immer. Ich bin nicht Ihr Hausarzt.»

«Nein, das sind Sie nicht. Das habe ich gleich gesehen! Sie sind nicht einer von denen, die einem die Brust abklopfen. Und was für einen Bart Sie haben! Sie sehen aus wie Sigmund Freud. Bin ich ausgetickt, abgedreht?»

«Nein, Mr. Thompson, Sie sind nicht abgedreht. Sie haben nur ein kleines Problem mit Ihrem Gedächtnis – Schwierigkeiten, sich zu erinnern und andere Leute wiederzuerkennen.»

«Ja, mein Gedächtnis hat mir in letzter Zeit ein paarmal Streiche gespielt», gibt er zu. «Manchmal mache ich Fehler und verwechsle die Leute... Also, was darf es nun sein: Nova oder Virginia?»

So oder ähnlich lief jedes Gespräch mit ihm ab. Seine Improvisationen waren immer blitzschnell, oft witzig, manchmal geradezu brillant, und im Grunde tragisch. Im Verlauf von fünf Minuten erkannte er in mir ein Dutzend verschiedener Leute wieder – jedenfalls glaubte er das. Er hangelte sich gewandt von einer Vermutung, einer Annahme, einer Hypothese zur nächsten, ohne auch nur einen Augenblick lang Unsicherheit erkennen zu lassen – er wußte nie, wer oder was ich war oder wer und wo *er* war: ein ehemaliger Kaufmann mit einem schweren Korsakow-Syndrom, der in eine Nervenklinik eingeliefert worden war.

Länger als einige Sekunden konnte er sich an nichts erinnern. Er war ständig desorientiert. Unter ihm taten sich immerzu Abgründe von Amnesie auf, aber er überbrückte sie mühelos mit gewandtem Geplauder und Geschichten aller

Art. In seinen Augen waren sie jedoch keineswegs frei erfunden, sondern drückten aus, wie er die Welt im Augenblick sah oder deutete. Deren Widersprüche, ihre fortwährende grundlegende Veränderung konnte keine Sekunde lang hingenommen und akzeptiert werden. Daher schuf sich Mr. Thompson diese sonderbare, wahnhafte Quasi-Kontinuität, indem er mit Hilfe seiner unaufhörlichen, unbewußten, gedankenschnellen Erfindungen pausenlos eine Welt um sich herum improvisierte – eine Welt aus Tausendundeiner Nacht, eine Phantasmagorie, eine Traumwelt, die aus ständig sich wandelnden Menschen, Figuren und Situationen, aus endlosen kaleidoskopischen Umbildungen und Verwandlungen bestand. Für Mr. Thompson war dies nicht ein Gewebe aus flüchtigen, sich ununterbrochen verändernden Phantasien und Wahnvorstellungen, sondern eine völlig normale, stabile und wirkliche Welt. *Er* hatte damit keine Probleme.

Einmal unternahm Mr. Thompson einen Ausflug. Er stellte sich beim Pförtner der Klinik als «Pastor William Thompson» vor, bestellte ein Taxi und blieb den ganzen Tag über verschwunden. Der Taxifahrer, mit dem wir später sprachen, sagte, er habe noch nie einen so faszinierenden Fahrgast gehabt. Mr. Thompson habe ihm eine Geschichte nach der anderen erzählt, erstaunliche Geschichten voller phantastischer Abenteuer. «Er schien schon überall gewesen zu sein, alles gemacht zu haben und alle möglichen Leute zu kennen. Ich kann mir kaum vorstellen, daß ein Leben ausreicht, das alles zu erleben», sagte er. «Eigentlich kann man hier auch nicht von einem einzigen Leben sprechen», antworteten wir. «Das ist eine seltsame Sache – mehr eine Frage der Identität.»*

Bei Jimmie G., einem anderen Korsakow-Patienten, dessen

---

* Lurija schildert in seinem Werk ‹*The Neuropsychology of Memory*› (1976) eine sehr ähnliche Geschichte, in der der völlig sprachlose Taxifahrer nicht merkte, daß sein exotischer Fahrgast krank war, bis dieser, anstatt mit einem Geldschein, mit einem Blatt Papier bezahlen wollte, auf dem seine Temperaturkurve eingetragen war. Erst da wurde ihm klar, daß dieser Erzählkünstler, der tausendundeine Geschichte wußte, einer von «diesen komischen Vögeln» aus der Neurologie war.

Fall ich bereits ausführlich geschildert habe (siehe Kapitel 2), war das akute Korsakow-Syndrom schon lange abgeklungen. Er schien sich in einem Zustand permanenter Verlorenheit zu befinden (oder vielleicht besser: in einem permanenten Traum, einer in der Maske der Gegenwart auftretenden Erinnerung an die Vergangenheit). Aber Mr. Thompson, der gerade erst aus dem Krankenhaus entlassen war – sein Korsakow-Syndrom war erst vor drei Wochen ausgebrochen: er bekam hohes Fieber, phantasierte und erkannte kein Mitglied seiner Familie mehr –, befand sich noch immer in einem akuten Stadium, in einem an Wahnsinn grenzenden konfabulatorischen Delir (das zuweilen als «Korsakow-Psychose» bezeichnet wird, obwohl es sich hierbei keineswegs um eine Psychose handelt). Mit seinen Worten erschuf er unablässig sich selbst und die Welt um sich herum, um zu ersetzen, was er ständig vergaß und verlor. Ein solcher Wahnsinn kann eine atemberaubende Erfindungsgabe freisetzen, ein regelrechtes erzählerisches Genie, denn ein solcher Patient *muß in jedem Augenblick sich selbst (und seine Welt) buchstäblich erfinden*. Jeder von uns hat eine Lebensgeschichte, eine Art innerer Erzählung, deren Gehalt und Kontinuität unser Leben *ist*. Man könnte sagen, daß jeder von uns eine «Geschichte» konstruiert und lebt. Diese Geschichte sind wir selbst, sie ist unsere Identität.

Wenn wir etwas über jemanden erfahren wollen, fragen wir: «Wie lautet seine Geschichte, seine wirkliche, innerste Geschichte?» Denn jeder von uns *ist* eine Biographie, eine Geschichte. Jeder Mensch *ist* eine einzigartige Erzählung, die fortwährend und unbewußt durch ihn und in ihm entsteht – durch seine Wahrnehmungen, seine Gefühle, seine Gedanken, seine Handlungen und nicht zuletzt durch das, was er sagt, durch seine in Worte gefaßte Geschichte. Biologisch und physiologisch unterscheiden wir uns nicht sehr voneinander – historisch jedoch, als gelebte Erzählung, ist jeder von uns einzigartig.

Um wir selbst zu sein, müssen wir uns selbst *haben*; wir müssen unsere Lebensgeschichte besitzen oder sie, wenn nötig, wieder in Besitz nehmen. Wir müssen uns er-innern – an unsere innere Geschichte, an uns selbst. Der Mensch *braucht* eine solche fortlaufende innere Geschichte, um sich seine Identität, sein Selbst zu bewahren.

Dieses Bedürfnis scheint der Schlüssel zu Mr. Thompsons Geschichten und seiner verzweifelten Beredsamkeit zu sein. Da er seiner Kontinuität, seiner ruhig und unablässig dahinfließenden inneren Geschichte beraubt ist, bleibt ihm nichts anderes übrig, als wie verrückt Geschichten zu erzählen – daher also seine ständigen Konfabulationen, seine Mythomanie. Er ist nicht in der Lage, eine echte Geschichte oder Kontinuität, eine authentische innere Welt aufrechtzuerhalten, und so ist er gezwungen, sich mittels erfundener Geschichten eine scheinbare Kontinuität zu schaffen, eine unwirkliche Welt, die von Pseudo-Menschen und Phantomen bevölkert ist.

Wie mag Mr. Thompsons innere Realität aussehen? Oberflächlich betrachtet ist er ein überschäumendes komisches Talent. Man hält ihn für eine Stimmungskanone, und tatsächlich ist an seiner Situation viel Lächerliches, das den Stoff zu einem komischen Roman abgeben könnte.* Sie *ist* komisch, aber keineswegs nur komisch – sie ist auch schrecklich. Denn Mr. Thompson ist ein Mann, der gewissermaßen in einer wahnsinnigen Verzweiflung gefangen ist. Seine Welt löst sich unablässig in ihre Bestandteile auf, verliert ihren Sinn und verschwin-

---

* Einen solchen Roman gibt es tatsächlich. Kurz nachdem «Der verlorene Seemann» (Kapitel 2) in einem Vorabdruck erschienen war, schickte mir ein junger Schriftsteller namens David Gilman das Manuskript seines Buches ‹Croppy Boy›. Es ist die Geschichte eines Mannes, der, wie Mr. Thompson, sein Gedächtnis verloren hat und nun die grenzenlose Freiheit genießt, sich immer neue Identitäten, neue Ichs zu schaffen: die erstaunliche Geschichte eines Genies ohne Gedächtnis, geschrieben mit einer geradezu Joyceschen Wortgewalt und Fabulierlust. Ich weiß nicht, ob dieser Roman einen Verleger gefunden hat, aber ich bin ganz sicher, daß er es verdient hätte. Ich habe mich unwillkürlich gefragt, ob Gilman vielleicht tatsächlich einem «Thompson» begegnet ist (und Gelegenheit hatte, ihn zu studieren), so wie ich mich oft gefragt habe, ob Borges' Figur Funes, die eine so unheimliche Ähnlichkeit mit Lurijas Mnemoniker hat, nicht vielleicht auf einer persönlichen Begegnung mit einem solchen Gedächtniskünstler basiert.

det – und er muß verzweifelt versuchen, ihr einen Sinn zu geben, indem er immerfort einen erfindet, indem er Brücken des Sinns über die Abgründe der Sinnlosigkeit schlägt, über das Chaos, das sich ständig unter ihm auftut.

Aber weiß Thompson das, empfindet er es? Nachdem alle, die ihn kennenlernen, ihn zuerst als «Stimmungskanone», als «urkomisch» und «irre witzig» bezeichnen, sind sie über irgend etwas an ihm beunruhigt, ja bestürzt. «Er hört einfach nicht auf», sagen sie. «Er ist wie ein Mann in einem Wettlauf, wie einer, der immer etwas nachjagt, das sich ihm ständig entzieht.» Und damit haben sie recht: Er kann nicht stehenbleiben, denn der Bruch in seinem Gedächtnis, in seinem Dasein, im Sinn seines Lebens ist nie verheilt und muß jede Sekunde aufs neue überbrückt und «geflickt» werden. Aber die Brükken, die Flicken sind trotz aller Brillanz zu nichts nütze, denn sie sind Erfindungen, Konfabulationen, die nicht als Realität dienen können, wenn sie nicht mit der Realität übereinstimmen. Spürt Thompson das? Noch einmal: Was für ein «Gefühl der Realität» hat er? Leidet er ständige Qualen – die Qualen eines Menschen, der sich in der Unwirklichkeit verirrt hat und versucht, sich zu retten, der aber durch seine unablässigen und ihrerseits völlig unwirklichen Erfindungen und Illusionen zu seinem eigenen Untergang beiträgt? Soviel läßt sich mit Gewißheit sagen: Ihm ist nicht wohl in seiner Haut. Sein Gesicht hat immer einen angespannten Ausdruck. Es ist das Gesicht eines Mannes, der dauernd unter einem inneren Druck steht. Gelegentlich, und wenn, dann nur verstohlen, nimmt es den Ausdruck offener, nackter, ergreifender Bestürzung an. Thompsons Rettung und zugleich sein Untergang ist die ihm aufgezwungene oder zum Selbstschutz angenommene Seichtheit seines Lebens. Ich meine damit die Art und Weise, wie es praktisch zu einer Oberfläche, einer brillanten, schimmernden, glitzernden, sich ständig verändernden, aber doch eben nur zu einer Oberfläche, einer Anhäufung von Illusionen, einem Delirium ohne Tiefe reduziert wird.

Und dies alles geschieht bei ihm ohne das Gefühl, daß er sein Gefühl verloren hat, ohne das Gefühl, daß er die Tiefe verloren hat, jene unergründliche, geheimnisvolle und in unzählige

Ebenen unterteilte Tiefe, durch die Wirklichkeit und Identität irgendwie definiert sind. Jedem, der eine Zeitlang mit ihm zu tun gehabt hat, fällt auf, daß sich hinter seiner hektischen Beredsamkeit ein seltsamer Verlust von Gefühl verbirgt – jenem Gefühl oder Urteilsvermögen, das zwischen «wirklich» und «unwirklich», «wahr» und «unwahr» (man kann in diesem Fall nicht von «Lügen», sondern nur von «Un-wahrheiten» sprechen), wichtig und unwichtig, relevant und irrelevant unterscheidet. Seine unablässigen Konfabulationen, die wie ein Sturzbach aus ihm herausbrechen, haben letztlich etwas sonderbar Indifferentes... als sei es im Grunde unwichtig, was er sagt oder was irgend jemand sonst sagt oder tut, als sei irgendwie alles unwichtig geworden.

Ein hervorragendes Beispiel hierfür ist ein Vorfall, der sich eines Nachmittags zutrug, als William Thompson, der wie üblich Geschichten erzählte und die verschiedensten Menschen aus dem Stegreif erfand, plötzlich sagte: «Und da draußen geht gerade mein jüngerer Bruder Bob am Fenster vorbei», und zwar in demselben erregten und doch gleichgültigen Ton, in dem er den Rest seines Monologs hielt. Ich war höchst erstaunt, als eine Minute später ein Mann den Kopf zur Tür hereinsteckte und sagte: «Ich bin Bob, sein jüngerer Bruder – ich glaube, er hat mich am Fenster vorbeigehen sehen.» Nichts in Williams Ton oder Verhalten, nichts in der aufgedrehten, aber monotonen und indifferenten Art seines Monologs hatte mich auf die Möglichkeit vorbereitet, er könnte auf die Realität Bezug nehmen. William sprach von seinem Bruder, den es wirklich gab, in genau demselben Ton, oder besser: mit derselben Tonlosigkeit, mit der er von Dingen sprach, die es nicht gab – und nun trat plötzlich aus dem Reich der Phantome ein wirklicher Mensch ins Zimmer! Im weiteren Verlauf der Begegnung behandelte er seinen Bruder nicht, als sei er «wirklich» – er zeigte keine echten Gefühle, er war nach wie vor völlig desorientiert und erwachte nicht aus seinem Delirium –, sondern verhielt sich ihm gegenüber sofort so, als sei er unwirklich, indem er ihn im fortwährenden Wirbel seiner Phantasien hinter sich ließ und verlor. Diese Szene war völlig anders als die seltenen, aber äußerst rührenden Begegnungen Jimmie G.s mit *seinem* Bruder (siehe Kapitel 2), die ihn für eine gewisse Zeit von seiner Verlorenheit erlösten. Der arme Bob, der immer wieder sagte: «Aber ich bin doch Bob, nicht Rob, und auch nicht Dob», ohne damit zu seinem Bruder durchzudringen, geriet dadurch völlig aus der Fassung. Mitten in seinem Geplapper sprach William plötzlich – vielleicht aufgrund eines Erinnerungsfetzens, eines erahnten Familiengefühls oder eines Stücks seiner Identität, das ihm geblieben (oder einen Moment lang zurückgekehrt) war – von seinem *älteren* Bruder George, wobei er sich wie stets des Indikativs Präsens bediente.

«Aber George ist vor neunzehn Jahren gestorben!» sagte Bob entsetzt.

«Na ja, George ist ja immer so ein Witzbold!» fuhr William unbeirrt fort und erzählte mit seiner aufgeregten und gleichzeitig toten Stimme weiter von George. Er war unerreichbar für die Wahrheit, für die Wirklichkeit, für die elementarsten Regeln des Anstands, für alles – unerreichbar auch für den offensichtlichen Kummer, den sein vor ihm stehender lebender Bruder empfand.

Vor allem dieses Erlebnis überzeugte mich davon, daß William seine innere Realität, sein Gefühl, seinen Lebenssinn und seine Seele unwiderruflich und vollständig verloren hatte. Wie im Fall von Jimmie G. fragte ich die Schwestern: «Glauben Sie, daß William eine Seele hat? Oder hat ihn die Krankheit ausgehöhlt und ihm seine Seele genommen?»

Dieses Mal machten sie ein besorgtes Gesicht, als sei ihnen dieser Gedanke auch schon gekommen. Sie konnten nicht sagen: «Nehmen Sie am Gottesdienst teil, und sehen Sie selbst», denn sogar dort hörte er nicht auf, Geschichten zu erzählen und Witze zu reißen. Bei Jimmie G. bemerkt man ein starkes Pathos, ein trauriges Gefühl des Verlustes, das man bei dem überschäumenden Thompson nicht, oder jedenfalls nicht direkt, spürt. Jimmie ist *Stimmungen* und einer Art brütender (oder wenigstens sehnsüchtiger) Traurigkeit unterworfen, besitzt eine Tiefe, eine Seele, die bei Thompson nicht vorhanden zu sein scheint. Zweifellos hatten die Schwestern im theologischen Sinne recht, wenn sie sagten, er habe eine Seele, eine unsterbliche Seele, und könne als Individuum vom Allmächtigen gesehen und geliebt werden; aber sie mußten zugeben, daß ihm, seinem Geist und seinem Charakter auf einer gewöhnlichen, menschlichen Ebene etwas sehr Beunruhigendes zugestoßen war.

Gerade *weil* Jimmie «verloren» ist, *kann* er, zumindest für eine Weile, durch aufrichtige emotionale Zuwendung gefunden oder erlöst werden. Jimmie lebt in einer stillen Verzweiflung, und daher besteht für ihn die Möglichkeit einer Erlösung. Er kann die Realität, das Gefühl, den Lebenssinn, den er verloren hat, aber noch immer erkennt und ersehnt, wiederfinden...

Aber für William mit seiner glänzenden, polierten Oberflächlichkeit, mit seiner endlosen Folge von Witzen, die ihm die Welt ersetzen (und sollte das dazu dienen, eine Verzweiflung zu überdecken, so handelt es sich um eine Verzweiflung, die er nicht bewußt empfindet), für William, der in seinem unaufhörlichen Geplapper gefangen ist und seiner Umwelt und der Realität offensichtlich gleichgültig gegenübersteht, gibt es wohl keine Erlösung. Seine Konfabulationen, seine Phantasien, seine verzweifelte, hektische Suche nach einem Sinn stellen ein unüberwindliches Hindernis dar.

Paradoxerweise ist also Williams große Begabung für das Erfinden von Geschichten, auf die er zurückgreift, um den Abgrund der Amnesie immer wieder zu überbrücken, auch die Ursache seiner Verdammnis. Wenn er nur, so denkt man, einen Moment lang *still* sein, wenn er nur mit seinem fortwährenden Geplapper aufhören und die trügerische Oberfläche der Welt der Illusionen hinter sich lassen könnte – dann, ja dann hätte die Wirklichkeit eine Chance, ihn zu erreichen, und etwas Echtes, etwas Tiefes, Wahres und Spürbares könnte Zugang zu seiner Seele erhalten.

In diesem Fall ist nämlich nicht das Gedächtnis das letzte, «existentielle» Opfer dieser Entwicklung (obwohl es bei ihm tatsächlich völlig zerstört ist); er hat nicht nur das Gedächtnis verloren, sondern auch die grundlegende Fähigkeit, etwas zu empfinden. Das meine ich, wenn ich sage, er habe «seine Seele verloren».

Lurija bezeichnet diese Gleichgültigkeit als «Nivellierung»

und scheint sie manchmal als die eigentliche Krankheit anzusehen, als letztlichen Zerstörer der Welt und des Ichs. Ich glaube, sie übte eine schreckliche Faszination auf ihn aus und stellte gleichzeitig die größte therapeutische Herausforderung für ihn dar. Immer wieder zog es ihn zu diesem Thema zurück – manchmal im Zusammenhang mit dem Korsakow-Syndrom und dem Gedächtnis, wie in ‹The Neuropsychology of Memory›, noch häufiger aber im Zusammenhang mit Stirnlappen-Syndromen, vor allem in ‹Human Brain and Psychological Processes›. Dieses Buch enthält mehrere ausführliche Studien zu Fällen, die in ihrer Entwicklung und ihren schrecklichen Auswirkungen mit dem Fall des «Mannes, dessen Welt in Scherben fiel», durchaus vergleichbar sind. Irgendwie sind sie sogar noch tragischer als dieser, denn bei ihnen geht es um Patienten, denen nicht bewußt ist, daß ihnen irgend etwas zugestoßen ist. Es handelt sich um Menschen, die, ohne es zu merken, ihre eigene Realität eingebüßt haben, Patienten, die zwar nicht leiden, die aber dennoch die gottverlassensten von allen sind. Sasetzkij (in ‹The Man with a Shattered World›) wird durchgängig als ein *Kämpfer* beschrieben, der sich seines Zustandes ständig und auf leidenschaftliche Weise bewußt war und sich stets «mit der Verbissenheit eines Verdammten» abmühte, wieder Gewalt über seine gestörten Hirnfunktionen zu erlangen. Aber William ist (wie Lurijas Stirnlappen-Syndrom-Patienten; siehe nächstes Kapitel) so verdammt, daß er nicht einmal weiß, daß er verdammt ist, denn bei ihm ist nicht nur eine oder eine Reihe von Fähigkeiten zerstört, sondern der Kern, das Selbst, die Seele. So gesehen ist William, trotz seiner Munterkeit, weit «verlorener» als Jimmie; man hat nie, oder nur selten, das Gefühl, daß tatsächlich noch eine *Person* vorhanden ist, während Jimmie offensichtlich über einen wirklichen, moralisch empfindenden Kern verfügt, auch wenn er die meiste Zeit keine Verbindung zu ihm hat. Aber bei Jimmie ist eine Heilung wenigstens *möglich*. Die Herausforderung, vor die der Therapeut sich gestellt sieht, ließe sich in dem Satz zusammenfassen: «Man muß nur eine Verbindung schaffen.»

All unsere Anstrengungen, bei William diese Verbindung wiederherzustellen, scheitern nicht nur, sondern verstärken auch den auf ihm lastenden Druck, Geschichten zu erzählen. Aber wenn wir unsere Bemühungen einstellen und ihn sich selbst überlassen, geht er zuweilen hinaus in die Stille des Gartens, der das Heim umgibt und der keinerlei Ansprüche an ihn stellt. Und dort, in dieser Stille, findet er seine eigene innere Ruhe wieder. Die Gegenwart anderer Menschen erregt ihn und treibt ihn zu unablässigem, rasendem Geplapper, einem regelrechten Delirium der Identitätssuche und -schaffung. Die Gegenwart von Pflanzen jedoch, ein stiller Garten, eine nicht von Menschen geschaffene Ordnung also, die keine gesellschaftlichen oder menschlichen Ansprüche an ihn stellt, führt dazu, daß das Delirium abklingt und er sich entspannt. Ihre ruhige Unabhängigkeit und Vollständigkeit, die nicht auf Menschen angewiesen ist, ermöglicht ihm die seltene Erfahrung eigener Ruhe und Unabhängigkeit, indem sie ihn (unterhalb oder jenseits aller lediglich menschlichen Identitäten und Beziehungen) eine tiefe, wortlose Verbundenheit mit der Natur erleben läßt und ihm damit auch das Gefühl wiedergibt, wirklich zu sein und zur Welt zu gehören.

Ja, Vater-Schwester

Mrs. B., eine früher in der Forschung tätige Chemikerin, hatte eine rapide Persönlichkeitsveränderung durchgemacht; sie war «komisch» (das heißt albern, mit einer Neigung zu Witzeleien und Wortspielen), impulsiv und «oberflächlich» geworden. («Man hat das Gefühl, daß man ihr egal ist», sagte einer ihrer Freunde. «Überhaupt scheint ihr alles egal zu sein.») Zunächst glaubte man, sie sei hypomanisch, aber es stellte sich heraus, daß sie einen Gehirntumor hatte. Bei der Öffnung des Schädels stieß man nicht, wie gehofft, auf ein Meningiom, sondern auf ein riesiges Karzinom, das die orbitofrontalen Regionen beider Stirnlappen befallen hatte.

Als ich sie kennenlernte, machte sie einen munteren, lebhaften Eindruck (die Schwestern bezeichneten sie als «Stimmungskanone»), steckte voller witziger Einfälle und gab oft geistreiche und komische Bemerkungen von sich.

«Ja, Vater», sagte sie bei einer Gelegenheit zu mir.

«Ja, Schwester», hieß es ein anderes Mal.

«Ja, Doktor», sagte sie wenig später.

Diese Anreden schienen für sie austauschbar zu sein.

«Wer *bin* ich?» fragte ich sie schließlich etwas ungehalten.

«Ich sehe Ihr Gesicht, Ihren Bart», antwortete sie, «und denke an einen griechisch-orthodoxen Priester. Ich sehe Ihren weißen Kittel und denke an die Krankenschwestern. Ich sehe Ihr Stethoskop und denke an einen Arzt.»

«Und Sie sehen mich nie als Ganzes?»

«Nein, ich sehe Sie nie als Ganzes.»

«Kennen Sie denn den Unterschied zwischen einem Geistlichen, einer Schwester und einem Doktor?»

«Ich *kenne* den Unterschied, aber er bedeutet mir nichts. Geistlicher, Schwester, Doktor – was soll's?»

Nach diesem Gespräch zog sie mich immer wieder damit auf, daß sie mich mit «Vater-Schwester», «Schwester-Doktor» oder anderen Kombinationen ansprach.

Die Untersuchung der Unterscheidungsfähigkeit zwischen rechts und links erwies sich bei ihr als seltsam schwierig, weil sie die Begriffe «rechts» und «links» wahllos gebrauchte (obwohl sie in ihren Reaktionen beides nicht miteinander verwechselte, wie es bei einem Lateraldefekt der Wahrnehmungs- oder Konzentrationsfähigkeit der Fall gewesen wäre). Als ich sie darauf ansprach, sagte sie: «Links-rechts. Rechts-links. Wozu die Aufregung? Was ist der Unterschied?»

«*Gibt* es denn einen Unterschied?» fragte ich.

«Natürlich», antwortete sie mit der Exaktheit einer Chemikerin. «Man könnte die beiden Begriffe als Gegensatzpaar bezeichnen. Aber für *mich* hat das keine Bedeutung, für *mich* besteht zwischen ihnen kein Unterschied. Hände... Ärzte... Schwestern...», fügte sie hinzu, als sie meine Verwirrung bemerkte. «Verstehen Sie nicht? Für mich bedeutet das nichts – überhaupt nichts. *Nichts bedeutet irgend etwas*... wenigstens nicht für mich.»

«Und... daß nichts etwas bedeutet...» – ich zögerte, denn ich hatte Angst weiterzusprechen – «... diese Bedeutungslosigkeit... stört *sie* Sie? Bedeutet *sie* Ihnen etwas?»

«Nein, überhaupt nichts», antwortete sie wie aus der Pistole geschossen mit einem breitem Lächeln und im Tonfall eines Menschen, der einen Witz landet, ein Wortgefecht für sich entscheidet oder beim Poker gewinnt.

Versuchte sie, etwas zu leugnen? Wollte sie sich nicht unterkriegen lassen? Handelte es sich um einen «Schutz» vor einem unerträglichen Gefühl? Ihr Gesicht blieb ausdruckslos. Ihre Welt war jeden Gefühls, jeder Bedeutung beraubt. Nichts fühlte sich mehr «wirklich» (oder «unwirklich») an. Für sie war jetzt alles «gleichbedeutend» oder «gleich» – die ganze Welt war reduziert auf eine amüsante Bedeutungslosigkeit.

Wie auch ihre Familie und ihre Freunde fand ich dies irgendwie erschreckend, aber sie selbst, obwohl sie sich dieses Zustandes bewußt war, kümmerte das nicht; sie legte sogar eine
Art komisch-schrecklicher Nonchalance oder Oberflächlichkeit an den Tag.

Mrs. B. war, obwohl scharfsinnig und intelligent, in gewisser Weise «ent-seelt» und als Person nicht anwesend. Ich fühlte
mich an William Thompson (und auch an Dr. P.) erinnert.
Dies sind die Auswirkungen der von Lurija beschriebenen
«Nivellierung», die ich im vorangegangenen Kapitel geschildert habe, ein Phänomen, mit dem ich mich noch einmal im
folgenden Kapitel befassen werde.

Nachschrift

Die bei dieser Patientin erkennbare amüsierte Gleichgültigkeit
und «Nivellierung» ist nicht ungewöhnlich. Deutsche Neurologen nennen diese Erscheinung «Witzelsucht». Hughlings-
Jackson hat sie vor hundert Jahren als eine grundlegende Art
nervlicher «Auflösung» erkannt. Sie ist, wie gesagt, nicht ungewöhnlich, im Gegensatz zum Wissen des Kranken um diese
Störung, das sich jedoch – und das ist vielleicht eine Gnade –
im Verlauf dieses «Auflösungsprozesses» verliert, sofern es je
vorhanden war. Ich habe jedes Jahr viele Fälle, die eine ähnliche
Phänomenologie, aber äußerst unterschiedliche Ursachen aufweisen. Bisweilen bin ich zunächst nicht sicher, ob der Patient
lediglich «witzig» ist und herumalbert oder ob er schizophren
ist.

So stieß ich nach kurzem Blättern in meinen Notizen auf den
Fall einer Patientin mit zerebraler multipler Sklerose, die ich
1981 kennengelernt hatte (deren Krankengeschichte ich jedoch
nicht weiterverfolgen konnte): «Sie spricht sehr schnell, impulsiv und (so hat es den Anschein) voller Gleichgültigkeit...
so daß sie Wichtiges und Unwichtiges, Wahres und Unwah-
res, Ernstes und Scherzhaftes in einem rasch dahinfließenden,
wahllosen und halb-konfabulatorischen Strom wiedergibt...
Es kommt vor, daß sie sich innerhalb weniger Sekunden voll-

kommen widerspricht... und sagt, sie liebe Musik, sie liebe sie nicht, sie habe eine gebrochene Hüfte, sie sei völlig gesund...»

Ich schloß meine Beobachtungen mit einer Bemerkung, in der meine Unsicherheit zum Ausdruck kommt: «Wieviel von all dem ist kryptamnestische Konfabulation, wieviel davon ist eine durch eine Störung der Stirnlappen hervorgerufene Gleichgültigkeit oder Nivellierung, wieviel ist auf eine seltsame schizophrene Disintegration, auf eine Zertrümmerung und Einebnung zurückzuführen?»

Von allen Formen der «Schizophrenie» weist die «albern-glückliche», die sogenannte «hebephrene» Erscheinungsform die größte Ähnlichkeit mit den organisch amnestischen und den Stirnlappen-Syndromen auf. Sie sind die bösartigsten und am wenigsten vorstellbaren Formen der Schizophrenie – und aus diesen Zuständen kehrt niemand zurück, um uns zu sagen, wie es dort aussieht.

Bei all diesen Geistesverfassungen – so «komisch» und oft sogar geistreich sie auch erscheinen mögen – wird die Welt in ihre Bestandteile zerlegt, unterminiert und auf Anarchie und Chaos reduziert. Obwohl die formalen intellektuellen Fähigkeiten vollständig erhalten sein können, verfügt der Geist über kein «Zentrum» mehr. Das Endstadium besteht aus einer allesumfassenden «Albernheit», einem Abgrund von Oberflächlichkeit. Nichts hat mehr eine feste Grundlage, alles treibt zusammenhangslos umher. Lurija sprach einmal davon, daß die Geistestätigkeit in diesem Zustand auf «eine bloße Brownsche Molekularbewegung» reduziert sei. Auch ich empfinde jenen Schrecken, der ihn angesichts solcher Störungen offenbar überkam (obwohl mich dies nicht hemmt, sondern eher ansport, diese Zustände genau zu beschreiben). Sie lassen mich zunächst an Borges' Funes und seine Bemerkung «Mein Gedächtnis, Herr, ist wie eine Abfalltonne» denken und schließlich auch an die *Dunciade*, die Vision einer Welt, die auf «Reine Albernheit» reduziert ist – Albernheit als das Ende der Welt:

«Durch deine Hand, großer Anarch, der Vorhang fällt;
und allumfassend Finsternis hüllt ein die Welt.»

14

Die Besessenen

In «Witty Ticcy Ray» (Kapitel 10) habe ich eine relativ schwach ausgeprägte Form des Touretteschen Syndroms beschrieben, aber darauf hingewiesen, daß es auch schwerere Fälle gibt, die «auf erschreckend groteske und heftige Weise» verlaufen. Ich äußerte die Vermutung, daß es manchen Menschen gelingt, das Tourettesche Syndrom in eine breit gefächerte Persönlichkeit zu integrieren, während andere «tatsächlich ‹besessen› und angesichts des verwirrenden Chaos und des gewaltigen Drucks der Impulse kaum imstande sind, ihre wahre Identität zu finden».

Tourette selbst und viele seiner Vorgänger unter den klinischen Neurologen identifizierten eine bösartige Form des Touretteschen Syndroms, die zur Auflösung der Persönlichkeit und einer bizarren, phantasmagorischen, pantomimischen und oft mit einer zwanghaften Nachahmung anderer Personen verbundenen Art von «Psychose» oder Raserei führen kann. Diese Form des Touretteschen Syndroms – «Super-Tourette» genannt – ist sehr selten, etwa fünfzigmal seltener als das gewöhnliche Tourettesche Syndrom, und es kann sein, daß sie sowohl qualitativ anders als auch weit intensiver ist als übliche Störungen dieser Art. Diese «Tourettesche Psychose», dieser einzigartige Identitätswahn, unterscheidet sich durch seine ihm zugrunde liegende einzigartige Physiologie und Phänomenologie deutlich von anderen Psychosen. Dennoch besteht eine gewisse Ähnlichkeit einerseits mit den von Raserei begleiteten motorischen Psychosen, zu denen es manchmal nach Verabreichung von L-Dopa kommt, und andererseits mit den konfabulatorischen Wahnzuständen im Zusammenhang mit Korsakow-Psychosen (siehe Kapitel 12). Und wie diese ist die Tourettesche Psychose beinahe imstande, vom Menschen ganz und gar Besitz zu ergreifen.

Einen Tag nachdem meine Begegnung mit Ray, meinem ersten Tourette-Patienten, meinen Blick, wie schon gesagt, für diese Krankheit geschärft hatte, sah ich in den Straßen von New York drei Menschen, die am Touretteschen Syndrom litten. Alle zeigten dieselben charakteristischen Symptome wie Ray, allerdings in ausgeprägterer Form. Es war ein Tag, an dem mein Neurologenauge geradezu seherisch begabt zu sein schien. In schnell vorbeiziehenden Visionen erkannte ich, was es bedeutet, an einer äußerst schweren Form des Touretteschen Syndroms zu leiden, bei der sich Tics und Zuckungen nicht auf Bewegungsabläufe beschränken, sondern auch die Wahrnehmung, die Phantasie, die Leidenschaften, mit einem Wort: die gesamte Persönlichkeit erfassen.

Ray selbst hatte mir gezeigt, was auf der Straße passieren konnte. Aber es reicht nicht, es erzählt zu bekommen – man muß es selbst sehen. Und für die Beobachtung einer Krankheit ist eine Klinik, eine Krankenstation nicht immer der beste Ort – jedenfalls nicht, wenn man einer Störung nachspüren will, die zwar organischen Ursprungs ist, sich jedoch in Impulsen, Imitationen, Verkörperungen, in Reaktionen und Interaktionen äußert, die in einem extremen, ja unglaublichen Maße gesteigert sind. Klinik, Laboratorium, Krankenstation – sie alle dienen dazu, das Verhalten in Bahnen zu lenken beziehungsweise ganz zu unterdrücken. Sie eignen sich für eine systematische und wissenschaftliche Neurologie, deren Erkenntnisinstrumente bestimmte festgelegte Tests und Aufgaben sind, nicht aber für eine offene, «naturalistische» Neurologie, denn diese muß den Patienten in der realen Welt sehen, wenn er sich seiner selbst nicht bewußt ist, sich unbeobachtet glaubt und sich spontan jedem Impuls überläßt – und man selbst, der Beobachter, muß dabei wirklich unbeobachtet bleiben. Welcher Ort bietet dafür bessere Gelegenheit als eine Straße in New York – eine anonyme, allen zugängliche Straße in einer riesigen Stadt –, wo das Opfer übermäßiger impulsiver Störungen die ganze monströse Freiheit oder Sklaverei, die sein Zustand mit sich bringt, ausleben und zur Schau stellen kann!

Diese «Neurologie der Straße» ist bereits früher von angesehenen Neurologen betrieben worden. James Parkinson, der ein ebenso unermüdlicher Spaziergänger in den Straßen Londons war wie vierzig Jahre nach ihm Charles Dickens, erstellte die wissenschaftliche Beschreibung der Krankheit, die seinen Namen trägt, nicht auf Grund seiner Untersuchungen im Sprechzimmer, sondern zog seine Schlußfolgerungen aus den Beobachtungen, die er in den von Menschen wimmelnden Straßen Londons machte. Und tatsächlich kann der Parkinsonismus in einer klinischen Umgebung nicht vollständig erkannt und verstanden werden; man braucht einen offenen Raum mit der Möglichkeit zu komplexen Interaktionen, um den eigentümlichen Charakter dieser Störung völlig erfassen zu können. Wenn man den Parkinsonismus richtig verstehen will, *muß* man ihn draußen, in der Welt, beobachten, und wenn dies für den Parkinsonismus gilt, um wieviel mehr trifft es dann auch auf das Tourettesche Syndrom zu! Eine außerordentlich treffende Beschreibung der Krankheit von einem ihrer Opfer, einem nachahmenden und komischen *Ticqueur*, der sich in den Straßen von Paris herumtrieb, ist unter dem Titel «Les confidences d'un ticqueur» als Einleitung zu Meiges und Feindels großartigem Buch ‹*Tics*› (1901) erschienen. In Rilkes Roman ‹*Die Aufzeichnungen des Malte Laurids Brigge*› findet sich die skizzenhafte Beschreibung eines manieristischen *Ticqueurs*, den der Dichter ebenfalls in den Straßen von Paris gesehen hatte. Was mir die Augen öffnete, war also nicht so sehr das Ergebnis meiner Untersuchung von Ray, sondern das, was ich tags darauf auf der Straße sah. Und besonders eine Szene war so außergewöhnlich, daß ich mich heute noch so gut an sie erinnere, als hätte ich sie soeben erst gesehen.

Eine grauhaarige Frau in den Sechzigern erregte meine Aufmerksamkeit. Sie stand offenbar im Mittelpunkt eines höchst sonderbaren Auflaufs. Anfangs war mir nicht ganz klar, was da eigentlich vor sich ging und soviel Turbulenz hervorrief.

Hatte sie einen Anfall? Was in aller Welt ließ sie, aber auch – wie durch Sympathie oder Ansteckung – alle anderen, an denen sie zähneknirschend und Tics vollführend vorbeikam, in Zukkungen geraten?

Als ich näher kam, sah ich, was da geschah. Sie *imitierte* die Passanten – wenn «Imitation» hier nicht ein zu blasses, zu passives Wort ist. Vielleicht sollte ich besser sagen, sie karikierte die Leute. Innerhalb einer Sekunde, einer Zehntelsekunde, hatte sie ihre hervorstechendsten Charakterzüge erfaßt und brachte diese zum Ausdruck.

Ich habe zahllose Pantomimen und Parodisten, Clowns und Spaßmacher gesehen, aber keiner von ihnen rief jenes erschrockene Staunen hervor, das mich nun, angesichts dieser unmittelbaren, automatischen und konvulsiven Widerspiegelung sämtlicher Gesichter und Gestalten in ihrer Umgebung überkam. Doch handelte es sich hier nicht lediglich um eine Imitation, so außergewöhnlich dies an sich schon gewesen wäre. Die Frau ahmte nicht nur die Mimik zahlloser Passanten nach, sie machte sie sich auch nicht nur zu eigen, sondern *übersteigerte* sie ins Lächerliche. Jede Widerspiegelung war auch eine Parodie, eine Verhöhnung, eine Übertreibung auffälliger Gesten und Gesichtsausdrücke, eine Übertreibung, die ihrerseits – infolge ihrer gewaltsam beschleunigten und verzerrten Bewegungen – ebenso krampfhaft wie beabsichtigt wirkte. Durch diese unnatürliche Schnelligkeit wurde aus einem bedächtigen Lächeln eine verzerrte, nur den Bruchteil einer Sekunde während Grimasse; eine weitausholende Geste verwandelte sich, derart beschleunigt, in eine groteske, konvulsive Bewegung.

In der Zeit, die diese verwirrte alte Frau benötigte, um an einem kurzen Häuserblock entlangzugehen, karikierte sie wie besessen vierzig oder fünfzig Passanten. Es war wie ein Trommelfeuer kaleidoskopischer Imitationen. Sie währten jeweils nur ein oder zwei Sekunden, manche nur winzige Momente, und die ganze verwirrende Szene spielte sich in knapp zwei Minuten ab.

Es gab auch komische Imitationen zweiter und dritter Ordnung, denn die Menschen auf der Straße waren über das Verhalten der Frau erstaunt, erbost oder verwirrt und reagierten mit entsprechender Mimik auf sie. Diese wiederum wurde von der Frau widergespiegelt und weiter verzerrt, was noch mehr Zorn und Entsetzen hervorrief. Diese groteske, unfreiwillige Resonanz oder Wechselwirkung, durch die *alle* in den Sog einer ins Absurde gesteigerten Interaktion gezogen wurden, war die Ursache des Auflaufs, den ich von weitem gesehen hatte. Dadurch, daß sie jedermann sein konnte, hatte diese Frau ihr Ich verloren und war niemand geworden. Diese Frau mit den tausend Gesichtern, Masken, *personae* – wie erlebte *sie* diesen Wirbelsturm von Identitäten? Die Antwort kam bald – und nicht eine Sekunde zu spät, denn der aufgestaute Druck – sowohl in ihr als auch in den Umstehenden – näherte sich dem Punkt, an dem es zu einer Explosion kommen mußte. Plötzlich wandte sich die alte Frau mit einer Geste der Verzweiflung ab und trat in eine Gasse, die von der Hauptstraße fortführte. Dort gab sie, den Eindruck einer Frau erweckend, der sterbensübel ist, all die Gesten, Haltungen, Mienen, Verhaltensweisen, das gesamte Verhaltensrepertoire der letzten vierzig oder fünfzig Passanten von sich. Sie entledigte sich, in einem gewaltigen, pantomimischen Akt des Kotzens, der begierig aufgesaugten Identitäten der letzten fünfzig Passanten, die von ihr Besitz ergriffen hatten. Und wenn das Aufnehmen zwei Minuten gedauert hatte, so war dieses Sichübergeben wie ein einziges Ausatmen: fünfzig Menschen in zehn Sekunden, eine Fünftelsekunde oder weniger für das zeitlich zusammengeschrumpfte Repertoire eines jeden Passanten.

Ich verbrachte später Hunderte von Stunden damit, mit Tourette-Patienten zu sprechen, sie zu beobachten, ihre Schilderungen auf Tonband aufzunehmen und von ihnen zu lernen. Und doch hat mich, glaube ich, nichts so schnell und viel gelehrt, mir Zusammenhänge so eindringlich und überwältigend vor Augen geführt wie diese gespenstischen zwei Minuten auf einer Straße in New York.

In diesem Moment begriff ich, daß sich diese «Super-Tourette-Patienten» infolge einer organischen Anomalie und ohne eigenes Verschulden in einer höchst außergewöhnlichen, ja einzigartigen existentiellen Situation befinden müssen, die zwar einige Analogien mit der der tobenden «Super-Korsakow-Patienten» aufweist, aber natürlich eine völlig andere Genese hat – und auf ein ganz anderes Ziel zusteuert. In beiden Fällen kann es zu totaler Desorientiertheit, zu einer Identitätsverwirrung kommen. Der Korsakow-Patient ist sich dessen jedoch nie bewußt – und das ist möglicherweise der Segen dieser Krankheit –, während der Tourette-Patient sein Leiden mit schmerzlicher und letztlich paradoxer Scharfsichtigkeit erkennt, obwohl er nicht in der Lage und auch nicht willens sein mag, etwas dagegen zu unternehmen.

Denn während die treibende Kraft beim Korsakow-Patienten seine Amnesie, ein Fehlen von etwas ist, wird der Tourette-Patient von übersteigerten Impulsen getrieben – Impulsen, deren Schöpfer und zugleich Opfer er ist und die er wohl verabscheuen, aber nicht wegleugnen kann. So ist er, im Gegensatz zum Korsakow-Patienten, zu einer problematisierenden Haltung seiner Krankheit gegenüber genötigt: Er bezwingt sie, er wird von ihr bezwungen, er spielt mit ihr – von innerer Zerrissenheit bis zu einem insgeheimen Einverständnis ist alles möglich.

Da dem Ich des Tourette-Patienten die normalen, schützenden Hemmschwellen, die normalen, organisch festgelegten Grenzen des Selbst fehlen, ist es einem lebenslangen Bombardement ausgesetzt. Der Erkrankte wird überfallen und verleitet von Impulsen, die von innen und von außen an ihn herantreten, Impulse, die organisch und konvulsivisch, aber auch persönlich (oder eher: pseudopersönlich) und zugleich verführerisch sind. Wie soll, wie *kann* das Ich diesem Bombardement standhalten? Wird die Identität überleben? Kann sie sich angesichts einer solchen Zerstörungskraft, eines solchen Drucks *entwickeln* – oder wird sie unterliegen und eine «tourettetisierte Seele» erzeugen (wie ein Patient, den ich später kennenlernte, voller Bitterkeit sagte)? Auf der Seele des Tourette-Patienten lastet ein physiologischer, ein existentieller, ja ein beinahe religiöser Druck, und die Frage ist, ob sie dies unbeschadet und heil übersteht oder ob sie scheitert und von jedem Impuls unverzüglich in Beschlag genommen und somit gewissermaßen enteignet wird.

Den folgenden Satz von Hume habe ich bereits an anderer Stelle zitiert: «... so kann ich wagen ... zu behaupten, daß [wir] nichts sind als ein Bündel oder ein Zusammen verschiedener Perzeptionen, die einander mit unbegreiflicher Schnelligkeit folgen und beständig in Fluß und Bewegung sind.»

Für Hume ist die persönliche Identität also eine Fiktion – wir existieren nicht, sondern sind nur eine Abfolge von Sensationen oder Wahrnehmungen.

Bei einem normalen Menschen ist dies jedoch offenbar nicht der Fall, denn er ist *im Besitz* seiner Wahrnehmungen. Sie sind nicht ein bloßes Dahinfließen, sondern *gehören* ihm und sind durch eine beständige Individualität, ein Ich, geeint. Dagegen mögen Humes Worte genau auf einen Menschen zutreffen, der so labil ist wie ein Super-Tourette-Patient. Dessen Leben ist nämlich in gewisser Hinsicht eine Abfolge von willkürlichen oder konvulsiven Wahrnehmungen und Bewegungen, ein phantasmagorisches Hin und Her ohne Mittelpunkt und Sinn. In diesem Sinne ist er tatsächlich eher ein «Humesches» als ein menschliches Wesen. Dies ist die philosophische, ja religiöse Dimension seines Schicksals, wenn das Verhältnis zwischen Impuls und Ich zu sehr zugunsten des ersteren verschoben ist. Es hat eine gewisse Ähnlichkeit mit dem «freudianischen» Los, das auch von Impulsen dominiert wird – aber dieses hat einen (wenn auch tragischen) Sinn, während das «Humesche» Schicksal sinnlos und absurd ist.

Der Super-Tourette-Patient ist daher wie kein anderer gezwungen zu kämpfen, und zwar einfach, um zu überleben – um trotz der ihn fortwährend bestürmenden Impulse ein Individuum zu werden und sich als solches zu behaupten. Es ist möglich, daß er von frühester Kindheit an außerordentliche Hindernisse zu überwinden hat, um seine individuellen Eigenarten auszubilden und eine eigenständige Persönlichkeit zu werden. Es ist ein Wunder, daß dies in den meisten Fällen gelingt – aber die Lebenskraft und der Wille, als einmaliges, unverwechselbares Individuum zu überleben, sind die absolut stärksten Kräfte, die dem Menschen innewohnen. Sie sind stärker als Krankheit, stärker als alle Impulse. Auf diesem Feld erweist sich die streitbare Gesundheit gewöhnlich als Sieger.

TEIL DREI

Reisen

Einleitung

Als ich das Konzept der Funktion kritisierte und den Versuch einer recht radikalen Neudefinition unternahm, habe ich diesen Begriff gleichwohl beibehalten und ihn so weit wie möglich gedehnt, damit ich das Gegensatzpaar «Ausfälle» und «Überschüsse» einbeziehen konnte. Es liegt jedoch auf der Hand, daß auch ganz andere Begriffe eingeführt werden müssen. Sobald wir uns Phänomenen als solchen zuwenden, sobald wir uns mit der tatsächlichen Qualität von Erfahrungen, Gedanken oder Handlungen befassen, müssen wir Begriffe verwenden, die man eher im Zusammenhang mit einem Gedicht oder einem Gemälde gebrauchen würde. Denn wie ließe sich beispielsweise ein Traum im Rahmen des Begriffs «Funktion» erfassen?

Uns stehen immer zwei Gedankenwelten zur Verfügung – man kann sie «physisch» und «phänomenologisch» nennen oder sonstwie. Die eine umfaßt Fragen der quantitativen und formalen Struktur, die andere jene Qualitäten, die eine «Welt» konstituieren. Jeder von uns kennt seine eigenen, spezifischen Gedankenwelten, seine eigenen inneren Reisen und Landschaften, und für die meisten Menschen ist ein klares neurologisches «Korrelat» nicht erforderlich. Im allgemeinen können wir die Geschichte eines Menschen erzählen und Abschnitte und Szenen seines Lebens wiedergeben, ohne auf physiologische oder neurologische Erwägungen zurückzugreifen – das wäre zumindest überflüssig, wenn nicht gar absurd und beleidigend. Wir halten uns ja, und dies mit Recht, für frei, zumindest insofern, als wir uns durch äußerst komplexe menschliche und ethische Erwägungen und nicht durch Veränderungen in unseren neuralen Funktionen oder unserem Nervensystem bestimmt glauben. Das trifft gewöhnlich auch zu, aber nicht immer, denn manchmal bricht eine organische Störung ins Leben eines Menschen ein und formt es um, und wenn dies geschieht, erfordert seine Geschichte in der Tat ein physiologisches oder neurologisches Korrelat. Dies trifft natürlich auf alle hier beschriebenen Fälle zu.

In der ersten Hälfte dieses Buches habe ich Fälle beschrieben, die offensichtlich pathologischer Natur waren – Situationen, in denen ein krasser neurologischer Überschuß oder Verlust vorlag. Solchen Patienten (oder ihren Verwandten) und den behandelnden Ärzten wird früher oder später klar, daß körperlich «irgend etwas nicht stimmt». Ihre innere Welt, ihre Gemütslage mag tatsächlich verändert und umgeformt sein, aber dies, so stellt sich heraus, ist auf eine tiefgreifende (und fast quantitative) Veränderung neuraler Funktionen zurückzuführen. In diesem dritten Teil nun geht es vornehmlich um Erinnerung, veränderte Wahrnehmung, Phantasie, «Traum». Es geschieht nicht oft, daß man diesen Dingen in der Medizin oder Neurologie Beachtung schenkt. Diese «Reisen» – oft mit persönlichen Gefühlen und Bedeutungen durchsetzt und von quälender Intensität – werden, da sie, wie Träume, gewöhnlich als Manifestationen einer unbewußten oder vorbewußten Aktivität (oder, für die mehr mystisch Orientierten, als «spirituelle Erfahrungen») gelten, als psychische und *nicht* als «medizinische», geschweige denn als «neurologische» Phänomene betrachtet. Es wohnt ihnen ein spezifisch dramatischer, narrativer oder persönlicher «Sinn» inne, und daher werden sie meist nicht als «Symptome» angesehen. Es mag in der Natur dieser Reisen liegen, daß sie nicht einem Arzt, sondern einem Psychoanalytiker oder einem Beichtvater anvertraut, als Psychosen angesehen oder als religiöse Offenbarungen verbreitet werden. Es kommt uns ja zunächst nicht in den Sinn, daß eine Vision «medizinische» Ursachen haben könnte, und wenn eine solche organische Ursache angenommen oder nachgewiesen wird, entsteht leicht der Eindruck, die Vision werde dadurch «entwertet» (obwohl dies natürlich nicht stimmt – Werte und Bewertungen haben mit Ätiologie nichts zu tun).

Alle Reisen, die ich in diesem Teil beschreibe, haben mehr oder weniger klare organische Ursachen (wenn dies auch anfangs nicht offensichtlich war, sondern sich erst nach eingehenden Untersuchungen herausstellte). Dies soll jedoch ihre psychologische und spirituelle Bedeutung nicht im mindesten schmälern. Wenn sich Gott oder die Schöpfungsordnung Dostojewski in Anfällen offenbarte, warum sollten dann andere organische Zustände nicht auch als «Tor» zum Jenseits oder zum Unbekannten dienen können? In gewissem Sinne ist dieser Teil des Buches eine Untersuchung solcher Tore.

Als Hughlings-Jackson 1880 diese «Reisen», «Tore» oder «Traumzustände» beschrieb, die im Verlauf bestimmter Epilepsien auftreten, gebrauchte er den allgemeinen Begriff «Erinnerungen». Er schrieb: «Ich würde nie eine Epilepsie auf Grund von anfallsartig auftretenden ‹Erinnerungen› diagnostizieren, wenn sich keine anderen Symptome zeigen. Allerdings würde ich vermuten, daß eine Epilepsie vorliegt, wenn jener übersteigerte Bewußtseinszustand sehr häufig aufzutreten begänne... Ich bin nie wegen ‹Erinnerungen› allein konsultiert worden...»

Ich dagegen bin sehr wohl konsultiert worden, und zwar im Zusammenhang mit künstlich herbeigeführten oder anfallsartig auftretenden «Erinnerungen» an Melodien, «Visionen», «Geister» oder Vorfälle – und dies nicht nur bei Epilepsie, sondern auch bei verschiedenen anderen Zuständen mit organischer Ursache. Diese Reisen oder Reminiszenzen sind bei Migräne-Kranken nichts Ungewöhnliches (siehe «Die Visionen der heiligen Hildegard», Kapitel 20). Das Gefühl «zurückzugehen», sei es auf Grund einer Intoxikation, sei es auf Grund einer Neigung zur Epilepsie, wird in «Reise nach Indien» (Kapitel 17) geschildert. Der in «Nostalgische Ausschweifungen» (Kapitel 16) beschriebene Fall und die seltsame Hyperosmie in «Hundenase» (Kapitel 18) haben eindeutig toxische oder chemische Ursachen. Die schreckliche «Reminiszenz» in «Mord» (Kapitel 19) ist entweder auf einen Anfall oder auf die Aufhebung von Hemmungen im Bereich der Stirnlappen zurückzuführen.

Das Thema des folgenden Teils ist das Vorstellungs- und Erinnerungsvermögen, das es dem Menschen infolge einer abnormen Stimulation der Schläfenlappen und des limbischen Systems ermöglicht zu «reisen». Wir mögen daraus sogar etwas über die zerebralen Ursachen gewisser Visionen und Träume erfahren und sehen, wie das Gehirn (das Sherrington «einen magischen Webstuhl» genannt hat) in der Lage ist, einen fliegenden Teppich zu weben, mit dem wir auf Reisen gehen können.

15

Erinnerung

Bis auf die Tatsache, daß Mrs. O'C. etwas schwerhörig war, ließ ihre Gesundheit nichts zu wünschen übrig. Sie lebte in einem Altersheim. Eines Nachts im Januar 1979 träumte sie lebhaft und sehnsuchtsvoll von ihrer Kindheit in Irland, vor allem von den Liedern, die man damals sang und zu denen man tanzte. Als sie aufwachte, war die Musik immer noch klar und deutlich zu hören. Ich träume wohl noch, dachte sie, aber dem war nicht so. Aufgeregt und verwirrt stand sie auf. Es war mitten in der Nacht. Irgend jemand mußte das Radio angelassen haben. Aber warum war sie die einzige, die sich dadurch gestört fühlte? Sie überprüfte jedes Radio, das sie finden konnte, aber alle waren abgestellt. Dann kam ihr ein anderer Gedanke: Sie hatte gehört, daß Zahnfüllungen manchmal wie ein Empfänger funktionieren und Radiowellen mit ungewöhnlicher Intensität auffangen können. Das ist es, dachte sie. Eine meiner Füllungen spielt das Radioprogramm. Das wird bald vorbei sein. Morgen früh gehe ich zum Zahnarzt. Sie klagte ihr Leid der Nachtschwester, die sagte, ihre Zahnfüllungen sähen einwandfrei aus. In diesem Augenblick kam Mrs. O'C. ein anderer Gedanke: Welcher Sender, fragte sie sich, würde mitten in der Nacht irische Lieder in dieser Lautstärke spielen? Lieder, nur Lieder, ohne Ansage oder Kommentar? Und ausschließlich Lieder, die ich kenne. Welcher Sender würde wohl nur *meine* Lieder spielen und sonst nichts? Dies war der Punkt, an dem sie sich fragte: Ist das Radio vielleicht in meinem Kopf?

Sie war inzwischen ziemlich beunruhigt – und die Musik spielte noch immer so laut, daß sie kaum etwas anderes hören konnte. Ihre letzte Hoffnung war ihr Facharzt für Ohrenleiden, den sie regelmäßig aufsuchte: Er würde eine beruhigende Erklärung für diesen nächtlichen Vorfall haben und ihr versichern, es handele sich nur um «Geräusche im Ohr», um etwas, das mit ihrer Schwerhörigkeit zusammenhing und über das sie sich keine Sorgen zu machen brauchte. Aber als er sie am nächsten Morgen untersucht hatte, sagte er: «Nein, Mrs. O'C., ich glaube nicht, daß es an Ihren Ohren liegt. Wenn es um ein einfaches Klingeln oder Summen oder Rumpeln ginge... aber ein Konzert, das ausschließlich aus irischen Liedern besteht – das sind nicht Ihre Ohren. Vielleicht», fuhr er fort, «sollten Sie zu einem Psychiater gehen.» Das tat Mrs. O'C. noch am selben Tag. «Nein», sagte der Psychiater, «an Ihrem Kopf liegt es nicht. Sie sind nicht verrückt – und Verrückte hören übrigens auch keine Musik, sondern nur ‹Stimmen›. Sie sollten zu einem Neurologen gehen, zu meinem Kollegen Dr. Sacks.» Und so kam Mrs. O'C. zu mir.

Es war keineswegs einfach, mit ihr zu sprechen, und zwar zum Teil wegen ihrer Schwerhörigkeit, hauptsächlich aber, weil meine Stimme immer wieder von den Liedern übertönt wurde – sie konnte mich nur an den leiseren Stellen hören. Sie machte keinen deliranten oder verrückten Eindruck, sondern schien aufmerksam und intelligent, sah aber so entrückt aus wie jemand, der halb in einer eigenen Welt lebt. Meine Untersuchungen ergaben keinen pathologischen Befund – und doch wurde ich den Verdacht nicht los, daß die Musik auf eine «neurologische» Ursache zurückzuführen war.

Was mochte diese Störung bei Mrs. O'C. bewirkt haben? Sie war achtundachtzig Jahre alt, ihr Gesundheitszustand war ausgezeichnet, und nichts deutete auf ein Fieber hin. Sie nahm keine Medikamente, die ihre überdurchschnittlich gute geistige Verfassung hätten beeinträchtigen können. Und offenbar war sie am Tag zuvor noch normal gewesen.

«Halten Sie es für möglich, daß es ein Schlaganfall war, Doktor?» fragte sie, als habe sie meine Gedanken gelesen.

«Das könnte sein», antwortete ich, «obwohl ich von einem

derartigen Schlaganfall noch nie etwas gehört habe. Irgend etwas ist geschehen, soviel ist sicher, aber ich glaube nicht, daß eine akute Gefahr besteht. Machen Sie sich keine Sorgen, und halten Sie durch.»

«Es ist gar nicht so einfach durchzuhalten», sagte sie, «wenn man in einer Situation wie meiner ist. Ich weiß, daß es hier still ist, aber ich schwimme in einem Meer von Klängen.»

Ich hatte vor, auf der Stelle ein Elektroenzephalogramm anzufertigen, wobei ich mich speziell auf die Schläfenlappen, die «musikalischen» Lappen des Gehirns, konzentrieren wollte, aber besondere Umstände verhinderten dies zunächst. Nach und nach nahm die Musik ab – das heißt, sie wurde leiser und war vor allem nicht mehr ständig zu hören. Nach drei Nächten konnte Mrs. O'C. wieder schlafen und sich in zunehmendem Maße zwischen den «Liedern» unterhalten. Als ich schließlich dazu kam, ein EEG zu machen, hörte sie nur noch gelegentlich kurze Musikfetzen, alles in allem etwa zwölfmal am Tag. Nachdem sie sich hingelegt hatte und die Elektroden an ihrem Kopf befestigt worden waren, bat ich sie, still zu liegen, nicht zu sprechen und nicht «in Gedanken zu singen», sondern ihren rechten Zeigefinger ganz leicht zu heben – diese Bewegung würde das EEG nicht beeinflussen –, wenn sie ein Lied hörte. Im Verlauf der zweistündigen Aufnahme hob sie dreimal ihren Finger, und jedesmal zeichneten die Schreibfedern ausgeprägte Spitzen und Kurven auf, die auf eine starke Aktivität der Schläfenlappen schließen ließen. Damit war bestätigt, daß sie tatsächlich Anfälle im Bereich der Schläfenlappen hatte. Diese Anfälle sind, wie Hughlings-Jackson vermutete und Wilder Penfield nachwies, stets die Grundlage von «Erinnerungen» und authentischen Halluzinationen. Aber wie kam es, daß dieses seltsame Symptom so plötzlich auftrat? Ich ließ eine Computertomographie vornehmen, und dabei stellte sich heraus, daß sie tatsächlich eine kleine Thrombose oder einen Infarkt im Bereich ihres rechten Schläfenlappens gehabt hatte. Das plötzliche Erklingen irischer Lieder mitten in der Nacht, die Aktivierung musikalischer Gedächtnisspuren in der Hirnrinde war offenbar die Folge eines Schlaganfalls, und mit dem Pfropf löste sich auch die Musik langsam auf.

Gegen Mitte April waren die Lieder ganz verschwunden, und Mrs. O'C. war wieder die alte. Ich fragte sie, wie es ihr dabei gehe, und vor allem, ob sie diese musikalischen Anfälle vermisse. «Komisch, daß Sie mich das fragen», sagte sie und lächelte. «In erster Linie fühle ich mich eigentlich sehr erleichtert. Aber irgendwie vermisse ich die alten Lieder tatsächlich ein bißchen. An die meisten kann ich mich jetzt nicht mehr erinnern. Es war, als hätte ich ein vergessenes Stück meiner Kindheit zurückbekommen. Und einige der Lieder waren wirklich sehr schön.»

Solche Äußerungen waren mir von einigen meiner Patienten her bekannt, denen ich L-Dopa verabreicht hatte – ich gebrauchte dafür den Ausdruck «nostalgische Ausschweifungen». Und das, was Mrs. O'C. mir erzählte, ihre offenkundige Sehnsucht nach der Vergangenheit, ließ mich an die erschütternde Geschichte ‹Die Tür in der Mauer› von H. G. Wells denken. Ich erzählte sie ihr. «Das ist es», sagte sie, «das gibt genau die Stimmung und das Gefühl wieder. Aber *meine* Tür ist real, so wie meine Mauer real war. Meine Tür führt in eine verlorene und vergessene Vergangenheit.»

Erst im Juni 1983 stieß ich auf einen ähnlichen Fall. Ich wurde zu Mrs. O'M. gerufen, die inzwischen im selben Altersheim wohnte. Mrs. O'M. war ebenfalls über achtzig, intelligent, geistig rege und etwas schwerhörig. Auch sie hörte Musik in ihrem Kopf und manchmal ein Klingeln oder Zischen oder Rumpeln; gelegentlich hörte sie «Stimmen, die miteinander reden». Meistens klangen diese «weit entfernt» und redeten «alle auf einmal», so daß sie nie verstehen konnte, was sie eigentlich sagten. Sie hatte nie mit irgend jemandem über diese Symptome gesprochen und vier Jahre lang insgeheim befürchtet, sie sei verrückt. Als die Schwester ihr erzählte, es habe in dem Altersheim vor einiger Zeit einen ähnlichen Fall gegeben, war sie daher sehr erleichtert und entschloß sich, mit mir zu sprechen.

Eines Tages, so erzählte sie, habe sie in der Küche gesessen und Pastinaken geschnitten. Plötzlich sei das Lied «Easter Parade» erklungen, gefolgt von «Glory, Glory Hallelujah» und «Good Night, Sweet Jesus». Wie Mrs. O'C. hatte sie zunächst angenommen, jemand höre laut Radio, doch hatte sie schnell festgestellt, daß alle Apparate im Haus ausgeschaltet waren. Das war 1979, also vier Jahre zuvor gewesen. Mrs. O'C.s Zustand hatte sich innerhalb weniger Wochen verbessert, aber Mrs. O'M. hörte noch immer die Musik, und es wurde immer schlimmer.

Zunächst hörte sie nur diese drei Lieder – manchmal ganz spontan, aus heiterem Himmel, aber mit Sicherheit immer, wenn sie an eines von ihnen dachte. Sie versuchte daher bewußt, nicht an sie zu denken, aber das hatte denselben Effekt.

«Mögen Sie diese Lieder besonders gern?» fragte ich sie im Stil eines Psychiaters. «Haben sie für Sie eine spezielle Bedeutung?»

«Nein», antwortete sie sofort. «Ich habe sie nie besonders gemocht, und ich glaube nicht, daß sie eine besondere Bedeutung für mich haben.»

«Und wie war das für Sie, als diese Lieder immer wieder kamen?»

«Mit der Zeit fing ich an, sie zu hassen», sagte sie heftig. «Es war, als legte irgendein verrückter Nachbar andauernd dieselbe Platte auf.»

Ein Jahr oder länger hörte sie immer nur diese Lieder, eines nach dem anderen. Es trieb sie fast zum Wahnsinn. Dann wurde die innere Musik komplexer und abwechslungsreicher – und obwohl das in gewisser Weise eine Verschlechterung darstellte, war sie doch irgendwie erleichtert. Sie hörte jetzt zahllose Lieder – manchmal mehrere gleichzeitig, mal von einem Orchester gespielt, mal von einem Chor gesungen – und gelegentlich hörte sie Stimmengemurmel oder einzelne Stimmen.

Als ich Mrs. O'M. untersuchte, konnte ich nichts Ungewöhnliches feststellen, abgesehen von ihrer Schwerhörigkeit. Hier jedoch stieß ich auf etwas sehr Interessantes. Sie litt an einer nicht eben ungewöhnlichen Innenohrschwerhörigkeit, aber darüber hinaus hatte sie jene Art von sonderbaren Schwierigkeiten bei der Wahrnehmung und Unterscheidung von Tönen, die Neurologen als Amusie bezeichnen und die vornehmlich mit einer Beeinträchtigung der Funktion der

Schläfenlappen einhergehen, in denen sich das Hörzentrum befindet. Sie klagte selbst darüber, daß ihr die Choräle beim Gottesdienst immer ähnlicher vorkamen, so daß sie sie kaum an Tonart oder Melodie, sondern nur noch an den Worten oder am Rhythmus unterscheiden konnte.* Und obwohl sie früher eine gute Sängerin gewesen war, sang sie jetzt, als ich sie darum bat, tonlos und falsch. Sie sagte auch, sie höre diese innere Musik am deutlichsten kurz nach dem Aufwachen; wenn andere Sinneseindrücke auf sie einströmten, lasse die Musik nach, und am seltensten trete sie auf, wenn sie emotional, intellektuell und vor allem visuell in Anspruch genommen sei. Während ihres etwa einstündigen Gesprächs mit mir hörte sie nur einmal Musik: einige Takte der «Easter Parade», die so laut und so plötzlich erklangen, daß sie mich kaum noch verstehen konnte.

Als wir bei Mrs. O'M. schließlich ein EEG machten, zeigte sich, daß Spannung und Erregbarkeit in beiden Schläfenlappen deutlich erhöht waren. Diese Teile des Gehirns haben die Aufgabe, eine Vorstellung von Geräuschen, Musik, komplexen Erfahrungen und Handlungsabläufen zu ermöglichen. Und immer, wenn sie etwas «hörte», schlugen die Kurven dieser hohen Hirnspannung scharf aus und zeigten deutliche Anzeichen eines Anfalls. Dies bestätigte meine Vermutung, daß auch sie infolge einer Erkrankung der Schläfenlappen an einer musikalischen Epilepsie litt.

Aber was ging wirklich in den Gehirnen von Mrs. O'C. und Mrs. O'M. vor? Der Ausdruck «musikalische Epilepsie» klingt wie ein Widerspruch in sich, denn Musik ist normalerweise von Gefühl und Bedeutung erfüllt und korrespondiert mit etwas tief in uns selbst, mit der «Welt hinter der Musik», um es mit Thomas Manns Worten zu sagen, während in dem Begriff «Epilepsie» das genaue Gegenteil mitschwingt: Epilepsie ist ein grobes, willkürliches physiologisches Ereignis, das sein Opfer wahllos überfällt und mit keinerlei Gefühl oder

---

* Meine Patientin Emily D. (siehe «Die Ansprache des Präsidenten», Kapitel 9) litt an einem ähnlichen Unvermögen, stimmlichen Ausdruck und Tonfall zu unterscheiden (tonale Agnosie).

Sinn erfüllt ist. Daher erscheint «musikalische Epilepsie» oder «individuelle Epilepsie» als ein begrifflicher Widerspruch. Und doch gibt es solche Epilepsien, wenn auch ausschließlich im Zusammenhang mit Anfällen, von denen die Schläfenlappen betroffen sind, also jener Teil des Gehirns, in dem das Erinnerungsvermögen lokalisiert ist. Hughlings-Jackson beschrieb diese Epilepsien vor einem Jahrhundert und gebrauchte dabei die Ausdrücke «Traumzustände», «Erinnerungen» und «psychische Anfälle»: «Es ist nicht ungewöhnlich, daß den Epileptiker zu Beginn eines Anfalls vage und doch außerordentlich komplexe Bewußtseinszustände überkommen... Dieser komplexe Bewußtseinszustand, die sogenannte intellektuelle Aura, ist *in allen Fällen genau oder jedenfalls im wesentlichen gleich.*»

Solche Beschreibungen blieben rein anekdotisch, bis Wilder Penfield fünfzig Jahre später seine bahnbrechenden Studien vornahm. Es gelang ihm, als Ursprung dieser «komplexen Bewußtseinszustände» die Schläfenlappen auszumachen und diese Zustände oder die äußerst genauen und detaillierten «authentischen Halluzinationen» solcher Anfälle künstlich *hervorzurufen.* Zu diesem Zweck stimulierte er bei Patienten, denen man den Schädel geöffnet hatte und die bei vollem Bewußtsein waren, mit schwacher elektrischer Spannung jene Punkte in der Hirnrinde, von denen diese Anfälle ausgingen. Auf diese Reizung erfolgte sogleich eine intensive, lebhafte Halluzination von Melodien, Menschen oder Szenen, die die Patienten trotz der nüchternen Atmosphäre des Operationssaals als überwältigend real erlebten und den Anwesenden bis ins kleinste Details schilderten. Damit war bestätigt, was Hughlings-Jackson sechzig Jahre früher geschrieben hatte, als er von der charakteristischen «Verdopplung des Bewußtseins» sprach: «Es gibt (1) den quasi-parasitären Bewußtseinszustand (Traumzustand) und (2) Reste des normalen Bewußtseins und damit ein doppeltes Bewußtsein... eine mentale Diplopie.»

Dies war genau der Zustand, den meine beiden Patientinnen mir beschrieben: Mrs. O'M. hörte und sah mich, wenn auch mit einigen Schwierigkeiten, durch den ohrenbetäubenden Traum von «Easter Parade» oder den ruhigeren, aber eindrucksvolleren Traum von «Good Night, Sweet Jesus» hindurch (der für sie das Bild jener Kirche in der 31. Straße heraufbeschwor, in die sie immer gegangen und in der dieses Lied nach jeder Novene gesungen worden war). Und Mrs. O'C. sah und hörte mich ebenfalls durch den weit heftigeren «Erinnerungsanfall» hindurch, der sie in ihre Kindheit in Irland zurückversetzte: «Ich weiß, daß Sie hier sind, Doktor Sacks. Ich weiß auch, daß ich eine alte Frau in einem Altersheim bin, die einen Schlaganfall gehabt hat, aber ich fühle mich wieder wie als Kind in Irland. Ich fühle die Arme meiner Mutter, ich sehe sie vor mir, ich höre sie singen.» Solche epileptischen Halluzinationen oder Träume sind, wie Penfield nachgewiesen hat, nie Phantasien, sondern äußerst genaue und lebhafte Erinnerungen, die von eben jenen Emotionen begleitet werden, die auch mit dem ursprünglichen Erlebnis verknüpft waren. Die bis ins kleinste Detail gehende Genauigkeit dieser Halluzinationen, die sich jedesmal einstellten, wenn die Hirnrinde stimuliert wurde, übertraf alles, was das normale Gedächtnis leisten könnte, und führte Penfield zu der Annahme, daß sich das Gehirn eine fast vollständige Erinnerung an alle Ereignisse des Lebens und an den ganzen Strom des Bewußtseins bewahrt. Diese Erinnerungen können, sei es aufgrund der normalen Lebensbedürfnisse und -umstände, sei es durch außerordentliche Ereignisse wie einen epileptischen Anfall oder eine elektrische Stimulation, heraufbeschworen oder abgerufen werden. Die Vielfalt, die «Absurdität» solcher konvulsiver Erinnerungen ließ Penfield annehmen, daß die Reminiszenzen im Grunde sinnlos und willkürlich sind:

«Bei einer Operation ist gewöhnlich deutlich zu erkennen, daß die evozierte Reaktion eine willkürliche Wiedergabe der jeweiligen Bestandteile eines Bewußtseinsstroms ist, den der Patient irgendwann in seiner Vergangenheit erlebt hat.» Dann faßt Penfield die ungewöhnliche Vielfalt der epileptischen Träume und Szenen zusammen, die er durch Stimulation hervorgerufen hat: «Es mag sich hierbei um einen Zeitabschnitt handeln, in dem er Musik gehört, einen Blick durch die Tür in einen Tanzsaal geworfen, sich die Schandtaten von Räubern in einem Comic strip vorgestellt hat, in dem er aus

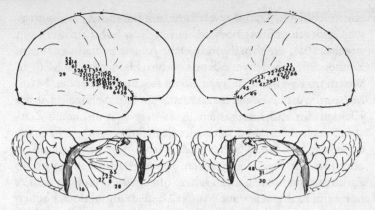

Erlebte auditive Reaktionen
auf die Stimulation der Hirnrinde

1. Eine Stimme *(14)*; Fall 28. 2. Stimmen *(14)*. 3. Eine Stimme *(15)*. 4. Vertraute Stimme *(17)*. 5. Vertraute Stimme *(21)*. 6. Eine Stimme *(23)*. 7. Eine Stimme *(24)*. 8. Eine Stimme *(25)*. 9. Eine Stimme *(28)*; Fall 29. 10. Vertraute Musik *(15)*. 11. Eine Stimme *(16)*. 12. Vertraute Stimme *(17)*. 13. Vertraute Stimme *(18)*. 14. Vertraute Musik *(19)*. 15. Stimmen *(23)*. 16. Stimmen *(27)*; Fall 4. 17. Vertraute Musik *(14)*. 18. Vertraute Musik *(17)*. 19. Vertraute Musik *(24)*. 20. Vertraute Musik *(25)*; Fall 30. 21. Vertraute Musik *(23)*; Fall 31. 22. Vertraute Stimme *(16)*; Fall 32. 23. Vertraute Musik *(23)*; Fall 5. 24. Vertraute Musik *(Y)*. 25. Geräusche von Schritten *(1)*; Fall 6. 26. Vertraute Stimme *(14)*. 27. Stimmen *(22)*; Fall 8. 28. Musik *(15)*; Fall 9. 29. Stimmen *(14)*; Fall 36. 30. Vertrautes Geräusch *(16)*; Fall 35. 31. Eine Stimme *(16a)*; Fall 23. 32. Eine Stimme *(26)*. 33. Stimmen *(25)*. 34. Stimmen *(27)*. 35. Eine Stimme *(28)*. 36. Eine Stimme *(33)*; Fall 12. 37. Musik *(12)*; Fall 11. 38. Eine Stimme *(17d)*; Fall 24. 39. Vertraute Stimme *(14)*. 40. Vertraute Stimmen *(15)*. 41. Hundegebell *(17)*. 42. Musik *(18)*. 43. Eine Stimme *(20)*; Fall 13. 44. Vertraute Stimme *(11)*. 45. Eine Stimme *(12)*. 46. Vertraute Stimme *(13)*. 47. Vertraute Stimme *(14)*. 48. Vertraute Musik *(15)*. 49. Eine Stimme *(16)*; Fall 14. 50. Stimmen *(2)*. 51. Stimmen *(3)*. 52. Stimmen *(5)*. 53. Stimmen *(6)*. 54. Stimmen *(10)*. 55. Stimmen *(11)*; Fall 15. 56. Vertraute Stimme *(15)*. 57. Vertraute Stimme *(16)*. 58. Vertraute Stimme *(22)*; Fall 16. 59. Musik *(10)*; Fall 17. 60. Vertraute Stimme *(30)*. 61. Vertraute Stimme *(31)*. 62. Vertraute Stimme *(32)*; Fall 3. 63. Vertraute Musik *(8)*. 64. Vertraute Musik *(10)*. 65. Vertraute Musik *(D2)*; Fall 10. 66. Stimmen *(11)*; Fall 7.

einem lebhaften Traum erwacht ist, mit Freunden ein angeregtes Gespräch geführt oder seinem kleinen Sohn aufmerksam zugehört hat, um ihm irgendwelche Ängste zu nehmen, einen Zeitabschnitt, in dem er oder sie Neonreklamen betrachtete, in Wehen im Kreißsaal lag, von einem furchteinflößenden Mann bedroht wurde, Leute betrachtete, die mit Schnee an ihren Kleidern ins Zimmer kamen... Es mag sich um einen Zeitabschnitt handeln, in dem er oder sie in Southbend, Indiana, an der Ecke von Jacob Street und Washington Street stand... oder um eine Nacht vor Jahren, in seiner Kindheit, in der er Zirkuswagen vorbeifahren sah... um einen Abend, an dem er hörte (und sah), wie seine Mutter Gäste drängte, doch endlich zu gehen... oder um einen Weihnachtsabend, an dem Vater und Mutter Weihnachtslieder sangen.»

Ich wollte, ich könnte diese wundervolle Passage von Penfield in ihrer ganzen Länge zitieren. Sie erfüllt mich, wie die Berichte der beiden alten Irinnen, mit Ehrfurcht vor der «individuellen Physiologie», der Physiologie des Ichs. Penfield ist beeindruckt von der Häufigkeit musikalischer Anfälle und führt viele faszinierende und oft komische Beispiele dafür an. Bei den über fünfhundert Schläfenlappen-Epileptikern, die er untersucht hat, traten diese musikalischen Anfälle mit einer Häufigkeit von drei Prozent auf: «Wir waren überrascht, wie oft die Stimulation bei dem Patienten bewirkte, daß er *Musik* hörte. Dieses Erlebnis wurde bei elf Personen an siebzehn verschiedenen Punkten hervorgerufen (siehe Illustration). Manchmal handelte es sich um ein Orchester, in anderen Fällen um Stimmen, ein Klavier oder einen Chor. Mehrmals wurde die Musik als Erkennungsmelodie einer Radiosendung identifiziert... Die Punkte, die musikalische Halluzinationen erzeugen, befinden sich in der oberen Schläfenlappenwindung, und zwar entweder seitlich oder auf der Oberfläche (und liegen damit in der Nähe des Punktes, der die sogenannte *musikogene Epilepsie* hervorruft).»

Die Beispiele, die Penfield anführt, erläutern dies auf dramatische und oft komische Weise. Die folgende Liste ist ein Auszug aus seinem umfassenden Abschlußbericht:

«‹White Christmas› (Fall 4). Von einem Chor gesungen.

‹Rolling Along Together› (Fall 5). Wurde vom Patienten nicht erkannt, wohl aber von einer Operationsschwester, als der Patient es während der Stimulation vorsummte.

‹Hush-a-Bye Baby› (Fall 6). Wurde von der Mutter des Patienten gesungen, ist jedoch wahrscheinlich auch die Erkennungsmelodie einer Radiosendung.

‹Ein Lied, das er schon einmal gehört hatte und das oft im Radio gespielt wurde› (Fall 10).

‹Oh Marie, Oh Marie› (Fall 30). Erkennungsmelodie einer Radiosendung.

‹The War March of the Priests› (Fall 31). Dies war auf der Rückseite der Platte ‹Hallelujah Chorus›, die dem Patienten gehörte.

‹Vater und Mutter des Patienten singen Weihnachtslieder› (Fall 32).

‹Musik aus dem Musical *Guys and Dolls*› (Fall 37).

‹Ein Lied, das sie oft im Radio gehört hatte› (Fall 45).

‹I'll Get By› und ‹You'll Never Know› (Fall 46). Lieder, die er oft im Radio gehört hatte.»

In jedem Fall war – wie bei Mrs. O'M. – der Ablauf der Lieder fixiert und stereotyp. Die Probanden hörten immer wieder dieselbe Melodie (beziehungsweise dieselben Melodien), ganz gleich, ob der Anfall spontan einsetzte oder durch eine elektrische Stimulation von Punkten auf der Hirnrinde hervorgerufen wurde. Diese Melodien sind also nicht nur im Radio, sondern auch bei halluzinatorischen Anfällen beliebt – sie sind sozusagen die «Hitparade der Hirnrinde».

Werden, so müssen wir uns fragen, bestimmte Lieder (oder Szenen) von bestimmten Patienten für eine Reproduktion im Verlauf ihrer halluzinatorischen Anfälle aus einem bestimmten Grund «ausgewählt»? Auch Penfield hat sich diese Frage gestellt und ist zu dem Schluß gekommen, daß die Auswahl keinen Grund hat und daß ihr gewiß keine Bedeutung zukommt: «Es wäre, selbst wenn man sich dieser Möglichkeit deutlich bewußt ist, sehr schwer, sich vorzustellen, daß einige der Lieder oder der nebensächlichen Ereignisse, an die sich der Patient während des epileptischen Anfalls oder der Stimulation erinnert, irgendeine emotionale Bedeutung für ihn haben.»

Die Auswahl, so schließt er, geschieht «völlig willkürlich, wenn man davon absieht, daß einiges auf eine kortikale Konditionierung hindeutet». Dies ist die Sprache, ist sozusagen die Einstellung des Physiologen. Vielleicht hat Penfield recht – aber könnte es nicht sein, daß doch mehr dahintersteckt? Ist er sich der möglichen emotionalen Bedeutung der Lieder, ist er sich dessen, was Thomas Mann die «Welt hinter der Musik» nannte, wirklich «deutlich bewußt», und zwar auf jener Ebene, auf die es ankommt? Sind oberflächliche Fragen, wie zum Beispiel «Hat dieses Lied für Sie eine besondere Bedeutung?» wirklich ausreichend? Das Studium der «freien Assoziationen» hat uns nur zu deutlich vor Augen geführt, daß scheinbar völlig nebensächliche oder willkürliche Gedanken plötzlich eine unerwartete Tiefe und Resonanz erhalten können, was allerdings nur offenbar wird, wenn auch die Analyse in die Tiefe geht. Anscheinend hat weder Penfield noch ein anderer Forscher auf dem Gebiet der Psychophysiologie eine solche Tiefenanalyse vorgenommen. Es ist nicht gesichert, daß sie Ergebnisse zeitigen würde; doch angesichts der außergewöhnlichen Gelegenheit, die sich durch das Auftreten dieser bunten Mischung unwillkürlich halluzinierter Lieder und Szenen bietet, kann man sich des Gefühls nicht erwehren, daß eine solche Analyse einen Versuch wert wäre.

Ich habe Mrs. O'M. noch einmal kurz aufgesucht, um herauszubekommen, welche Assoziationen, welche Gefühle sie mit ihren «Liedern» verbindet. Ein wichtiger Punkt ist bereits ans Licht gekommen. Obwohl sie mit keinem der drei Lieder irgendeine bewußte Emotion oder Bedeutung verbindet, erinnert sie sich inzwischen (und das wird von anderen bestätigt), daß sie diese Melodien, lange bevor sie Gegenstand ihrer halluzinatorischen Anfälle wurden, vor sich hin zu summen pflegte, ohne sich dessen bewußt zu sein. Das läßt die Vermutung zu, daß sie *schon damals* eine unbewußte «Auswahl» getroffen hatte – eine Auswahl, die dann von einer unvermutet auftretenden organischen Pathologie «übernommen» wurde.

Sind diese Lieder heute immer noch ihre Lieblingslieder?

Bedeuten sie ihr noch etwas? Verschafft ihr die halluzinierte Musik irgendeine Befriedigung? Einen Monat nach meinem Besuch bei Mrs. O'M. las ich in der *New York Times* einen Artikel mit der Überschrift «Hatte Schostakowitsch ein Geheimnis?» Sein «Geheimnis» – so lautete die These des chinesischen Neurologen Dajue Wang – sei ein beweglicher Granatsplitter im Schläfenhorn des linken Ventrikels gewesen. Schostakowitsch hatte sich offenbar sehr dagegen gesträubt, diesen Splitter entfernen zu lassen: «Seit seiner Verletzung, so sagte er, könne er immer, wenn er seinen Kopf auf die Seite lege, Musik hören. Sein Kopf sei dann von jedesmal anderen Melodien erfüllt gewesen, die er danach in seinen Kompositionen verarbeitet habe.»

Auf Röntgenaufnahmen war angeblich zu sehen, daß der Splitter seine Lage veränderte, wenn Schostakowitsch seinen Kopf bewegte, und daß er Druck auf den «musikalischen» Schläfenlappen ausübte, wenn der Komponist seinen Kopf zur Seite neigte, so daß er eine unendliche Fülle von Melodien vernahm, aus der er schöpfen konnte. R. A. Henson, Herausgeber des Werkes ‹Music and the Brain› (1977), war zwar äußerst skeptisch, wollte etwas Derartiges aber auch nicht ganz ausschließen: «Ich würde zögern zu bestätigen, daß es so etwas nicht geben kann.»

Nachdem ich den Artikel gelesen hatte, gab ich ihn Mrs. O'M., bei der er eine eindeutige Reaktion hervorrief. «Ich bin kein Schostakowitsch», sagte sie. «Aus *meinen* Liedern kann ich nichts machen. Jedenfalls habe ich sie satt – es sind immer dieselben. Für Schostakowitsch mögen musikalische Halluzinationen eine Gabe Gottes gewesen sein, aber für mich sind sie eine Folter. *Er* wollte sich nicht behandeln lassen, aber ich wüßte nichts, was ich lieber täte.»

Ich gab Mrs. O'M. krampflösende Mittel, und fortan litt sie nicht mehr an musikalischen Halluzinationen. Als ich sie kürzlich traf, fragte ich sie, ob sie ihr fehlten. «Ganz und gar nicht», antwortete sie. «Ohne sie fühle ich mich viel besser.» Bei Mrs. O'C. hingegen war das, wie wir gesehen haben, nicht der Fall. Ihre Halluzinationen waren alles in allem komplexer, geheimnisvoller und tiefer, und wenn sie auch zufällige Ursachen hatten, so erwiesen sie sich in psychologischer Hinsicht doch als sehr bedeutsam und nützlich.

Mrs. O'C.s Epilepsie entwickelte sich von Anfang an anders, sowohl hinsichtlich der physiologischen Aspekte als auch des «individuellen» Charakters des Anfalls und seiner Heftigkeit. Während der ersten zweiundsiebzig Stunden befand sie sich in einem fast permanenten Anfall oder «Status», der durch eine Apoplexie im Schläfenlappen hervorgerufen worden war. Dies allein war schon sehr ungewöhnlich. Zweitens, und auch dies hatte eine physiologische Grundlage (nämlich die Abruptheit und das Ausmaß des Schlaganfalls sowie seine Auswirkungen auf die tiefliegenden «emotionalen Zentren» – Uncus, Mandelkern, limbisches System usw. – im Gehirn und im Schläfenlappen), waren diese Anfälle von einer überwältigenden *Emotion* und einer tiefen (und ausgesprochen nostalgischen) Zufriedenheit begleitet: Mrs. O'C. hatte das überwältigende Gefühl, wieder ein Kind zu sein und in ihrem lange vergessenen Elternhaus in den Armen ihrer Mutter zu liegen.

Es ist möglich, daß solche Anfälle sowohl physiologischen als auch persönlichen Ursprungs sind, das heißt, daß ihr Ausgangspunkt einerseits in bestimmten belasteten Teilen des Gehirns liegt, daß sie aber andererseits gewissen psychischen Umständen und Bedürfnissen entsprechen.

Dennis Williams (1956) beschreibt einen solchen Fall: «Ein einunddreißig Jahre alter Vertreter (Fall 2770) bekommt heftige epileptische Anfälle, wenn er sich allein unter Fremden befindet. Sie setzen mit einer visuellen Erinnerung an sein Elternhaus und seine Eltern ein, die von dem Gefühl begleitet ist: ‹Wie herrlich, wieder zu Hause zu sein!› Diese Erinnerung beschreibt er als sehr angenehm. Er bekommt dann eine Gänsehaut, und es wird ihm abwechselnd heiß und kalt. Darauf folgt entweder das Anfallsereignis, oder er krampft.»

Williams schildert diese erstaunliche Geschichte ohne jeden Kommentar und stellt auch keine Verbindung zwischen ihren Teilen her. Das Gefühl wird als rein physiologisch – als unangemessene «kurze Krampfaura» abgetan, und auch die mögliche Verbindung zwischen der Einsamkeit und dem Gefühl, «wieder zu Hause» zu sein, wird außer acht gelassen. Es kann natürlich sein, daß Williams recht hat – vielleicht hat das alles tatsächlich rein physiologische Gründe –, aber ich muß sagen: Wenn man schon Anfälle haben muß, dann hat dieser Mann, Fall 2770, es geschafft, die richtigen Anfälle zur rechten Zeit zu haben.

In Mrs. O'C.s Fall war das nostalgische Bedürfnis chronischer und tiefergehend, denn ihr Vater starb vor ihrer Geburt und ihre Mutter, bevor sie fünf Jahre alt war. Allein und als Vollwaise wurde sie zu einer ziemlich strengen, unverheirateten Tante nach Amerika geschickt. Mrs. O'C. verfügte über keine bewußte Erinnerung an die ersten fünf Jahre ihres Lebens – sie konnte sich nicht an ihre Mutter, an Irland, an ihr «Zuhause» erinnern. Daß diese ersten, kostbarsten Jahre ihres Lebens fehlten oder in Vergessenheit geraten waren, hatte sie immer mit einer tiefen, schmerzlichen Traurigkeit erfüllt. Sie hatte oft, aber erfolglos, versucht, ihre verlorengegangenen Kindheitserinnerungen wiederzuerlangen. Mit ihrem Traum und dem langen «Traumzustand», der auf ihn folgte, hatte sie nun einen wichtigen Teil ihrer vergessenen, verlorenen Kindheit wiedergefunden. Sie überkam nicht einfach eine «kurze Krampfaura», sondern ein beseligendes Glücksgefühl. Es war, sagte sie, als habe sich eine Tür geöffnet – eine Tür, die ihr ganzes Leben lang verschlossen gewesen war.

In ihrem faszinierenden Buch über «unwillkürliche Erinnerungen» («A Collection of Moments», 1970) schreibt Esther Salaman über die Notwendigkeit, «die heiligen und kostbaren Erinnerungen an die Kindheit» zu bewahren oder wiederzuerlangen, und weist darauf hin, wie verarmt unser Leben ist, auf welch tönernen Füßen es steht, wenn wir diese Erinnerungen nicht haben. Sie spricht von der tiefen Freude, dem Gefühl der Realität, das das Wiedererlangen dieser Erinnerungen vermitteln kann, und belegt sie mit zahlreichen, sorgfältig zusammengestellten autobiographischen Zitaten, hauptsächlich von Dostojewski und Proust. Wir alle sind «aus unserer Vergangenheit vertrieben» worden, schreibt sie, und daher *müssen* wir sie wiedererlangen. Bei Mrs. O'C., die sich nach fast neunzig Jahren dem Ende eines langen, einsamen Lebens näherte, wurde dieses Wiedererlangen der «heiligen und kostbaren» Kindheitserinnerungen, diese seltsame und fast wundersame Rückerinnerung, die die verschlossene Tür, die Amnesie der Kindheit durchbrach, paradoxerweise durch eine Störung der Hirnfunktion ausgelöst.

Im Gegensatz zu Mrs. O'M., für die die Anfälle unangenehm und aufreibend waren, empfand Mrs. O'C. sie als geistige Wohltat. Sie gaben ihr ein Gefühl von Realität, ein Gefühl, in seelischer Hinsicht festen Boden unter den Füßen zu haben, und bestätigten ihr etwas ganz Elementares, das sie in den Jahrzehnten des Abgetrenntseins und des «Exils» verloren hatte: daß sie tatsächlich eine Kindheit und ein Zuhause gehabt hatte, daß sie tatsächlich bemuttert, geliebt und umsorgt worden war. Mrs. O'M. wollte behandelt werden, aber Mrs. O'C. lehnte Antikonvulsiva ab. «Ich *brauche* diese Erinnerungen», sagte sie. «Ich brauche das, was mit mir passiert... Es wird ohnehin bald vorbei sein.»

Dostojewski hatte zu Beginn seiner Anfälle «psychische Anfälle» oder «komplexe Bewußtseinszustände». Über sie sagte er einmal: «Ihr gesunden Menschen könnt euch nicht vorstellen, was für ein Glücksgefühl wir Epileptiker in der Sekunde vor unserem Anfall empfinden... Ich weiß nicht, ob diese Seligkeit Sekunden, Stunden oder Monate dauert, aber glauben Sie mir: *Ich würde sie nicht gegen alle Freuden eintauschen, die das Leben bereithalten mag.*»

Mrs. O'C. hätte das verstanden. Auch sie überkam während ihrer Anfälle eine umfassende Seligkeit, und ihr erschienen sie als Inbegriff der geistigen und körperlichen Gesundheit – für sie waren sie der Schlüssel, das Tor zum Wohlbefinden. Infolgedessen empfand sie ihre Krankheit als Gesundheit, als *Heilung*.

Während ihrer Genesung empfand Mrs. O'C. eine Zeitlang Wehmut und Furcht. «Das Tor schließt sich», sagte sie. «Ich verliere wieder alles.» Und so geschah es: Mitte April hörten ihre unvermittelt hereinbrechenden Erinnerungen an Szenen, Musik und Gefühle aus ihrer Kindheit, ihre plötzlichen epileptischen «Reisen» in jene vergangene Welt auf. Hierbei handelte es sich zweifellos um authentische «Reminiszenzen», denn das, was in solchen Anfällen aufgegriffen und reproduziert wird, ist, wie Penfield unwiderlegbar nachgewiesen hat, keine Ausgeburt der Phantasie, sondern erfahrene Realität. Es handelt sich hierbei um Segmente aus dem Leben, aus der erlebten Vergangenheit eines Menschen.

Aber Penfield spricht in diesem Zusammenhang immer von «Bewußtsein» und erklärt, bei psychischen Anfällen werde ein Teil des Bewußtseinsstroms, der bewußten Realität ergriffen und krampfartig wiedergegeben. Was den Fall von Mrs. O'C. jedoch so bewegend und bedeutsam macht, ist die Tatsache, daß die epileptische «Erinnerung» etwas Unbewußtes aufgriff – nämlich Erlebnisse aus der sehr frühen Kindheit, die entweder verblaßt waren oder vom Bewußtsein unterdrückt wurden – und diese Inhalte krampfartig in das Gedächtnis und das Bewußtsein zurückführte. Und aus diesem Grund, so muß man annehmen, hat sie diese Erfahrung selbst nicht vergessen, obwohl sich, physiologisch gesehen, das «Tor» wieder schloß. Sie hinterließ einen tiefen und dauerhaften Eindruck als bedeutsames und heilsames Erlebnis. «Ich bin froh, daß das passiert ist», sagte Mrs. O'C., als alles vorbei war. «Es war die gesündeste, glücklichste Erfahrung meines Lebens. Heute fehlt mir nicht mehr ein großes Stück meiner Kindheit. Ich kann mich jetzt nicht mehr an die Details erinnern, aber ich weiß, daß die Erinnerung irgendwo in mir ist. Ich empfinde eine Ganzheit, die ich vorher nie gekannt habe.»

Das waren keine leeren Worte – es war eine wahre und mutige Feststellung. Mrs. O'C.s Anfälle hatten eine Art «Wandlung» zur Folge, verliehen ihrem Leben einen Mittelpunkt und gaben ihr die verlorene Kindheit zurück – und damit eine heitere Gelassenheit, die sie nie zuvor gekannt hatte und die sie bis ans Ende ihres Lebens behielt, eine unerschütterliche heitere Gelassenheit und eine geistige Geborgenheit, wie sie nur denjenigen eigen ist, die ihre Vergangenheit kennen und besitzen.

Nachschrift

«Ich bin nie wegen ‹Erinnerungen› allein konsultiert worden...» schrieb Hughlings-Jackson; Freud dagegen behauptete, Neurosen *seien* Erinnerungen. Anscheinend wird das Wort im entgegengesetzten Sinne verwendet, denn das Ziel der Psychoanalyse, so könnte man sagen, besteht darin, falsche oder phantasierte «Reminiszenzen» durch eine echte Erinnerung oder Wiedererinnerung an die Vergangenheit zu ersetzen (und gerade eine solche echte Erinnerung, sei sie nun bedeutsam oder belanglos, wird im Verlauf eines psychischen Anfalls heraufbeschworen). Man weiß, daß Freud Hughlings-Jackson sehr bewunderte, aber es ist nicht bekannt, ob Hughlings-Jackson, der 1911 starb, je von Freud gehört hatte.

Das Außerordentliche eines Falles wie dem von Mrs. O'C. liegt darin, daß er sowohl «jacksonisch» wie «freudianisch» ist. Sie litt an einer Jacksonschen «Erinnerung», aber diese bewirkte, daß sie, wie durch eine Freudsche «Anamnese», geheilt und in der Vergangenheit verankert wurde. Solche Fälle sind äußerst interessant und aufschlußreich, denn sie schlagen eine Brücke zwischen dem Körperlichen und dem Seelischen und weisen, wenn wir es zulassen, den Weg zu einer neuen Neurologie, einer Neurologie der lebendigen Erfahrung. Ich glaube nicht, daß Hughlings-Jackson darüber erstaunt oder entrüstet gewesen wäre. Vielmehr hat ihm sicherlich etwas Derartiges vorgeschwebt, als er 1880 über «Traumzustände» und «Erinnerungen» schrieb.

Der Titel des Berichts von Penfield und Perot, den ich im vorigen Kapitel ausführlich zitiert habe, lautet «The brain's record of visual and auditory experience» («Die Speicherung von visuellen und auditiven Erfahrungen im Gehirn»). Es stellt sich die Frage, welche Form oder Formen eine solche innere «Speicherung» hat. Bei diesen ganz und gar persönlichen, in der Lebensgeschichte verhafteten Anfällen kommt es zu einer vollständigen Wiedergabe (eines Segments) einer Erfahrung. Was *ist* das eigentlich, so fragen wir uns, was so abgespielt werden kann, daß es eine Erfahrung rekonstituiert? Handelt es sich um etwas, das mit einem Film oder einer

Schallplatte vergleichbar ist und das gewissermaßen mit einem Filmprojektor oder Plattenspieler im Gehirn abgespielt wird? Oder ist es etwas Analoges, aber logisch Vorausgehendes – wie etwa ein Drehbuch oder eine Partitur? Was ist die endgültige, die natürliche Form des Repertoires unseres Lebens, jenes Repertoires, das uns nicht nur mit Erinnerungen und «Reminiszenzen» versorgt, sondern auch unsere Vorstellung auf jeder Ebene steuert, von den einfachsten sensorischen und motorischen Bildern bis zu den komplexesten vorgestellten Welten, Landschaften und Szenen? Es ist ein Repertoire, eine Erinnerung, eine Vorstellung, die im wesentlichen persönlich, szenisch und «ikonisch» ist.

Die Reminiszenzerlebnisse unserer Patienten haben grundlegende Fragen zur Natur des Gedächtnisses (oder *mnesis*) aufgeworfen. Diese Fragen stellen sich umgekehrt auch in den Geschichten über Amnesie oder Amnesis («Der verlorene Seemann» und «Eine Frage der Identität», Kapitel 2 und 12). Analoge Fragen zur Natur der Erkenntnis (oder *gnosis*) stellen sich angesichts von Patienten mit Agnosien – der visuellen Agnosie von Dr. P. («Der Mann, der seine Frau mit einem Hut verwechselte») und den auditiven und musikalischen Agnosien von Mrs. O'M. und Emily D. («Die Ansprache des Präsidenten», Kapitel 9). Und ähnliche Fragen zur Natur von Handlungen (oder *praxis*) stellen sich durch die motorische Verwirrung oder Apraxie gewisser Retardierter und durch Patienten mit Stirnlappen-Apraxien – Störungen, die zuweilen so schwer sind, daß solche Patienten nicht gehen können und ihre «kinetischen Melodien», ihre Melodie des Gehens einbüßen. (Dies geschieht, wie ich in ‹Bewußtseinsdämmerungen› ausgeführt habe, auch bei Parkinson-Patienten.)

So wie Mrs. O'C. und Mrs. O'M. an «Erinnerungen» litten, einer konvulsiven Überflutung mit Melodien und Szenen, einer Art von *Hyper*-mnesis und *Hyper*-gnosis, so haben die amnestisch-agnostischen Patienten ihre inneren Melodien und Szenen verloren (oder sind dabei, sie zu verlieren). Beides bezeugt gleichermaßen das im Kern «melodische» und «szenische» Wesen des menschlichen Innenlebens, das Wesen des Gedächtnisses und des Geistes.

Wenn man einen Punkt auf der Hirnrinde eines solchen Patienten stimuliert, steigt unwillkürlich eine Proustsche Reminiszenz aus dem Dunkel empor. Wie, so fragen wir uns, geschieht das? Welche Art von Organisation des Gehirns könnte dies ermöglichen? Alle gegenwärtigen Vorstellungen zur Verarbeitungs- und Wiedergabetätigkeit des Gehirns orientieren sich an der Arbeitsweise von Computern (siehe zum Beispiel David Marrs hervorragendes Buch ‹Vision: A Computational Investigation of Visual Representation in Man›, 1982). Die Verwendung von Begriffen wie «Schemata», «Programme», «Algorithmen» usw. ist daher durchaus geläufig.

Aber könnten Schemata, Programme, Algorithmen allein uns die visionäre, dramatische und musikalische Qualität von Erfahrung vermitteln – jene intensive persönliche Qualität, die sie erst zur Erfahrung *macht*?

Die Antwort ist ein leidenschaftliches «Nein!» Eine computerartige Wiedergabe – selbst wenn sie die ausgefeilte Finesse erreicht, die Marr und Bernstein (den beiden größten Pionieren und Denkern auf diesem Gebiet) vorschwebt – wird niemals aus sich selbst heraus an eine «ikonische» Wiedergabe, die ja den Faden und den Stoff des Lebens liefert, heranreichen.

Es klafft also eine Lücke, ja ein Abgrund, zwischen dem, was wir von unseren Patienten lernen, und dem, was die Physiologen uns sagen. Läßt sich dieser Abgrund überbrücken? Oder gibt es, falls dies (wie es den Anschein hat) ganz und gar unmöglich ist, irgendwelche Konzepte, die über die der Kybernetiker hinausgehen und uns in die Lage versetzen, das im Grunde persönliche, Proustsche Wesen der Reminiszenz des Geistes, des Lebens, zu begreifen? Kurz: Können wir über die mechanistische, Sherringtonsche Physiologie zu einer persönlichen, Proustschen Physiologie kommen? (In dem 1938 veröffentlichten Buch ‹Man on His Nature› deutet Sherrington selbst dies an, wenn er sich den Geist als «einen magischen Webstuhl» vorstellt, der sich ständig verändernde und doch immer sinnvolle Muster, ja eigentlich Sinnmuster webt...)

Solche Sinnmuster würden tatsächlich über die Grenzen rein formaler oder computerorientierter Programme oder Muster hinausgehen und der im Grunde *persönlichen* Qualität Raum geben, die der Erinnerung, die *aller* Mnesis, Gnosis und Praxis innewohnt. Und wenn wir fragen, welche Form, welche Organisation solche Muster haben könnten, so ergibt sich die Antwort sofort (und gewissermaßen zwangsläufig) von selbst: Die persönlichen Muster, die Muster für das Individuum, müßten die Form von Drehbüchern oder Partituren haben – so wie abstrakte Muster, die Muster für einen Computer, die Form von Schemata und Programmen haben. Daher müssen wir uns über der Ebene zerebraler Programme eine Ebene zerebraler Drehbücher und Partituren vorstellen.

Ich vermute, daß die Partitur zu «Easter Parade» unauslöschlich in Mrs. O'M.s Gehirn bewahrt ist – die Partitur, *ihre* Partitur all dessen, was sie in dem Moment hörte und fühlte, in dem sich diese Erfahrung in ihr Gehirn eingrub. In ähnlicher Weise muß in den «dramaturgischen» Bereichen von Mrs. O'C.s Gehirn, scheinbar vergessen und doch unversehrt und aktivierbar, das Drehbuch für *ihre* dramatische Kindheitsszene geruht haben, die sich dort unauslöschlich eingeprägt hatte.

Und vergessen wir nicht, daß, wie Penfields Fälle beweisen, die Entfernung einer winzigen Region der Hirnrinde, jenes Reizfokus, der eine Reminiszenz erzeugt, die sich wiederholende Szene gänzlich löschen und bewirken kann, daß an die Stelle einer spezifischen Erinnerung oder Hypermnesie ein gleichermaßen spezifisches «Erinnerungsloch», eine Amnesie tritt. Dies ist eine ungeheuer wichtige und beängstigende Erkenntnis: daß die Möglichkeit einer *wirklichen* Operation der Seele, eines neurologischen Eingriffs in die Identität besteht (die unendlich feiner und spezifischer ist als unsere bisherigen plumpen Amputationen und Leukotomien, die den ganzen Charakter dämpfen und deformieren, die individuellen Erfahrungen jedoch nicht berühren können).

Erfahrung und Handeln sind nicht möglich, wenn sie nicht ikonisch organisiert sind. Die «Speicherung im Gehirn» von allem, was lebendig ist, muß ikonisch erfolgen. Es ist dies die *endgültige* Form der Speicherung, die mit Computer-Programmen nichts zu tun hat. Die endgültige Form der zerebralen Wiedergabe muß «Kunst» sein oder «Kunst» zulassen: die künstlerische Szenerie und die Melodie von Erfahrung und Handlung.

Aus demselben Grunde muß, wenn die Wiedergabefähigkeit des Gehirns – wie bei Amnesien, Agnosien oder Apraxien – beeinträchtigt oder zerstört ist, die Wiederherstellung dieser Fähigkeit (wenn möglich) mit Hilfe eines doppelten Behandlungsansatzes erfolgen, nämlich durch den Versuch, die beschädigten Programme und Systeme zu rekonstruieren (sowjetische Neurologen verzeichnen große Erfolge auf diesem Gebiet), oder aber dadurch, daß man den direkten Weg wählt und sich auf die Ebene der inneren Melodien und Szenen begibt (wie in ‹Bewußtseinsdämmerungen›, ‹Der Tag, an dem mein Bein fortging›, anhand mehrerer Fälle in diesem Buch, vor allem «Rebecca» [Kapitel 21], sowie in der Einführung zu Teil 4 beschrieben). Jeder dieser Ansätze – oder eine Kombination von beiden – ist legitim, wenn wir hirngestörte Patienten verstehen und ihnen helfen wollen: sowohl die «systemorientierte» als auch die «Kunst»-Therapie, am besten jedoch beide.

All dies wurde schon vor hundert Jahren angedeutet – von Hughlings-Jackson in seiner Beschreibung von «Erinnerungen» (1880), von Korsakow in seiner Arbeit über Amnesie (1887) und von Freud und Anton in ihren in den neunziger Jahren des vergangenen Jahrhunderts erschienenen Studien über Agnosien. Ihre bemerkenswerten Einsichten sind infolge der Dominanz einer systematischen Physiologie überdeckt worden und halb in Vergessenheit geraten. Es ist jetzt an der Zeit, sich auf sie zu besinnen und sie sich zunutze zu machen, so daß in unseren Tagen eine neue und schöne «existentielle» Wissenschaft und Therapie entstehen kann. Wenn diese sich mit der systemorientierten Wissenschaft und Therapie verbindet, werden wir über umfassende Erkenntnisse und Heilungsmöglichkeiten verfügen.

Seit dem ersten Erscheinen dieses Buches habe ich zahllose Fälle von musikalischen «Reminiszenzen» kennengelernt. Diese sind offenbar, zumal bei älteren Menschen, nichts Ungewöhnliches – allerdings hält ihre Angst diese Menschen oft davon ab, sich in ärztliche Behandlung zu begeben. Manchmal liegt (wie bei Mrs. O'C. und Mrs. O'M.) ein schwerwiegender pathologischer Befund vor. Gelegentlich hat dieses Symptom – wie in einer kürzlich veröffentlichten Fallstudie (*NEJM*, 5. September 1985) – seine Ursache in einer Vergiftung, zum Beispiel einer Überdosis Aspirin. Patienten mit schweren Nervenausfällen haben manchmal musikalische «Phantomerscheinungen». In den meisten Fällen liegt jedoch kein pathologischer Befund vor, und der Zustand gibt, wenn er auch lästig ist, im wesentlichen keinen Anlaß zur Besorgnis. (Warum vor allem die musikalischen Teile des Gehirns im Alter für diese «Freisetzungen» so anfällig sind, ist bislang völlig ungeklärt.)

16

Nostalgische
Ausschweifungen

Die Erinnerungen, die gelegentlich im Zusammenhang mit Epilepsie oder Migräne auftraten, begegneten mir häufig bei postenzephalitischen Patienten, die durch das verabreichte L-Dopa in einen Erregungszustand versetzt worden waren – so häufig, daß ich L-Dopa zuweilen als eine Art «individueller Zeitmaschine» bezeichnete. Bei einer Patientin war diese Entwicklung so dramatisch, daß ich sie in einem Leserbrief beschrieb, der im Juni 1970 in der Fachzeitschrift *Lancet* erschien und in diesem Kapitel abgedruckt ist. In diesem Brief betrachtete ich «Erinnerung» im strengen Jacksonschen Sinne als ein konvulsives Aufwallen von Gedächtnisinhalten aus einer weit zurückliegenden Vergangenheit. Später, als ich die Geschichte dieser Patientin (Rose R.) in ‹Bewußtseinsdämmerungen› schilderte, dachte ich weniger an den Begriff «Erinnerung» als vielmehr an «Stillstand» («Ist sie im Jahre 1926 stehengeblieben?» schrieb ich) – und dies waren auch die Worte, mit denen Harold Pinter seine Deborah in ‹Eine Art Alaska› beschrieb.

«Bei bestimmten postenzephalitischen Patienten ist eine der erstaunlichsten Wirkungen von L-Dopa die Reaktivierung von Symptomen und Verhaltensmustern, die in einem viel früheren Stadium der Krankheit vorhanden waren, später jedoch ‹verlorengingen›. Wir sind in diesem Zusammenhang bereits auf das Wiederauftreten oder die Verschärfung von respiratorischen und okulogyrischen Krisen, iterativen Hyperkinesen und Tics eingegangen. Wir haben auch die Reaktivierung vieler anderer ‹ruhender› primitiver Symptome beobachtet, zum Beispiel Myoklonie, Bulimie, Polydipsie, Satyriasis, zentrale Schmerzempfindungen, zwanghafte Affekte usw. Auf höheren Funktionsebenen kam es zur Wiederkehr und Reaktivierung von kunstvoll ausgearbeiteten, affektiv besetzten moralischen Überzeugungen, Gedankensystemen, Träumen und Erinnerungen, die allesamt infolge der tiefgreifenden Bewegungshemmung und zuweilen auftretenden Apathie im Verlauf der postenzephalitischen Krankheit ‹vergessen›, unterdrückt oder auf andere Weise deaktiviert worden waren.

Ein erstaunliches Beispiel für jene durch L-Dopa forcierte Erinnerung war der Fall einer dreiundsechzigjährigen Frau, die seit ihrem achtzehnten Lebensjahr an fortgeschrittenem postenzephalitischem Parkinsonismus litt und seit vierundzwanzig Jahren in einem Zustand fast ständiger okulogyrischer ‹Trance› in einer Anstalt untergebracht war. Die Verabreichung von L-Dopa führte zunächst zu einer einschneidenden Besserung ihres Parkinsonismus und zu einem Abklingen des okulogyrischen Trancezustandes, so daß sie fast normal sprechen und sich bewegen konnte. Wenig später kam es (wie bei verschiedenen anderen unserer Patienten) zu psychomotorischer Erregung mit verstärkter Libido. Diese Periode war gekennzeichnet durch Nostalgie, freudige Identifikation mit einem jugendlichen Ich und durch ein unkontrollierbares Aufwallen lange zurückliegender sexueller Erinnerungen und Anspielungen. Die Patientin bat um einen Cassettenrecorder und nahm innerhalb weniger Tage zahllose frivole Lieder und ‹obszöne› Witze und Limericks auf, die sie Mitte bis Ende der zwanziger Jahre auf Parties, in Nachtclubs und Varietés aufgeschnappt oder in ‹Schundheften› gelesen hatte. Der Eindruck dieser Darbietungen wurde noch verstärkt durch wiederholte Anspielungen auf damalige Ereignisse und die Verwendung etlicher aus der Mode gekommener Ausdrücke, Sprechweisen und Verhaltensmuster, die jene vergangenen Jahre und ihre Teenagerzeit wieder lebendig werden ließen. Niemand war darüber erstaunter als die Patientin selbst: ‹Es ist komisch›, sagte sie. ‹Ich verstehe das nicht. Seit mehr als vierzig Jahren habe ich nicht an diese Dinge gedacht oder von ihnen gehört.

Ich hatte keine Ahnung, daß ich das alles noch wußte, aber jetzt geht es mir ständig im Kopf herum.› Ihre wachsende Erregung erforderte eine Reduzierung der L-Dopa-Dosis, und damit ‹vergaß› die Patientin, obwohl sie sich weiterhin gut artikulieren konnte, prompt all diese frühen Erinnerungen und war nie mehr in der Lage, sich auch nur an eine einzige Zeile der Lieder zu erinnern, die sie aufgenommen hatte.

Bei Anfällen von Migräne und Epilepsie, bei hypnotischen und psychotischen Zuständen und, weniger dramatisch, als Reaktion auf den starken mnemonischen Stimulus gewisser Worte, Geräusche, Szenen und vor allem Gerüche tritt forcierte Erinnerung – gewöhnlich begleitet von einem Gefühl des *déjà vu* und einer (um Hughlings-Jacksons Bezeichnung zu gebrauchen) ‹Verdoppelung des Bewußtseins› – recht häufig auf. Man hat das plötzliche Aufwallen von Erinnerungen im Verlauf okulogyrischer Krisen beschrieben, zum Beispiel in einem von Zutt geschilderten Fall, bei dem sich ‹Tausende von Erinnerungen plötzlich im Kopf des Patienten drängten›. Penfield und Perot ist es gelungen, durch Stimulierung epileptogener Punkte auf der Hirnrinde stereotype Erinnerungen hervorzurufen, und sie vermuten, daß sowohl natürlich entstandene als auch künstlich ausgelöste Anfälle bei solchen Patienten ‹fossile Erinnerungssequenzen› im Gehirn aktivieren.

Wir nehmen an, daß unsere Patientin (wie jedermann) über eine fast unendliche Zahl von «schlummernden» Gedächtnisspuren verfügt, von denen einige unter besonderen Bedingungen, vor allem bei starker Erregung, reaktiviert werden können. Diese Spuren, so glauben wir, haben sich – wie die subkortikalen Eindrücke lange vergangener Ereignisse, die weit unterhalb der geistigen Wahrnehmungsschwelle geblieben sind – unauslöschlich in das Nervensystem eingegraben und können unbegrenzte Zeit in einem Ruhezustand verharren, weil es entweder zu keiner Erregung kommt oder weil eine spezifische Hemmung vorliegt. Die Auswirkungen einer Erregung oder einer Enthemmung können natürlich identisch sein und zu einer wechselseitigen Reizverstärkung führen. Wir bezweifeln jedoch, daß sich die Behauptung halten läßt, die Erinnerungen unserer Patienten seien während ihrer Krank-

heit lediglich ‹unterdrückt› und dann, als Reaktion auf die Verabreichung von L–Dopa, ‹freigesetzt› worden.

Die forcierte Erinnerung infolge von L–Dopa, Sondierun-
gen der Hirnrinde, Migräneanfällen, Epilepsien, Krisen usw.
ist wohl in erster Linie auf eine Erregung zurückzuführen,
während die ausschweifenden nostalgischen Erinnerungen, zu
denen es im hohen Alter und manchmal infolge von Trunken-
heit kommt, wohl eher auf eine Enthemmung und eine Frei-
legung archaischer Spuren zurückzuführen sind. All diese Zustände können Erinnerungen ‹freisetzen› – sie alle können zu
einem Wieder-Erleben der Vergangenheit führen.»

17

Reise nach Indien

Bhagawhandi P., ein neunzehnjähriges indisches Mädchen mit einem bösartigen Gehirntumor, wurde 1978 in unsere Klinik eingeliefert. Der Tumor – ein Astrozytom – war zum erstenmal entdeckt worden, als sie sieben gewesen war. Damals aber war er nur von geringer Malignität und scharf umrissen gewesen, so daß man ihn vollständig hatte entfernen können. Die Hirnfunktion war ganz wiederhergestellt worden, und Bhagawhandi hatte ins normale Leben zurückkehren können.

Dieser Aufschub hatte zehn Jahre gedauert. Bewußt und dankbar hatte sie in dieser Zeit ihr Leben genossen, denn da sie ein intelligentes Mädchen war, wußte sie, daß in ihrem Kopf eine «Zeitbombe» tickte.

In ihrem achtzehnten Lebensjahr kam es zu einem Rezidiv, und diesmal war der Tumor weit aggressiver und bösartiger als zuvor. Außerdem ließ er sich nicht mehr durch eine Operation entfernen. Eine Druckentlastung wurde vorgenommen, um seine Ausbreitung zu ermöglichen – und in diesem Zustand, mit linksseitigen Schwäche- und Taubheitsgefühlen, gelegentlichen Anfällen und anderen Beschwerden, wurde Bhagawhandi bei uns eingeliefert.

Zunächst war sie recht fröhlich und schien ihr Schicksal zu akzeptieren. Sie suchte immer noch den Kontakt zu anderen Menschen, war aktiv und entschlossen, so lange wie möglich neue Erfahrungen zu machen und das Leben zu genießen. Als der Tumor sich ihrem Schläfenlappen näherte und die Dekompressionsöffnung sich vorzuwölben begann (wir gaben ihr

Steroide, um die Gefahr eines Hirnödems zu verringern), wurden ihre Anfälle häufiger – und merkwürdiger.

Ursprünglich hatte sie *Grand mal*-Anfälle gehabt, und diese traten auch jetzt noch gelegentlich auf. Ihre neuen Anfälle waren jedoch ganz anderer Natur: Sie verlor nicht das Bewußtsein, sondern war sichtlich «verträumt»; es hatte den Anschein (und dies wurde durch eine EEG-Untersuchung bestätigt), daß sie jetzt häufig Schläfenlappen-Anfälle hatte, die, wie Hughlings-Jackson festgestellt hat, oft durch «Verträumtheit» und unwillkürliche Erinnerungen gekennzeichnet sind.

Bald nahm diese vage Verträumtheit einen enger umrissenen, konkreteren und visionäreren Charakter an. Bhagawhandi hatte jetzt Visionen von Indien – sie sah Landschaften, Dörfer, Häuser und Gärten –, die sie sofort als Orte erkannte, wo sie als Kind gewesen war und die ihr viel bedeutet hatten.

«Belasten diese Visionen Sie?» fragten wir sie. «Wir könnten Ihnen andere Medikamente geben.»

«Nein», antwortete sie friedlich lächelnd, «ich mag diese Träume – sie führen mich in meine Heimat zurück.»

Manchmal sah sie Menschen, gewöhnlich Familienmitglieder oder Nachbarn aus ihrem Heimatdorf; manchmal hörte sie Gespräche oder Lieder, oder sie sah Tänze; mal war sie in einer Kirche, mal auf einem Friedhof; meistens aber sah sie die Ebenen, die Äcker und Reisfelder in der Umgebung ihres Dorfes und die niedrigen, sanften Hügel, die sich bis zum Horizont erstreckten.

Handelte es sich tatsächlich um Schläfenlappen-Anfälle? Mittlerweile waren wir uns nicht mehr so sicher. Den Untersuchungen Hughlings-Jacksons und Penfields zufolge haben die Visionen bei diesen Anfällen einen recht eng umrissenen Inhalt: Es geht dabei um eine bestimmte Szene oder eine bestimmte Musik, die sich ständig und unverändert wiederholt und durch die Reizung eines ganz bestimmten Punktes auf der Hirnrinde ausgelöst wird. Bhagawhandis Träume dagegen liefen nicht nach einem so festgelegten Muster ab, sondern führten ihr ständig wechselnde Panoramen und ineinander übergehende Landschaften vor. Lag vielleicht eine medikamentöse Intoxikation vor? Waren diese Halluzinationen vielleicht eine

Folge der hohen Steroid-Dosen, die sie jetzt erhielt? Das war nicht auszuschließen, aber wir konnten diese Dosen nicht reduzieren, denn dann wäre sie in ein Koma gefallen und innerhalb weniger Tage gestorben.

Außerdem ist eine sogenannte «Steroid-Psychose» gekennzeichnet durch Erregung und Verwirrtheit, während Bhagawhandi immer friedlich, ruhig und bei klarem Verstand war. Handelte es sich bei diesen Visionen vielleicht um Phantasien oder Träume im Freudschen Sinne oder um jene Art von Traum-Verrücktheit (Oneirophrenie), die manchmal im Verlauf einer Schizophrenie auftritt? Auch diese Frage konnten wir nicht mit Gewißheit beantworten, denn wenn hier auch eine Art von Phantasmagorie vorlag, so bestanden die Halluzinationen doch offenbar ausschließlich aus Erinnerungen. Sie traten parallel zum normalen Bewußtsein auf (Hughlings-Jackson sprach, wie bereits an anderer Stelle erwähnt, von einer «Verdoppelung des Bewußtseins»), und sie schienen nicht «übersetzt» oder von leidenschaftlichen Trieben erfüllt zu sein. Eher erschienen sie wie gewisse Gemälde oder Tondichtungen – es waren manchmal heitere, manchmal traurige Erinnerungen und Rückblicke, Ausflüge in eine glückliche Kindheit.

Diese Träume, diese Visionen wurden mit jedem Tag, mit jeder Woche, häufiger und intensiver. Sie traten jetzt nicht mehr gelegentlich auf, sondern dauerten fast den ganzen Tag. Bhagawhandi machte ein verzücktes Gesicht, als sei sie in Trance. Manchmal waren ihre Augen geschlossen, dann wieder waren sie, ohne daß sie etwas wahrnahm, geöffnet, aber immer lag ein leichtes, geheimnisvolles Lächeln auf Bhagawhandis Gesicht. Wenn man sich ihr näherte oder wenn die Schwestern sie etwas fragten, antwortete sie sofort klar und höflich, aber selbst diejenigen, die nicht an übersinnliche Phänomene glaubten, hatten das Gefühl, daß sie bereits in einer anderen Welt sei und man sie nicht stören sollte. Auch mir ging es nicht anders, und ich zögerte, obwohl ich neugierig war, sie direkt darauf anzusprechen. Nur einmal fragte ich sie: «Bhagawhandi, was geht in Ihnen vor?»

«Ich sterbe», antwortete sie. «Ich gehe nach Hause. Ich

kehre dorthin zurück, wo ich hergekommen bin – das ist meine Heimkehr.»

Eine weitere Woche verging. Bhagawhandi reagierte jetzt nicht mehr auf äußere Reize, sondern schien völlig in einer eigenen Welt zu leben, und obwohl ihre Augen geschlossen waren, lag auf ihrem Gesicht noch immer jenes leichte, glückliche Lächeln. «Sie kehrt heim», sagten die Schwestern. «Bald wird sie angekommen sein.» Drei Tage später starb sie. Vielleicht sollte man besser sagen: Sie hatte das Ziel ihrer Reise nach Indien erreicht.

18

Hundenase

Stephen D., zweiundzwanzig Jahre alt, Medizinstudent, Drogenkonsument (Kokain, Psychostimulantien, hauptsächlich Amphetamine), hatte eines Nachts einen lebhaften Traum: Er war ein Hund in einer Welt voller unvorstellbar starker und bedeutsamer Gerüche. («Der glückliche Geruch von Wasser... der tapfere Geruch eines Steins.») Beim Aufwachen stellte er fest, daß sein Traum Wirklichkeit geworden war. «Als ob ich bis dahin total farbenblind gewesen wäre und mich plötzlich in einer Welt voller Farben wiederfinde.» Tatsächlich war auch seine Farbwahrnehmung stärker ausgeprägt als zuvor. («Ich konnte Dutzende von Brauntönen unterscheiden, wo ich vorher nur Braun gesehen hatte. Meine ledergebundenen Bücher, die früher alle gleich ausgesehen hatten, hatten plötzlich ganz verschiedene Schattierungen.») Auch sein eidetisches Wahrnehmungsvermögen und Gedächtnis hatten sich drastisch verbessert. («Ich konnte vorher nie zeichnen, ich konnte keine geistigen Bilder ‹sehen›, aber jetzt war es, als hätte ich ein Zeichenprisma im Kopf: Ich ‹sah› alles, als sei es auf das Papier projiziert, und brauchte nur noch die Linien nachzuzeichnen, die ich ‹sah›. Plötzlich konnte ich exakte anatomische Zeichnungen anfertigen.») Am tiefgreifendsten jedoch veränderte die Verstärkung des *Geruchsempfindens* seine Welt: «Ich hatte geträumt, ich sei ein Hund – es war ein olfaktorischer Traum –, und als ich erwachte, war ich in einer Welt unendlich vieler Gerüche, einer Welt, in der alle anderen Wahrnehmungen, auch wenn sie verstärkt waren, vor der Intensität der Gerüche verblaßten.» Und all dies ging einher mit einer bebenden, lebhaften Emotion und einer seltsamen Sehnsucht nach einer verlorengegangenen Welt, die halb vergessen, halb erhalten geblieben war.*

«Ich ging in eine Parfümerie», fuhr er fort. «Ich habe Gerüche noch nie gut auseinanderhalten können, aber jetzt erkannte ich sie alle sofort, und ich fand jeden einzigartig – jeder erinnerte mich an etwas, jeder war eine Welt für sich.» Er stellte auch fest, daß er all seine Freunde und Patienten am Geruch identifizieren konnte: «Ich ging in die Klinik, schnupperte wie ein Hund und erkannte alle zwanzig Patienten, die dort waren, bevor ich sie sehen konnte. Jeder von ihnen hatte seine eigene olfaktorische Physiognomie, ein Duft-Gesicht, das weit plastischer und einprägsamer, weit assoziationsreicher war als sein wirkliches Gesicht.» Er konnte ihre Gefühle – Angst, Zufriedenheit, sexuelle Erregung – wie ein Hund riechen. Er konnte jede Straße, jedes Geschäft am Geruch erkennen und sich unfehlbar in New York zurechtfinden, indem er sich an Gerüchen orientierte.

Ein impulsives Verlangen trieb ihn, alles zu beschnuppern und zu betasten («Nichts war wirklich vorhanden, bevor ich es nicht gerochen und befühlt hatte»), doch unterdrückte er die-

* In gewisser Hinsicht ähnliche Zustände – eine seltsame Emotionalität, die manchmal in Form nostalgischer Sehnsüchte, «Reminiszenzen» und *déjà vu*-Erlebnissen auftritt und intensive olfaktorische Halluzinationen begleitet – sind charakteristisch für «Partialanfälle», eine Art von Schläfenlappen-Epilepsie, die erstmals vor etwa hundert Jahren von Hughlings-Jackson beschrieben wurde. Gewöhnlich ist das Erlebnis recht spezifisch, aber gelegentlich kommt es zu einer allgemeinen Intensivierung der Geruchswahrnehmung, einer Hyperosmie. Der Uncus, der phylogenetisch zum alten «Riechhirn» (oder Rhinencephalon) gehört, ist funktional mit dem ganzen limbischen System verbunden, dessen Bedeutung für die Bestimmung und Steuerung der gesamten emotionalen Grundeinstellung in der heutigen Forschung immer deutlicher zutage tritt. Eine wie auch immer geartete Reizung des limbischen Systems führt zu gesteigerter Emotionalität und zu einer Intensivierung der Sinneswahrnehmungen. Dieses Thema, mit all seinen faszinierenden Implikationen, hat David Bear (1979) detailliert erforscht.

ses Verlangen in Gegenwart anderer, um nicht unangenehm aufzufallen. Sexuelle Gerüche waren erregend und intensiver – allerdings nicht mehr, so fand er, als andere, zum Beispiel Essensgerüche. Der Genuß von Düften war verstärkt – ebenso wie das Mißfallen über bestimmte Gerüche –, aber es hatte sich ihm weniger eine neue Welt von Genuß und Mißfallen eröffnet als vielmehr eine neue Ästhetik, ein neues Urteilskriterium, eine neue Bedeutsamkeit, die ihn von allen Seiten umgab. «Es war eine Welt, die aus ungeheuer konkreten Einzelheiten bestand», sagte er, «eine Welt, deren Unmittelbarkeit, deren unmittelbare Bedeutsamkeit überwältigend war.» Vorher war er eher intellektuell orientiert gewesen und hatte zu Reflexion und Abstraktion geneigt. Jetzt dagegen stellte er fest, daß Nachdenken, Abstrahieren und Kategorisieren angesichts der übermächtigen Unmittelbarkeit einer jeden Erfahrung für ihn ziemlich unwirklich und schwierig geworden war.

Dieser Zustand fand nach drei Wochen ein recht plötzliches Ende – seine Geruchswahrnehmung, all seine Sinneswahrnehmungen wurden wieder normal. Mit einer Mischung aus Bedauern und Erleichterung fand er sich wieder in seiner alten, blassen Welt der beschränkten Sinneserfahrung, der Nicht-Konkretheit und Abstraktion. «Ich bin froh, wieder zurück zu sein», sagte er, «aber für mich ist es auch ein sehr großer Verlust. Ich sehe jetzt, was wir dadurch, daß wir zivilisierte Menschen sind, aufgegeben haben. Wir brauchen auch das andere, das ‹Primitive›.»

Seitdem sind sechzehn Jahre vergangen, und seine Studienzeit, die Zeit, in der er Aufputschmittel nahm, liegt lange zurück. Zustände, die auch nur entfernt mit denen von damals vergleichbar wären, sind nicht mehr aufgetreten. Mein Freund und Kollege Dr. D. ist ein überaus erfolgreicher Internist in New York. Er bedauert nichts, aber gelegentlich überkommt ihn eine Sehnsucht nach jener Zeit: «Diese Welt der Gerüche und Atmosphären», seufzt er. «Sie war so lebendig, so real! Es war wie ein Besuch in einer anderen Welt, einer Welt der reinen Wahrnehmung – einer reichen, bunten, prallvollen Welt. Wenn ich doch nur ab und zu zurückgehen und wieder ein Hund sein könnte!»

Freud hat an mehreren Stellen darauf hingewiesen, daß der Geruchssinn des Menschen im Verlauf seiner Entwicklung und Zivilisierung infolge des aufrechten Ganges und der Unterdrückung einer primitiven, prägenitalen Sexualität geschwächt worden und auf der Strecke geblieben sei. Tatsächlich ist belegt, daß spezifische (und pathologische) Verstärkungen des Geruchsvermögens bei Paraphilie, Fetischismus und verwandten Perversionen und Regressionen auftreten.* Aber die hier vorliegende Enthemmung scheint weit allgemeinerer Natur zu sein, und obwohl sie mit Erregung verbunden war – wahrscheinlich handelte es sich um eine durch Amphetamine hervorgerufene dopaminerge Erregung –, war sie weder spezifisch sexueller Art, noch ging sie mit sexueller Regression einher. Zu ähnlichen, zuweilen anfallsweise auftretenden Hyperosmien kann es bei hyper-dopaminergen Erregungszuständen kommen, so zum Beispiel bei manchen postenzephalitischen Patienten, die mit L-Dopa behandelt werden, und gelegentlich bei Patienten, die am Touretteschen Syndrom leiden.

Aus all dem ersehen wir zumindest das Allumfassende der Hemmung, die selbst auf der elementarsten Wahrnehmungsebene wirksam wird; wir sehen das Bedürfnis, das im Zaum zu halten, was für Head mit Ton-Gefühl erfüllt und ursprünglich war und was er als «protopathisch» bezeichnete. Erst diese Unterdrückung ermöglichte den Auftritt des differenzierten, kategorisierenden, affektlosen «Epikritikers».

Weder kann das Bedürfnis nach einer solchen Hemmung auf das Freudianische reduziert werden, noch sollte der Abbau dieser Hemmung verklärt und romantisiert werden, wie Blake es getan hat. Vielleicht brauchen wir sie, wie Head andeutet, damit wir Menschen und nicht Hunde sind.** Und doch

---

* Dies wird von A. A. Brill (1932) gut geschildert, der diesen Phänomenen die große Reichhaltigkeit der Geruchswelt von makrosmatischen Tieren (zum Beispiel Hunden), «Primitiven» und Kindern gegenüberstellt.
** Siehe Jonathan Millers Kritik von Heads Thesen: «The Dog Beneath the Skin», in *Listener* (1970).

erinnert uns Stephen D.s Erfahrung, wie G. K. Chestertons Gedicht «The Song of Quoodle», daran, daß wir manchmal nicht Menschen, sondern Hunde sein müssen:

«Sie haben keine Nasen,
die gefallenen Söhne von Eva...
Ach, für den glücklichen Geruch von Wasser,
den tapfren Geruch eines Steins!»

Nachschrift

Ich bin kürzlich auf eine Art Pendant zu diesem Fall gestoßen: Ein Mann erlitt eine Kopfverletzung, die seine olfaktorischen Nervenstränge schwer in Mitleidenschaft zog (diese sind wegen ihrer Länge und ihrer Position in der vorderen Schädelgrube nicht sehr gut geschützt). Durch die Verletzung verlor dieser Mann jeglichen Geruchssinn.

Er war überrascht und unglücklich darüber. «Geruchssinn? Ich habe nie einen Gedanken daran verschwendet. Normalerweise denkt man ja auch nicht daran. Aber als ich nichts mehr riechen konnte, war es, als wäre ich plötzlich erblindet. Das Leben hat für mich viel von seinem Reiz verloren – man macht sich ja gar nicht bewußt, wieviel vom Geruch abhängt. Man *riecht* Menschen, man *riecht* Bücher, man *riecht* die Stadt, man *riecht* den Frühling – vielleicht nicht bewußt, aber der Geruch bildet einen breiten unbewußten Hintergrund für alles andere. Meine Welt war mit einem Schlag viel ärmer geworden...»

Er hatte ein starkes Gefühl des Verlustes, eine große Sehnsucht, eine regelrechte Osmalgie – das Verlangen, sich an eine Geruchswelt zu erinnern, der er vorher keine bewußte Aufmerksamkeit geschenkt hatte und von der er nun glaubte, sie habe gewissermaßen den Grundrhythmus seines Lebens gebildet. Und dann, einige Monate später, begann er zu seiner Freude und Verwunderung in seinem geliebten Morgenkaffee, der seit seiner Verletzung «fade» geschmeckt hatte, wieder ein Aroma wahrzunehmen. Zögernd stopfte er seine

Pfeife, die er monatelang nicht angerührt hatte, und auch hier entdeckte er eine Spur des vollen Aromas, das er so liebte.

Sehr erregt – die Neurologen hatten ihm gesagt, es gebe keine Hoffnung auf Besserung – suchte er seinen Arzt auf, der ihm jedoch nach eingehender Untersuchung mitteilte: «Tut mir leid – es deutet nichts auf eine Wiederherstellung hin. Sie leiden immer noch an totaler Anosmie. Merkwürdig, daß Sie Ihre Pfeife und Ihren Kaffee ‹riechen› können...»

Hier scheint sich (und es ist in diesem Zusammenhang von Bedeutung, daß nur das olfaktorische Nervensystem verletzt war, nicht aber die Hirnrinde) eine verstärkte olfaktorische Imagination ausgebildet zu haben – fast könnte man von einer kontrollierten Halluzinose sprechen. Dadurch ist dieser Mann, wenn er seinen Kaffee trinkt oder seine Pfeife raucht – in Situationen also, die normalerweise mit Geruchsassoziationen besetzt sind –, in der Lage, diese Assoziationen unbewußt zu erwecken oder wiederzuerwecken, und zwar mit solcher Intensität, daß er zunächst glaubte, er könne *wirklich* wieder riechen.

Diese zum Teil bewußte, zum Teil unbewußte Fähigkeit hat zugenommen und sich auf andere Bereiche ausgedehnt. Inzwischen kann er zum Beispiel den Frühling «riechen». Jedenfalls vermag er eine so intensive Geruchserinnerung oder ein Geruchsbild heraufzubeschwören, daß er fast in der Lage ist, sich selbst und andere glauben zu machen, er könne tatsächlich Frühlingsdüfte wahrnehmen.

Es ist bekannt, daß solche Kompensationen bei Blinden oder Tauben häufig vorkommen – denken wir nur an Beethoven und seine Taubheit. Ich weiß allerdings nicht, wie oft solche Verlagerungen bei Anosmie auftreten.

19

Mord

Donald hatte unter dem Einfluß von Psychostimulantien seine Freundin getötet. Er konnte sich nicht an die Tat erinnern, weder unter Hypnose noch nach Verabreichung von Natriumamytal. Es handelte sich hier, so lautete das Urteil der Sachverständigen vor Gericht, also nicht um eine Unterdrückung von Erinnerungen, sondern um eine organische Amnesie – um jene Art von «Blackout», die bei Konsumenten von Psychostimulantien häufiger auftritt.

Die schrecklichen Details des gerichtsmedizinischen Untersuchungsergebnisses kamen in einer nicht öffentlichen Verhandlung zur Sprache, an der auch Donald selbst nicht teilnehmen durfte. Man verglich die Tat mit den Gewaltakten, zu denen es manchmal bei psychomotorischen oder Schläfenlappen-Anfällen kommt. Der Betreffende kann sich später nicht mehr daran erinnern und hatte vielleicht auch gar nicht die Absicht, gewalttätig zu werden – man kann ihn dafür weder verantwortlich machen noch bestrafen. Dennoch muß er in eine Anstalt eingewiesen werden, um ihn selbst und die Gesellschaft vor ihm zu schützen. Auch Donald traf dieses Urteil.

Er verbrachte vier Jahre in einer geschlossenen Anstalt für kriminelle Geisteskranke – obwohl Zweifel daran bestanden, ob er tatsächlich kriminell oder geisteskrank war. Er nahm seine Einweisung mit einer gewissen Erleichterung hin. Vielleicht empfand er sie als gerechte Strafe, zweifellos aber hatte er das Gefühl, in der Isolation liege auch Sicherheit. Wenn man ihn danach fragte, lautete seine traurige Antwort: «Ich eigne mich nicht für ein Leben in der Gesellschaft.»

In der Anstalt fühlte er sich sicher vor plötzlichen, gefährlichen Ausbrüchen – er fühlte sich sicher und ließ eine beinahe heitere Gelassenheit erkennen. Er hatte sich von klein auf für Pflanzen interessiert, und dieses Interesse, das so konstruktiv und von der Gefahrenzone menschlicher Beziehungen und Handlungen so weit entfernt war, wurde von den Ärzten und vom Personal stark gefördert. Auf dem ungepflegten, verwilderten Gelände legte er Blumenbeete, Zier- und Gemüsegärten an. Er schien eine Art nüchternen Gleichgewichts gefunden zu haben, in dem eine seltsame Ruhe an die Stelle der früher so ungestümen Beziehungen und Leidenschaften getreten war. Manche hielten ihn für schizoid, andere für geheilt, aber alle, die ihn kannten, hatten das Gefühl, er habe eine gewisse Stabilität erlangt. Im fünften Jahr nach seiner Einweisung erhielt er die Erlaubnis, die Anstalt am Wochenende zu verlassen. Früher war er ein begeisterter Radfahrer gewesen, und jetzt kaufte er sich sofort ein Fahrrad. Damit begann das zweite Kapitel seiner merkwürdigen Geschichte. Eines Tages, als er – wie er es am liebsten tat – so schnell er konnte einen steilen Hügel hinunterfuhr, kam ihm in einer unübersichtlichen Kurve ein Wagen entgegen, den er erst im letzten Moment sah. Donald versuchte auszuweichen, verlor die Kontrolle über sein Gefährt und stürzte kopfüber auf den Asphalt.

Er erlitt schwere Kopfverletzungen – massive, beidseitige subdurale Blutergüsse, die sofort nach seiner Einlieferung ins Krankenhaus operativ dräniert wurden – und schwere Quetschungen der beiden Stirnlappen. Fast zwei Wochen lang lag er in einem hemiplegischen Koma; dann begann sich sein Zustand, zur Überraschung der Ärzte, zu bessern. Und an diesem Punkt setzten die «Alpträume» ein.

Das Wiedererlangen des Bewußtseins war keineswegs angenehm, sondern begleitet von schrecklicher Erregung und inneren Tumulten. Donald, der immer noch halb bewußtlos war, schien heftige Kämpfe auszustehen und schrie immer wieder «O Gott!» und «Nein!» Mit dem Bewußtsein kehrte auch die Erinnerung, die jetzt schreckliche Erinnerung, zurück. Gravierende neurologische Störungen traten auf – linksseitige Schwäche und Gefühllosigkeit, Krämpfe und schwere Ausfälle der Stirnlappen-Funktionen. Durch diese Anfälle ergab sich eine völlig neue Situation. *Die Gewalttat, der Mord, der zuvor aus seinem Gedächtnis verschwunden gewesen war, stand jetzt in allen Details, mit fast halluzinatorischer Deutlichkeit vor seinem inneren Auge.* Ununterdrückbare Erinnerungen wallten auf und überwältigten ihn – immer wieder «sah» er den Mord vor sich, immer wieder beging er ihn aufs neue. War dies ein Alptraum, war es Wahnsinn, oder war es zu einer «Hypermnesie», einem Durchbruch echter, wirklichkeitsgetreuer, erschreckend verstärkter Erinnerungen gekommen?

Man befragte ihn ausführlich, wobei man sorgfältig darauf achtete, ihm keine Suggestivfragen zu stellen oder Hinweise zu geben, und bald konnte kein Zweifel mehr daran bestehen, daß es sich hier um echte, unkontrollierbare Erinnerungen handelte. *Er konnte jede noch so kleine Einzelheit der Tat schildern, alle Details, die bei der gerichtsmedizinischen Untersuchung ans Licht gekommen, aber nicht in öffentlicher Sitzung und auch nicht in seiner Gegenwart behandelt worden waren.*

Alles, was – zumindest dem Anschein nach – zuvor selbst unter Hypnose und nach der Verabreichung von Natriumamytal vergessen oder verschüttet geblieben war, lag jetzt offen zutage. Mehr noch: Es war unkontrollierbar und überschritt die Grenze des Erträglichen. Zweimal versuchte er, sich auf der neurochirurgischen Station das Leben zu nehmen, und mußte mit Gewalt daran gehindert und mit starken Medikamenten ruhiggestellt werden.

Was war mit Donald passiert, was ging in ihm vor? Daß es sich hier nicht um einen plötzlichen Einbruch psychotischer Phantasien handelte, bewies die Übereinstimmung seiner Vision mit der Wirklichkeit. Und selbst wenn es lediglich ein psychotisches Phantasiegespinst gewesen wäre, warum sollte es dann ausgerechnet jetzt, so plötzlich und unvermutet, nach einer Kopfverletzung auftreten? Diese Erinnerungen hatten etwas Psychotisches oder beinahe Psychotisches – sie waren, um in der psychiatrischen Terminologie zu bleiben – über-«besetzt», und zwar so stark, daß Donald fortwährend an Suizid dachte. Aber was wäre angesichts einer solchen Erinnerung schon eine normale Besetzung? Immerhin tauchte hier nicht eine obskure ödipale Auseinandersetzung oder Schuld aus der totalen Amnesie auf, sondern ein wirklich vorgefallener Mord.

War vielleicht mit dem Verlust der Unversehrtheit der Stirnlappen auch eine unerläßliche Voraussetzung für die Unterdrückung der Erinnerung verschwunden? War das, was wir jetzt erlebten, eine plötzliche, explosionsartige und spezifische Freisetzung der Erinnerungsbilder? Keinem von uns war je ein ähnlicher Fall untergekommen, keiner von uns hatte je auch nur von einem ähnlichen Fall gehört, obwohl wir alle durchaus mit der allgemeinen Enthemmung vertraut waren, die Stirnlappen-Syndrome begleitet – mit der Impulsivität, den Witzeleien, der Redseligkeit, der Obszönität, der Zurschaustellung eines zügellosen, unbekümmerten, vulgären Es. Das entsprach jedoch nicht Donalds gegenwärtiger Verfassung. Er war nicht im mindesten impulsiv oder wahllos und unangemessen in seiner Ausdrucksweise. Sein Charakter, seine Urteilsfähigkeit und seine allgemeine Persönlichkeit waren vollkommen intakt – es waren einzig und allein die mit dem Mord verbundenen Erinnerungen und Gefühle, die jetzt unkontrollierbar hervorbrachen und ihn beherrschten und quälten.

War vielleicht ein besonderes erregendes oder epileptisches Element im Spiel? Die EEG-Untersuchungen, mit deren Hilfe wir diese Frage zu klären hofften, förderten interessante Ergebnisse zutage: Nachdem besondere (nasopharyngeale) Elektroden angelegt worden waren, stellte sich heraus, daß er zusätzlich zu den gelegentlichen *Grand mal*-Anfällen auch an einer unablässig brodelnden, tiefliegenden Epilepsie in beiden Schläfenlappen litt, die sich (so vermuteten wir, konnten es jedoch ohne ins Gehirn eingesetzte Elektroden nicht bestätigen) bis hinunter in den Uncus, den Mandelkern und die limbischen Strukturen erstreckte, jenem System emotionaler Schaltkreise, das auf der Höhe der Schläfenlappen liegt. Penfield und Perot haben wiederholt auftretende Erinnerungen bei einigen Patienten beschrieben, die an Schläfenlappen-Anfällen litten (*Brain*, 1963). Aber die meisten der Erfahrungen oder Reminiszenzen, die Penfield beschrieb, waren mehr passiver Natur: Die Patienten hörten Musik, sahen Szenen, auch solche, in denen sie anwesend waren, aber *nicht als Agierende, sondern als Zuschauer.**

Niemand von uns hatte je davon gehört, daß ein Patient eine *Tat* wieder-erlebte, oder besser: wieder-ausführte. Genau dies aber geschah offensichtlich bei Donald. Wir kamen nie zu einer klaren Einschätzung dieses Falls.

Der Rest der Geschichte ist rasch erzählt. Seine jugendliche Energie, Glück, Zeit, die natürlichen Heilungsprozesse, seine schon vor dem Unfall überdurchschnittlich entwickelten Gehirnfunktionen und die Unterstützung durch eine Therapie nach Lurija, die die «Substitution» der Stirnlappenaktivität anregt, haben dazu geführt, daß Donalds Genesung im Lauf der Jahre enorme Fortschritte machte. Seine Stirnlappen funktionieren jetzt fast normal. Der Einsatz neuer krampflösender Mittel, die erst seit einigen Jahren verfügbar sind, hat zu einer effektiven Kontrolle der Schläfenlappen-Erregung geführt, und auch hier hat wahrscheinlich die natürliche Selbstheilungskraft eine wichtige Rolle gespielt. Schließlich ist durch eine einfühlsame und unterstützende Psychotherapie Donalds Über-Ich, das sich selbst anklagte und nach einer harten Bestrafung verlangte, besänftigt worden, so daß das Ich mehr Gewicht bekommen hat. Das wichtigste jedoch ist, daß Donald seine Gartenarbeiten wiederaufgenommen hat. «Beim Gärtnern finde ich Frieden», sagt er zu mir. «Es gibt keine Konflikte. Pflanzen haben keine Egos. Sie können keine Gefühle verletzen.» Arbeit und Liebe, sagte Freud, sind die beste Therapie.

Donald hat nichts von dem Mord vergessen oder wieder

---

* Und doch war dies nicht bei allen so. In einem besonders schrecklichen, traumatischen Fall, den Penfield schildert, schien es der Patientin, einem zwölfjährigen Mädchen, bei jedem Anfall, als renne sie verzweifelt vor einem mordlüsternen Mann davon, der sie mit einem Sack voll sich windender Schlangen verfolgte. Diese Reminiszenz war die exakte Wiederholung eines traumatischen Ereignisses, das sich fünf Jahre vorher tatsächlich zugetragen hatte.

verdrängt – wenn hier überhaupt eine Verdrängung von Erinnerungen im Spiel war –, aber er ist nicht mehr davon besessen. Er hat sein physiologisches und moralisches Gleichgewicht gefunden.

Aber wie steht es mit dem erst verlorenen und dann wiedergefundenen Gedächtnis? Woher kam die Amnesie, und woher die explosionsartige Wiederkehr der Erinnerung? Warum erst der totale «Blackout» und dann diese Klarsichtigkeit? Was ist in diesem seltsamen, halb-neurologischen Drama eigentlich wirklich passiert? All diese Fragen sind bis auf den heutigen Tag unbeantwortet geblieben.

20

Die Visionen
der heiligen Hildegard

Die religiöse Literatur aller Jahrhunderte ist voller Beschreibungen von «Visionen», bei denen erhabene und unaus-
sprechliche Gefühle mit der Wahrnehmung leuchtender Erscheinungen einhergehen (William James spricht in diesem
Zusammenhang von «Photismus»). In der überwältigenden
Mehrheit der Fälle läßt sich nicht sagen, ob das Erlebnis durch
eine hysterische oder psychotische Ekstase, durch berauschende Mittel oder durch einen Anfall von Epilepsie oder Migräne zustande gekommen ist. Eine einzigartige Ausnahme
bildet die Geschichte der Hildegard von Bingen (1098 bis
1179), einer Nonne und Mystikerin, die über außergewöhnliche geistige und literarische Fähigkeiten verfügte. Von ihrer
frühesten Kindheit an bis zum Ende ihres Lebens hatte sie zahllose «Visionen». Diese Erlebnisse hat sie in schriftlicher und
bildlicher Form ausgezeichnet dargestellt, und zwar in den beiden Werken ‹Scivias› (‹Wisse die Wege›) und ‹Liber divinorum
operum› (‹Die Gotteswerke›).

Ein sorgfältiges Studium dieser Schilderungen und Bilder
läßt keinen Zweifel an ihrem Ursprung: Sie waren eindeutig
durch Migräne hervorgerufen, und sie beschreiben viele der
bereits zuvor erwähnten Varianten visueller Auren. Singer
(1958) greift in einem ausführlichen Essay über Hildegards Visionen die folgenden Phänomene als besonders charakteristisch heraus: «Bei ihnen allen ist ein hervorstechendes Merkmal ein Lichtpunkt oder mehrere Lichtpunkte, die schimmern
und sich gewöhnlich wellenförmig bewegen. Diese Punkte

«Das Gebäude des Heils». Aus der Handschrift ‹Scivias› (‹Wisse die Wege›), die Hildegard etwa 1180 in Bingen verfaßte. Dieses Bild ist aus mehreren durch Migräne-Anfälle hervorgerufenen Visionen entstanden.

werden meist als Sterne oder flammende Augen gedeutet [Abbildung B]. In vielen Fällen ist ein Licht, das größer als die anderen leuchtenden Punkte ist, von einer Reihe tanzender konzentrischer Kreise umgeben [Abbildung A]. Häufig werden eindeutig Befestigungsanlagen dargestellt, die sich in einigen Fällen deutlich von einem farbigen Hintergrund abheben [Abbildung C und D]. Oft machten die Lichter den Eindruck, als *arbeiteten*, kochten oder fermentierten sie. Diese Erscheinung wird auch von zahlreichen anderen Visionären beschrieben...»

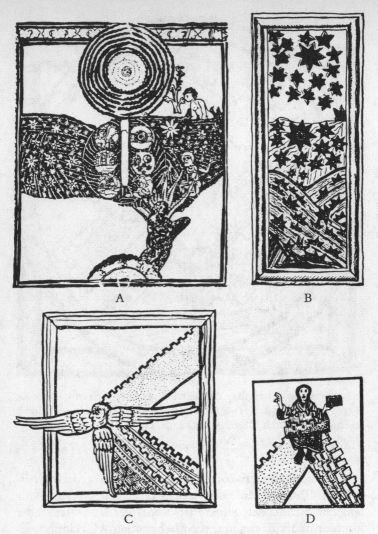

Verschiedene Migräne-Halluzinationen der Hildegard von Bingen.
A: Funkelnde Sterne auf wabernden gekrümmten Linien bilden den
Hintergrund dieser Vision. B: Leuchtende Sterne (Phosphene) erlöschen nach ihrem Fall – positive Skotome, auf die negative Skotome
folgen. C und D zeigen die für Migräne-Halluzinationen typischen
Fertifikationsfiguren, die von einem im Original hell leuchtenden,
farbigen Punkt ausstrahlen.

Hildegard selbst schreibt: «Die Gesichte, die ich schaue, empfange ich nicht in traumhaften Zuständen, nicht im Schlafe
oder in Geistesgestörtheit, nicht mit den Augen des Körpers
oder den Ohren des äußeren Menschen und nicht an abgelegenen Orten, sondern wachend, besonnen und mit klarem Geiste, mit den Augen und Ohren des inneren Menschen, an allgemein zugänglichen Orten, so wie Gott es will.»

Eine dieser Visionen – fallende Sterne, die im Meer erlöschen (B) – deutet sie als Fall der Engel: «Doch plötzlich
geht... aus dem Geheimnis des auf dem Throne Sitzenden ein
großer Stern in lichtem Glanze und strahlender Schönheit hervor. Ihm folgten zahlreiche sprühende Funken... Mit all seinen Trabanten zieht der Stern zum Süden hin... Sofort erloschen sie und wurden schwarz wie Kohle... Sie stürzten in den
Abgrund, und keinen von ihnen sahst du wieder.»

Soweit Hildegards allegorische Interpretation. Unsere prosaische Interpretation würde lauten, daß Phosphene, gefolgt
von einem negativen Skotom, ihr Gesichtsfeld durchzogen.
Visionen mit Befestigungsanlagen sind in ihrem *Zelus Dei* (C)
und *Sedens Lucidus* (D) abgebildet. Die Fertifikationsfiguren
strahlen von einem hell leuchtenden und (im Original) schimmernden farbigen Punkt aus. Diese beiden Visionen sind in
einer zusammengesetzten Vision (Abbildung S. 223) miteinander kombiniert, wobei sie die Befestigungsanlagen als *Aedificium* der Stadt Gottes deutet.

Eine tiefe Verzückung begleitete die Wahrnehmung dieser
Auren, vor allem wenn, was selten vorkam, auf das ursprüngliche Funkeln und Leuchten ein zweites Skotom folgte: «Das
Licht, das ich sehe, steht nicht an einem festen Ort und ist doch
heller als die Sonne. Auch kann ich seine Höhe, Länge und
Breite nicht bestimmen, und ich nenne es ‹die Wolke des lebendigen Lichts›. Und wie Sonne, Mond und Sterne sich im Wasser
spiegeln, so leuchten in ihm die Schriften und Worte, die Tugenden und Werke der Menschen vor mir auf... Zuweilen sehe ich
in diesem Licht ein anderes Licht, das ich ‹das lebendige Licht
selbst› nenne... Und wenn ich es betrachte, dann verschwindet
alle Trauer, aller Schmerz aus meinem Gedächtnis, so daß ich
nicht eine alte Frau, sondern gleich einem jungen Mädchen bin.»

Weil diese Visionen von Ekstase von einer tief empfundenen göttlichen und geistigen Bedeutung erfüllt waren, trugen sie entscheidend dazu bei, daß Hildegard ihr Leben dem Gottesdienst und der Mystik widmete. Sie stellen ein einzigartiges Beispiel dafür dar, wie ein physiologischer Vorgang, der für die allermeisten anderen Menschen banal, unangenehm oder bedeutungslos wäre, bei einem Menschen, dessen Bewußtsein ihn von der breiten Masse abhebt, zur Grundlage höchst ekstatischer Inspirationen werden kann.

Erst bei Dostojewski stößt man auf eine adäquate historische Parallele. Auch er sah bisweilen ekstatische epileptische Auren, denen er eine große Bedeutung beimaß: «Es gibt Augenblicke», sagt Kirillow in den ‹Dämonen›, «sie dauern nur fünf, sechs Sekunden, da spürt man plötzlich die Gegenwart ewiger Harmonie und hat sie völlig erlangt... Und das Fürchterlichste dabei – es ist so erschreckend klar und so freudvoll. Währte es länger als fünf Sekunden, die Seele ertrüge es nicht und müßte vergehen. In diesen fünf Sekunden durchlebe ich ein Leben und würde dafür mein eigenes ganzes Leben hingeben, denn es lohnt...»

TEIL VIER

Die Welt der Einfältigen

Einleitung

Als ich vor einigen Jahren mit Retardierten zu arbeiten begann, dachte ich, daß mich das bedrücken würde, und teilte Lurija meine Befürchtung in einem Brief mit. Zu meiner Überraschung widersprach er mir entschieden. Diese Patienten, schrieb er, seien ihm alles in allem mehr «ans Herz gewachsen» als alle anderen, und seine Jahre am Institut für Hirndefekte hätten zu den bewegendsten und interessantesten seiner ganzen beruflichen Laufbahn gezählt. Im Vorwort zu seiner ersten klinischen Biographie (‹Die Funktion der Sprache in der geistigen Entwicklung des Kindes›) bringt er einen ähnlichen Gedanken zum Ausdruck: «Wenn es einem Autor gestattet ist, die Gefühle zu äußern, die er bei seiner Arbeit empfindet, so muß ich bemerken, daß ich stets mit Wärme an die Erfahrungen zurückdenke, die in diesem Büchlein ihren Niederschlag gefunden haben.»

Was ist diese «Wärme», von der Lurija spricht? Sie ist offenbar der Ausdruck von etwas Emotionalem und Persönlichem, das nicht da wäre, wenn die geistig Behinderten nicht «reagiert» hätten, wenn sie nicht ihrerseits, worin auch immer ihre (intellektuelle) Behinderung bestand, über sehr reale Empfindungen, über emotionale und persönliche Potentiale verfügt hätten. Aber es schwingt noch mehr darin mit: Lurijas Bemerkung bringt ein wissenschaftliches Interesse an etwas zum Ausdruck, das er eines ganz besonderen wissenschaftlichen Interesses für wert hielt. Was könnte das sein? Gewiß etwas anderes als «Behinderungen» oder «Defekte» –

Dinge, die an sich nur von beschränktem Interesse sind. Was also ist es, das die Einfältigen so besonders interessant macht?

Es hat etwas zu tun mit geistigen Fähigkeiten, die erhalten bleiben, ja sogar verstärkt werden, so daß diese Menschen, obwohl sie in gewisser Weise «geistig behindert» sind, in anderem Sinne geistig interessant, ja sogar vollkommen sein mögen. Es handelt sich hierbei um geistige Qualitäten, die sich vom Konzeptuellen unterscheiden – dies läßt sich besonders gut am Geist der Einfältigen erforschen, wie übrigens auch am Geist von Kindern und «Primitiven». Dabei ist, wie Clifford Geertz wiederholt betont hat, zu beachten, daß diese Gruppen nicht miteinander gleichzusetzen sind: «Primitive» sind weder einfältig noch Kinder, Kinder haben keine primitive Kultur, und Einfältige sind weder Kinder noch primitiv. Und doch bestehen zwischen ihnen wichtige Verbindungen, und alles, was Piaget an Erkenntnissen über das Denken von Kindern und Lévi-Strauss über das «Denken der Primitiven» gesammelt haben, findet sich, in veränderter Form, wieder, wenn wir das Denken und die Welt der Einfältigen erforschen.*

Die Beschäftigung mit diesem Thema ist für das Herz ebenso befriedigend wie für den Verstand. Sie hat Lurija ganz wesentlich zu seiner «romantischen Wissenschaft» angeregt.

Was also ist diese geistige Eigenschaft, diese Disposition, die die Einfältigen kennzeichnet und ihnen jene rührende Unschuld, Transparenz, Vollständigkeit und Würde verleiht – eine Eigenschaft, die so charakteristisch ist, daß wir von einer «Welt» der Einfältigen sprechen müssen (so wie wir von der «Welt» der Kinder oder der Primitiven sprechen)?

Wenn wir diese Eigenschaft mit einem einzigen Wort umreißen wollten, so müßte dieses Wort «Konkretheit» lauten – ihre Welt ist bunt, vielfältig und intensiv, und zwar gerade, weil sie

---

* Lurijas gesamtes Frühwerk befaßt sich mit diesen drei verwandten Gebieten: seine Feldstudien an Kindern in primitiven Stammesgemeinschaften in Zentralasien und seine Untersuchungen am Institut für Hirndefekte. Diese drei Bereiche waren das Fundament seines Lebenswerkes: die Erforschung des menschlichen Imaginationsvermögens.

konkret ist; sie ist weder kompliziert noch gedämpft, noch durch Abstraktion vereinheitlicht.

Durch eine Art Umkehrung oder Umsturz der natürlichen Ordnung der Dinge wird Konkretheit von Neurologen oft als etwas Armseliges, Zusammenhangloses, Zurückgebliebenes betrachtet, das einer weiteren Beachtung nicht wert ist. So liegt für Kurt Goldstein, den größten Systematiker seiner Generation, die Domäne des Geistes, auf den der Mensch ja so stolz ist, ausschließlich im Abstrakten und Kategoriellen, und jede wie auch immer geartete Hirnverletzung führt seiner Überzeugung nach dazu, daß der Betreffende aus diesen luftigen Höhen in den unterhalb des Menschlichen liegenden Sumpf des Konkreten hinabgestoßen wird. Wenn jemand die «abstrakt-kategorielle Geisteshaltung» (Goldstein) oder die «propositionale Denkfähigkeit» (Hughlings-Jackson) verliert, so ist das, was von ihm übrigbleibt, eines Menschen nicht würdig und somit von keinerlei Bedeutung oder Interesse.

Ich bezeichne dies als Umkehrung, weil das Konkrete etwas Elementares ist, weil es das ist, was die Realität «real», lebendig, persönlich und bedeutsam macht. Dies alles geht verloren, wenn sich das Verständnis für das Konkrete verliert – wie wir am Fall des fast außerirdisch wirkenden Dr. P. gesehen haben, jenes Mannes, der seine Frau mit einem Hut verwechselte und der (im Gegensatz zu Goldsteins These) vom Konkreten ins Abstrakte gefallen war.

Viel einfacher zu verstehen und insgesamt natürlicher ist der Gedanke der Bewahrung des Konkreten bei einer Gehirnschädigung – nicht *Regression* zum Konkreten, sondern *Erhaltung* des Konkreten, so daß das Eigentliche der Persönlichkeit, der Identität und des Mensch-Seins, das *Wesen* des Betroffenen bewahrt bleibt.

Dies ist es, was wir an Sasetzkij, dem «Mann, dessen Welt in Scherben fiel», beobachten können: Trotz der Zerstörung seiner propositionalen und abstrakten Denkfähigkeit bleibt er in seinem Wesen ein Mensch und behält die ganze moralische Bedeutung, die ganze reiche Vorstellungswelt, die dem Menschen eigen ist. Lurija scheint Hughlings-Jacksons und Goldsteins Ansichten zu stützen, kehrt jedoch gleichzeitig ihren

Sinn um. Sasetzkij ist nicht der blasse Abklatsch eines Menschen, wie Hughlings-Jackson und Goldstein glaubten, sondern eine vollwertige Person, deren Gefühlsempfindung und Vorstellungsvermögen vollständig erhalten, ja vielleicht sogar gesteigert ist. Der Titel des Buches ist irreführend: Seine Welt ist nicht «in Scherben gefallen» – es fehlt ihr zwar an Abstraktionen, die sie zusammenhalten, aber er erfährt sie als eine außerordentlich reiche, tiefe und konkrete Realität.

Ich glaube, daß all dies auch für die Welt der Einfältigen gilt – um so mehr, als sie, für die die Welt nie anders war, das Abstrakte nicht kennen und nie durch es verführt worden sind, sondern die Realität immer direkt und unmittelbar mit einer elementaren und zuweilen überwältigenden Intensität erfahren haben.

Wir stehen hier an der Schwelle zu einem Reich der Faszination und der Paradoxa, dessen Mittelpunkt die Vieldeutigkeit des «Konkreten» bildet. Als Ärzte, Therapeuten, Lehrer und Wissenschaftler sind wir aufgefordert, ja geradezu gezwungen, das *Konkrete zu erforschen*. Eben dies ist Lurijas «romantische Wissenschaft», und seine beiden großen klinischen Biographien oder «Romane» können als eine Erforschung des Konkreten aufgefaßt werden: Im Fall des hirngeschädigten Sasetzkij geht es um die Erhaltung des Konkreten im Dienst der Realität und im Fall des Mnemonikers mit seinem «Superhirn» um die Übersteigerung des Konkreten auf Kosten der Realität.

Die klassische Wissenschaft hat für das Konkrete keine Verwendung – in der Neurologie und Psychiatrie wird es gleichgesetzt mit dem Trivialen. Eine «romantische Wissenschaft» ist erforderlich, um ihm gerecht zu werden und seine außerordentlichen Kräfte – und Gefahren – zu würdigen. Im Umgang mit Einfältigen haben wir es mit dem Konkreten in seiner reinsten, unverfälschtesten Form zu tun, hier sind wir mit einer durch nichts eingeschränkten Intensität konfrontiert.

Das Konkrete kann Türen aufstoßen oder verschließen. Es kann das Tor zu Sensibilität, Phantasie und Tiefe sein. Es kann aber auch denjenigen, der das Konkrete beherrscht (oder von ihm beherrscht wird), in einem Netz belangloser Einzelheiten gefangenhalten. Bei den Einfältigen sehen wir diese beiden Möglichkeiten gewissermaßen verstärkt.

Eine Verstärkung der konkreten Einbildungs- und Erinnerungsfähigkeit, dieser natürliche Ausgleich für mangelndes begriffliches und abstraktes Denkvermögen, kann leicht in eine zwanghafte Beschäftigung mit Einzelheiten, in die Entwicklung eidetischer Vorstellungs- und Erinnerungswelten und die Ausformung einer Schausteller- oder «Wunderkind»-Mentalität umschlagen (wie es bei Lurijas Mnemoniker und, in vergangenen Zeiten, durch die Überkultivierung der auf das Konkrete bezogenen «Kunst der Erinnerung»* geschah). Eine solche Tendenz besteht bei Martin A. (Kapitel 22), bei José (Kapitel 24) und ganz besonders bei den Zwillingen (Kapitel 23), und sie wird, vor allem bei den Zwillingen, durch die Anforderungen der öffentlichen Auftritte sowie durch ihre eigene Zwanghaftigkeit und ihren Exhibitionismus noch verstärkt.

Aber von weit größerem Interesse und weit menschlicher, bewegender, «realer» ist die *richtige* Anwendung und Entwicklung des Konkreten – und obwohl diese Tatsache den Eltern und einfühlsamen Lehrern sogleich ins Auge fällt, findet sie in wissenschaftlichen Studien, die sich mit Einfältigen beschäftigen, kaum Beachtung.

Das Konkrete kann ebensogut Einsichten in das Geheimnisvolle, Schöne und Tiefe vermitteln, es kann ebensogut das Tor zum Reich der Gefühle, der Phantasie, des Geistes öffnen wie irgendein abstraktes Konzept, ja vielleicht sogar noch besser als abstrakte Konzepte, wie Gershom Scholem (1960) in seiner Gegenüberstellung des Begrifflichen und des Symbolischen oder wie Jerome Bruner (1984) in seiner Gegenüberstellung des «Paradigmatischen» und des «Narrativen» argumentiert hat. Das Konkrete läßt sich bereitwillig mit Gefühlen und Bedeutungen erfüllen – bereitwilliger vielleicht als jedes abstrakte Konzept. Es öffnet sich für das Ästhetische, das Dramatische, das Komische, das Symbolische, für die ganze weite Welt der Kunst und des Geistes. Vom Standpunkt des *Begrifflichen* aus

* Siehe auch Francis Yates' Buch, das diesen Titel trägt (1966).

betrachtet mögen geistig Behinderte also Krüppel sein – aber was ihre Fähigkeit betrifft, Konkretes und Symbolisches zu erfassen, können sie jedem «normalen» Menschen ganz und gar ebenbürtig sein. Niemand hat dies klarer ausgedrückt als Kierkegaard, als er auf dem Totenbett schrieb (ich zitiere seine Worte leicht abgeändert): «*Ihr einfachen Menschen!* Die Symbolik der Heiligen Schrift ist etwas unendlich Hohes... aber sie ist nicht ‹hoch› in dem Sinne, daß sie etwas mit *intellektueller* Erhöhung oder mit den *intellektuellen* Unterschieden zwischen den Menschen zu tun hat... Nein, sie ist für alle da... Jeder kann diese unendlichen Höhen erklimmen.»

Ein Mensch mag intellektuell sehr «tief» stehen, er mag unfähig sein, eine Tür aufzuschließen, noch unfähiger, die Newtonschen Gesetze der Mechanik zu verstehen, und vollends unfähig, die Welt als *Anordnung von Konzepten* zu begreifen – und doch mag er durchaus die Gabe besitzen, die Welt als Konkretheit, als *Anordnung von Symbolen* zu erfassen. Dies ist die andere Seite, die fast sublime andere Seite solcher einzigartigen Menschen, solcher begnadeten Einfaltspinsel wie Martin, José und die Zwillinge.

Man mag einwenden, sie seien Ausnahmefälle und untypisch. Darum beginne ich diesen letzten Teil meines Buches mit Rebecca, einer gänzlich «unscheinbaren», einfältigen jungen Frau, mit der ich vor zwölf Jahren zusammentraf. Ich denke mit Wärme an sie zurück.

21

Rebecca

Als Rebecca in unsere Klinik gebracht wurde, war sie kein Kind mehr. Sie war neunzehn Jahre alt, aber – wie ihre Großmuttcr erklärte – «in mancher Beziehung wie ein Kind». Wenn sie allein auf die Straße ging, verlief sie sich sofort, und sie war nicht in der Lage, auf Anhieb eine Tür aufzuschließen, weil sie nicht «sah» und auch nie zu begreifen schien, in welche Richtung sie den Schlüssel drehen mußte. Sie konnte links und rechts nicht unterscheiden und zog ihre Kleider manchmal, offenbar ohne es zu merken, verkehrt an – «links rum» oder mit dem Rückenteil nach vorn. Und wenn sie es doch einmal bemerkte, wußte sie nicht, wie sie den Fehler korrigieren sollte. Sie konnte Stunden mit dem Versuch zubringen, einen linken Schuh oder Handschuh am rechten Fuß oder an der rechten Hand anzuziehen. Ihre Großmutter sagte, sie scheine «kein Raumgefühl» zu haben. Alle ihre Bewegungen waren unbeholfen und schlecht koordiniert – sie war, wie es in einem Bericht hieß, «ein Tölpel», und in einem anderen stand, sie sei «motorisch debil» (obwohl ihre Unbeholfenheit verschwand, sobald sie tanzte).

Rebeccas Gaumen war teilweise gespalten, wodurch sich ihre Worte mit Pfeifgeräuschen vermischten; sie hatte kurze, dicke Finger mit stumpfen, deformierten Nägeln und litt an hochgradiger, degenerativer Kurzsichtigkeit, so daß sie eine sehr dicke Brille tragen mußte. Dies alles waren Symptome ihres angeborenen Leidens, das auch die zerebrale und geistige Behinderung hervorgerufen hatte. Sie war sehr schüchtern und gehemmt, denn sie hatte seit früher Kindheit das Gefühl, eine «Witzfigur» zu sein.

Dennoch war sie fähig, warme, tiefe, ja sogar leidenschaftliche Bindungen einzugehen. Sie empfand eine tiefe Liebe für ihre Großmutter, die sich seit ihrem dritten Lebensjahr (als ihre Eltern durch einen Unfall ums Leben gekommen waren) um sie gekümmert hatte. Sie liebte die Natur, und wenn man sie in einen Park oder in den Botanischen Garten mitnahm, verbrachte sie dort viele glückliche Stunden. Auch Geschichten mochte sie sehr, wenn sie auch (trotz beharrlicher, ja sogar verzweifelter Versuche) nie lesen gelernt hatte, und sie bat immer wieder ihre Großmutter oder andere, ihr etwas vorzulesen. «Sie hat einen Hunger nach Geschichten», sagte ihre Großmutter, und glücklicherweise las die alte Frau gern vor – nicht nur Geschichten, sondern auch Gedichte – und hatte eine schöne Stimme, der Rebecca gebannt lauschte. Rebecca schien ein tiefes Bedürfnis danach zu haben – für ihren Geist waren diese Geschichten und Gedichte eine unerläßliche Nahrung, ein Stück Realität. Die Natur war schön, aber stumm, und reichte daher nicht aus. Rebecca brauchte die Wiedergabe der Welt durch Sprachbilder und schien, trotz ihrer Unfähigkeit, einfache Aussagen und Anweisungen zu begreifen, selbst bei recht anspruchsvollen Gedichten wenig Schwierigkeiten zu haben, die darin enthaltenen Metaphern und Symbole zu verstehen. Die Sprache des Gefühls, des Konkreten, der Bilder und Symbole ließ eine Welt entstehen, die sie liebte und in der sie sich auskannte. Obwohl unfähig zu begrifflichem (und «propositionalem») Denken, war sie nicht nur mit der Sprache der Poesie vertraut, sondern auch selbst, auf unbeholfene, rührende Weise, eine Art «primitive», natürliche Dichterin. Metaphern, Sprachfiguren und recht verblüffende Allegorien fielen ihr von selbst ein, wenn auch unvermittelt, als plötzliche poetische Ausbrüche und Anspielungen. Ihre Großmutter war auf eine ruhige, stille Art fromm, und dasselbe galt auch für Rebecca: Sie liebte das Entzünden der Sabbat-Kerzen, die Gebete und Segenssprüche, die den jüdischen Tagesablauf begleiten, sie ging gern in die Synagoge, wo man ihr mit Liebe begegnete (und sie als ein Kind Gottes, als eine Art unschuldige, heilige Närrin betrachtete), und sie verstand die Liturgie, die Gesänge, Gebete, Riten und symbolischen Handlungen, aus denen der jüdisch-orthodoxe Gottesdienst besteht. All dies war ihr möglich, war ihr zugänglich und wohlig vertraut, obwohl ihre Wahrnehmung, ihr Raum-Zeit-Gefühl und ihr gesamtes Einordnungsvermögen stark beeinträchtigt waren: Sie konnte kein Wechselgeld zählen, war mit den einfachsten Rechnungen überfordert, brachte es nie fertig, Lesen und Schreiben zu lernen, und hatte bei Intelligenztests einen durchschnittlichen IQ von sechzig oder weniger (wobei zu sagen ist, daß sie im verbalen Teil deutlich besser abschnitt als im praktischen).

Sie war also «debil», eine «Närrin» oder «Verrückte» – jedenfalls hatte sie ihr Leben lang diesen Eindruck gemacht und war auch immer so bezeichnet worden –, aber sie verfügte über eine unerwartete, seltsam rührende poetische Kraft. Oberflächlich betrachtet war sie tatsächlich eine Ansammlung von Behinderungen und Unfähigkeiten und mit allen Frustrationen und Ängsten belastet, die diesen Zustand begleiten; auf dieser Ebene war sie ein geistiger Krüppel und fühlte sich auch so – die Mühelosigkeit und Geschicklichkeit, mit der andere ihren Alltag bewältigen, blieb für sie unerreichbar. Aber auf einer tieferen Ebene empfand sie kein Gefühl von Behinderung oder Unfähigkeit, sondern eine ruhige Vollkommenheit, eine Lebendigkeit und das Gefühl, eine kostbare Seele zu besitzen und allen anderen ebenbürtig zu sein. Intellektuell fühlte sich Rebecca als Krüppel, spirituell hingegen als vollwertiger, vollständiger Mensch.

Als ich ihr zum erstenmal begegnete und sah, wie unbeholfen und linkisch sie war, glaubte ich, sie sei nichts weiter als ein gebrochener Mensch, dessen neurologische Unzulänglichkeiten ich feststellen und genau abgrenzen konnte: Es lagen zahlreiche Apraxien und Agnosien sowie eine Vielzahl sensomotorischer Behinderungen und Ausfälle vor, und sie verfügte lediglich über begrenzte intellektuelle Schemata und Konzepte, die (nach Piagets Kriterien) etwa denen eines achtjährigen Kindes entsprachen. In meinen Augen war sie ein armes Ding, das, vielleicht durch eine Laune der Natur, über eine «rudimentäre Fähigkeit» zur Sprache verfügte, ein Mosaik nur aus höheren kortikalen Funktionen und Piagetschen Schemata, zurückgeblieben und verkümmert.

Als ich sie das nächste Mal sah, hatte ich einen völlig anderen Eindruck. Es handelte sich dabei allerdings nicht um eine klinische Testsituation, in der es um eine «Beurteilung» ging. Es war ein herrlicher Frühlingstag, und da meine Arbeit erst in einigen Minuten begann, ging ich noch ein wenig im Park der Klinik spazieren. Ich sah Rebecca auf einer Bank sitzen und schweigend, mit offensichtlicher Freude, die jungen Blätter und Triebe der Bäume betrachten. Ihre Haltung hatte nichts von der Unbeholfenheit, die mir beim erstenmal so ins Auge gesprungen war. Wie sie da saß, in einem dünnen Kleid und mit einem leichten Lächeln auf ihrem ruhigen Gesicht, erinnerte sie mich plötzlich an eine von Tschechows jungen Frauen – Irene, Anja, Sonja, Nina – vor dem Hintergrund eines Kirschgartens. Sie hätte irgendeine junge Frau sein können, die einen schönen Frühlingstag genießt. Dies war das menschliche Bild, der totale Gegensatz zu meinem neurologischen Bild.

Ich ging auf sie zu. Als sie meine Schritte hörte, drehte sie sich um, lächelte mich an und machte eine wortlose Geste. «Sehen Sie nur: die Welt – wie schön sie ist!» schien sie zu sagen. Und dann brachen stoßweise seltsame, poetische Wendungen aus ihr hervor: «Frühling», «Geburt», «Wachsen», «Regung», «zum Leben erwachen», «Jahreszeiten», «alles zu seiner Zeit». Unwillkürlich mußte ich an das Buch Prediger Salomo denken: «Ein jegliches hat seine Zeit, und alles Vorhaben unter dem Himmel hat seine Stunde: geboren werden hat seine Zeit, sterben hat seine Zeit; pflanzen hat seine Zeit, ausreißen, was gepflanzt ist, hat seine Zeit...» Dies war es, was Rebecca, auf ihre wirre Art, zum Ausdruck gebracht hatte – eine Vision von Zeiten und Jahreszeiten, wie die des Predigers. Sie ist eine geistig behinderte Predigerin, sagte ich zu mir selbst. Und in diesem Satz begegneten sich, kollidierten und verschmolzen die zwei Eindrücke, die ich von ihr hatte: die geistig Behinderte und die Symbolikerin. Sie hatte bei den Tests sehr schlecht abgeschnitten, und diese waren ja, wie alle neurologischen und psychologischen Tests, darauf abgestellt, nicht nur Ausfälle festzustellen, sondern den Patienten darüber hinaus in Funktionen und Ausfälle zu zerlegen. In der formalen Testsituation war sie erschreckend «auseinandergefallen», aber hier war sie auf geheimnisvolle Weise wieder «gebündelt» und zusammengesetzt.

Wie kam es, daß sie, die zuvor so aufgespalten gewesen war, nun wieder ein Ganzes bildete? Ich hatte das starke Gefühl, daß ich es hier mit zwei völlig verschiedenen Arten des Denkens, der mentalen Organisation oder des Seins zu tun hatte. Die erste Art betraf das Schematische: Wir hatten ihr Geschick getestet, Muster zu erkennen und Probleme zu lösen, und dabei hatte sie sich als unzulänglich, als vollkommen unfähig erwiesen. Aber diese Tests hatten uns lediglich Aufschlüsse über ihre *Mängel* gegeben und nicht über irgend etwas, das sozusagen *jenseits* dieser Mängel lag.

Die Tests hatten mir nichts verraten über ihre positiven Fähigkeiten, über die Tatsache, daß sie die reale Welt – die Welt der Natur und vielleicht auch die der Phantasie – als ein vollständiges, verständliches, poetisches Ganzes begreifen und dies sehen, denken und (wenn sie Gelegenheit dazu hatte) leben konnte; sie hatten mir nichts über ihre innere Welt verraten, die offenbar tatsächlich geordnet und kohärent war und der man sich anders nähern mußte als einer Reihe von Problemen oder Aufgaben.

Aber wie sah das ordnende Prinzip aus, das ihr diese Ruhe ermöglichte? Es lag auf der Hand, daß es nichts mit Schemata zu tun haben konnte. Ich dachte an ihre Begeisterung für Geschichten, für narrative Struktur und Verbundenheit. Vermochte diese junge Frau – die so bezaubernd war und gleichzeitig in ihrer Erkenntnisfähigkeit debil – tatsächlich an Stelle des schematischen Vorgehens, das bei ihr derart unterentwickelt war, daß sie es einfach nicht anwenden konnte, eine narrative (oder dramaturgische) Methode einzusetzen, um eine logisch zusammenhängende Welt zu schaffen und zu ordnen? Und während ich noch darüber nachdachte, fiel mir ein, wie sie getanzt hatte und wie koordiniert ihre sonst so unbeholfenen, plumpen Bewegungen dabei gewirkt hatten.

Unsere Tests, unsere Ansätze und «Bewertungen» sind geradezu lächerlich unzulänglich, dachte ich, während ich sie dort auf der Bank sitzen sah, wo sie in eine Betrachtung der Natur versunken war, die nichts Einfältiges, sondern geradezu etwas Heiliges hatte. Sie zeigen uns nur die Mängel, überlegte ich weiter, nicht aber die Fähigkeiten; sie führen uns Puzzles und Schemata vor, während es doch darauf ankommt, Musik, Geschichten und Spiele zu begreifen und zu erkennen, wie ein Mensch sich spontan, auf seine eigene, natürliche Weise beträgt.

Ich hatte das Gefühl, daß Rebecca unter Umständen, die es ihr erlaubten, ihr Leben auf narrative Weise zu organisieren, als «narratives» Wesen vollständig und intakt war. Und dies zu wissen, war sehr bedeutsam, denn so konnte man sie und ihre Möglichkeiten unter einem ganz anderen Gesichtspunkt betrachten als dem, den die schematische Methode eröffnete.

Es war ein glücklicher Umstand, daß ich diese beiden so grundverschiedenen Erscheinungsformen von Rebecca vorgeführt bekam – einerseits war sie hoffnungslos zurückgeblieben, andererseits gaben ihre Potentiale Anlaß zur Zuversicht – und daß sie zu den ersten Patienten gehörte, mit denen ich in der Klinik zu tun hatte. Denn was ich in ihr sah, was sie mir zeigte, entdeckte ich jetzt auch in allen anderen.

Je öfter ich mit ihr zusammentraf, desto mehr gewann sie an Tiefe. Aber vielleicht verhielt es sich auch eher so, daß sie mir diese Tiefen in zunehmendem Maße enthüllte oder daß ich diese Dimension in ihr immer mehr respektierte. Diese Tiefen waren nicht ausschließlich mit Glücksgefühlen verbunden – das sind sie nie –, aber insgesamt überwogen sie doch für den größten Teil des Jahres.

Dann, im November, starb ihre Großmutter, und das Licht und die Freude, die sie im April ausgestrahlt hatte, verwandelten sich nun in abgrundtiefen Schmerz und undurchdringliche Dunkelheit. Sie war tieftraurig, ertrug ihr Schicksal aber mit großer Würde. Diese Würde und eine ethische Tiefe traten nun hinzu und bildeten einen düsteren und dauerhaften Kontrapunkt zu dem hellen, lyrischen Ich, das mir zuvor aufgefallen war.

Sobald ich vom Tod ihrer Großmutter erfahren hatte, besuchte ich sie, und sie empfing mich würdevoll, aber starr vor Trauer in ihrem kleinen Zimmer in dem jetzt leeren Haus. Ihre Sprache war wieder abgehackt, «jacksonisch», und bestand aus kurzen Äußerungen der Trauer und des Kummers. «Warum mußte sie mich verlassen?» rief sie und fügte hinzu: «Ich weine um mich, nicht um sie.» Und dann, nach einer Pause: «Oma hat es gut. Sie ist jetzt in dem Haus, in dem sie für immer wohnen wird.» Das Haus, in dem sie für immer wohnen wird! War dies ihr eigenes Symbol? Oder war es eine Anspielung auf das Buch Prediger, vielleicht auch eine unbewußte Erinnerung daran? «Mir ist so kalt», weinte sie und schlug die Arme um ihre Knie. «Es kommt nicht von draußen – innen ist es Winter. Kalt wie der Tod», fügte sie hinzu. «Sie war ein Teil von mir. Ein Teil von mir ist mit ihr gestorben.»

In ihrer Trauer war sie ganz – tragisch und ganz –, und es konnte jetzt keine Rede davon sein, daß sie eine «geistig Behinderte» war. Nach einer halben Stunde wich ihre Erstarrung einer gewissen Wärme und Belebtheit, und sie sagte: «Es ist Winter. Ich fühle mich tot. Aber ich weiß, daß der Frühling wieder kommen wird.»

Die Trauerarbeit ging langsam voran, aber sie gelang, wie Rebecca, selbst im Zustand völliger Niedergeschlagenheit, vorausgesehen hatte. Dabei erhielt sie viel Zuspruch von einer mitfühlenden und hilfsbereiten Großtante, einer Schwester ihrer Großmutter, die jetzt in das Haus zog. Auch in der Synagoge und der jüdischen Gemeinde fand sie Unterstützung. Vor allem aber gab ihr der Ritus des «Schiva-Sitzens» Kraft und der besondere Status, den sie als Trauernde und Hauptleidtragende hatte. Vielleicht half es ihr darüber hinaus, daß sie offen mit mir sprechen konnte. Und interessanterweise wurde sie auch durch *Träume* unterstützt, die Rebecca mir lebendig schilderte und die deutlich die *Stadien* ihrer Trauerarbeit erkennen ließen (siehe Peters 1983).

So wie ich mich an sie als eine Nina in der Aprilsonne erinnere, so sehe ich sie mit tragischer Klarheit vor mir, wie sie im düsteren November jenes Jahres auf einem trostlosen Friedhof in Queens steht und das Kaddisch über dem Grab ihrer Großmutter spricht. Gebete und biblische Geschichten hatten ihr schon immer gefallen, denn sie entsprachen der glücklichen, der lyrischen, der «gesegneten» Seite ihres Lebens. In den Trauergebeten, im 103. Psalm und vor allem im Kaddisch fand sie nun die passenden Worte der Trauer und des Trostes.

In den Monaten zwischen unserer ersten Begegnung im April und dem Tod ihrer Großmutter im November hatte man Rebecca, wie all unsere «Klienten» (ein unschönes Wort, daß damals gerade in Mode kam, wahrscheinlich weil es weniger abwertend klingt als «Patienten»), im Rahmen unseres «Programms zur Förderung der geistigen und kognitiven Entwicklung» (auch dies Bezeichnungen, die damals *en vogue* waren) verschiedenen Arbeits- und Fördergruppen zugeteilt.

Aber wie bei den meisten anderen funktionierte dieses «Programm» auch bei Rebecca nicht. Es war, das ging mir langsam auf, einfach nicht richtig – denn wir trieben sie damit an ihre Grenzen, wie es ihr Leben lang schon andere, und oft auf geradezu grausame Weise, erfolglos versucht hatten.

Wir widmeten – und Rebecca war die erste, die mir das sagte – den Behinderungen unserer Patienten viel zuviel Aufmerksamkeit und beachteten viel zuwenig, was intakt oder erhalten geblieben war. Um einen anderen Ausdruck zu gebrauchen: Wir waren zu sehr auf «Defektologie» fixiert und kümmerten uns zu wenig um «Narratologie», die vernachlässigte, notwendige Wissenschaft vom Konkreten.

Rebecca führte mir durch konkrete Beispiele, durch ihr eigenes Ich, die beiden völlig verschiedenen, völlig voneinander getrennten Formen des Denkens und des Geistes vor: die (in Bruners Terminologie) «paradigmatische» und die «narrative» Form. Und obwohl beide dem sich entwickelnden menschlichen Geist gleichermaßen angeboren sind und in ihm ihren Platz haben, steht das Narrative an erster Stelle und genießt geistige Priorität. Kleine Kinder lieben Geschichten und wollen immer wieder welche hören. Sie können komplexe Zusammenhänge begreifen, sobald man sie ihnen in Form von Geschichten präsentiert, auch wenn ihre Fähigkeit, allgemeine Konzepte und Paradigmata zu verstehen, fast überhaupt nicht entwickelt ist. Dort, wo ein abstrakter Gedanke nichts ausrichten kann, erzeugt diese narrative oder symbolische Kraft ein *Gefühl für die Welt* – eine konkrete Realität in der Phantasieform eines Symbols oder einer Geschichte. Ein Kind versteht die Bibel, bevor es Euklid versteht. Nicht weil die Bibel einfacher ist (eher das Gegenteil ist der Fall), sondern weil sie eine symbolische und narrative Struktur hat.

Und wie ihre Großmutter gesagt hatte, war Rebecca in dieser Hinsicht auch mit neunzehn Jahren noch «wie ein Kind». Sie war *wie* ein Kind, aber kein Kind, sondern eine Erwachsene. (Der Ausdruck «retardiert» bezeichnet jemanden, der ein Kind geblieben ist, der Ausdruck «geistig behindert» dagegen einen behinderten Erwachsenen; beide Ausdrücke, beide Konzepte sind gleichzeitig richtig und falsch.)

Bei Rebecca – und bei anderen Behinderten, bei denen eine persönliche Entwicklung zugelassen oder unterstützt wird – kann eine starke und fruchtbare Entwicklung der emotionalen, narrativen und symbolischen Kräfte stattfinden und (wie in Rebeccas Fall) zur Entfaltung einer Art natürlicher Poesie oder (wie in Josés Fall) zu einer Art natürlichen künstlerischen Empfindens führen. Die paradigmatischen oder begrifflichen Kräfte dagegen, die von Anfang an erkennbar schwach ausgebildet sind, machen nur sehr langsam und mühsam Fortschritte und sind lediglich zu einer sehr begrenzten, kümmerlichen Entwicklung fähig. Dies war Rebecca vollkommen klar, wie sie mir schon vom ersten Tag an deutlich gezeigt hatte. Damals hatte sie von ihrer Unbeholfenheit gesprochen und davon, daß ihre unkoordinierten Bewegungen durch Musik flüssig und geordnet würden. Und sie hatte mir *gezeigt*, wie sie selbst durch den Anblick eines Stückes Natur, das von einer organischen, ästhetischen und dramatischen Einheit und Sinnhaftigkeit erfüllt war, zu einer geordneten Ganzheit fand.

Nach dem Tod ihrer Großmutter äußerte sie sich recht plötzlich deutlich und entschieden. «Ich will keine Arbeits- und Fördergruppe mehr», sagte sie. «Sie helfen mir nicht. Sie helfen mir nicht, mich zusammenzubringen.» Und dann bewies sie wieder einmal jene Fähigkeit, die richtige Metapher zu finden, die ich an ihr so bewunderte und die, trotz ihres niedrigen IQ, so gut entwickelt war. Sie sah auf den Teppich, der in meinem Büro lag, und sagte: «Ich bin eine Art lebendiger Teppich. Ich brauche ein Muster wie das hier, auf dem Teppich. Wenn ich kein Muster habe, falle ich auseinander und löse mich auf.» Bei ihren Worten betrachtete ich den Teppich und dachte an Sherringtons berühmtes Bild: das Gehirn, der Geist als «magischer Webstuhl», der Muster webt, die sich unablässig wandeln, aber immer eine Bedeutung haben. Kann es, so überlegte ich, einen grob gewebten Teppich ohne Muster geben? Kann es ein Muster ohne einen Teppich geben? (Aber das wäre wie ein Lächeln ohne Gesicht.) Rebecca verkörperte gewissermaßen einen «lebendigen» Teppich, und als solcher mußte sie beides haben. Und gerade sie, mit ihrem Mangel an schematischer Struktur (die sozusagen Kette und Schuß, das *Gewebe* ihres Teppichs war), lief ohne ein Muster (die szenische oder narrative Struktur des Teppichs) Gefahr, sich aufzulösen und zu verlieren.

«Ich brauche einen Sinn», fuhr sie fort. «Die Gruppen, die kleinen Arbeiten, mit denen ich beschäftigt werde, finde ich sinnlos... Was mir wirklich gefällt», fügte sie voller Sehnsucht hinzu, «ist das Theater.»

Wir nahmen Rebecca aus der verhaßten Werkstatt heraus und verschafften ihr einen Platz in einer Theatergruppe. Sie ging vollkommen darin auf – diese Tätigkeit verschaffte ihr ein Zentrum. Sie machte ihre Sache erstaunlich gut: In jeder Rolle wurde sie ein ganzer Mensch und agierte flüssig, mit Ausdruckskraft und aus einem inneren Gleichgewicht heraus. Das Theater und die Theatergruppe waren bald ihr Leben geworden, und wenn man sie heute auf der Bühne sieht, würde man nie auf den Gedanken kommen, daß sie einmal als geistig behindert galt.

Nachschrift

Die Macht von Musik, Erzählungen und Schauspielen ist von größter theoretischer und praktischer Bedeutung. Dies läßt sich selbst bei geistig Schwerbehinderten mit einem IQ von unter zwanzig beobachten, die motorisch extrem beeinträchtigt und verwirrt sind. Mit Musik oder Tanz verschwinden ihre ungeschlachten Bewegungen von einem Augenblick auf den anderen – plötzlich wissen sie, wie man sich bewegt. Man kann sehen, wie Retardierte, die nicht in der Lage sind, recht einfache Arbeiten auszuführen, sobald diese vier, fünf Bewegungen oder Abläufe erfordern, mit Musik ohne Schwierigkeiten arbeiten können – die Bewegungsabläufe, die sie sich schematisch nicht merken können, sind eingängig, wenn sie in Musik eingebettet sind. Dasselbe läßt sich bei Patienten feststellen, die an schweren Stirnlappenschäden und Apraxie leiden, die also unfähig sind, zu handeln, die einfachsten motorischen Abläufe und Programme zu behalten, ja sogar zu gehen, obwohl ihre Intelligenz in jeder anderen Hinsicht vollständig erhalten ist. Dieser Verfahrensdefekt, diese, wie man sagen könnte, motorische Debilität, die sich allen normalen Ansätzen zur Rehabilitation widersetzt, verschwindet sofort, wenn Musik eingesetzt wird. Dies ist zweifellos der Grund, oder einer der Gründe, für Arbeitslieder.

Grundsätzlich sehen wir also, daß die Musik auf wirksame (und angenehme!) Weise zu strukturieren vermag, wo abstrakte oder schematische Formen von Organisation scheitern. Dies ist, wie nicht anders zu erwarten, besonders eindrucksvoll dort, wo keine andere Art der Organisation etwas bewirken kann. Daher ist Musik oder jede Art von narrativer Darstellung bei der Arbeit mit Retardierten oder Apraktikern unerläßlich – bei Therapie oder Unterricht muß die Musik oder etwas Gleichwertiges im Mittelpunkt stehen. Das Schauspiel bietet noch größere Möglichkeiten: Die *Rolle* kann eine Struktur und, für die Dauer der Darstellung, eine ganze Persönlichkeit vermitteln. Anscheinend ist die Fähigkeit, zu spielen, darzustellen, zu *sein*, dem Menschen, unabhängig von allen intellektuellen Unterschieden, «eingeboren». Das läßt sich an Kindern, an Senilen und besonders deutlich an Menschen wie Rebecca beobachten.

22

Ein wandelndes
Musiklexikon

Martin A., einundsechzig Jahre alt, kam Ende 1983 in unser Heim. Er litt an der Parkinsonschen Krankheit und konnte nicht mehr für sich selbst sorgen. In seiner Kindheit hatte er eine Gehirnhautentzündung gehabt, die fast tödlich verlaufen wäre und zu Retardierung, Impulsivität, Anfällen und einer halbseitigen Spastizität geführt hatte. Er besaß nur eine rudimentäre Schulbildung, hatte aber, da sein Vater ein berühmter Sänger an der Metropolitan Opera gewesen war, eine bemerkenswerte musikalische Ausbildung genossen.

Bis zu ihrem Tod hatte er bei seinen Eltern gelebt, und danach fristete er ein kümmerliches Leben als Laufbursche, Pförtner und Koch in einem Schnellimbiß. Er nahm jeden Job an, den er bekommen konnte, wurde aber wegen seiner Langsamkeit, Verträumtheit oder Unfähigkeit jedesmal bald wieder gefeuert. Es wäre ein trübes, stumpfsinniges Leben gewesen, wenn er nicht eine herausragende musikalische Begabung und Empfindsamkeit besessen hätte, die ihm und anderen viel Freude bereitete.

Er hatte ein erstaunliches musikalisches Gedächtnis – «Ich kenne mehr als zweitausend Opern», sagte er mir einmal –, obwohl er nie gelernt hatte, Noten zu lesen. Ob er es hätte lernen können, war nicht festzustellen – er hatte sich immer auf sein überragendes Gehör und auf seine Fähigkeit verlassen, eine Oper oder ein Oratorium nach einmaligem Anhören zu behalten. Leider war seine Stimme nicht so gut wie sein Ohr; sie war zwar voll, aber sehr rauh, und er litt an einer leichten spastischen Dysphonie. Seine angeborene, ererbte musikalische Begabung hatte die Meningitis und die damit verbundene Schädigung des Gehirns offenbar überstanden – oder nicht? Wäre ohne diese Krankheit ein Caruso aus ihm geworden? Oder war seine musikalische Entwicklung gewissermaßen eine «Kompensation» für den Hirnschaden und seine intellektuelle Beschränktheit? Wir werden es nie erfahren. Gewiß ist nur, daß ihm der Vater nicht nur eine musikalische Veranlagung, sondern – bedingt durch eine enge Vater-Sohn-Beziehung und vielleicht auch durch die besonders zärtliche Fürsorge, die Eltern einem behinderten Kind angedeihen lassen – seine eigene große Liebe für die Musik mit auf den Weg gab. Martin war unbeholfen und schwer von Begriff, aber sein Vater liebte ihn, so wie er seinen Vater leidenschaftlich liebte; ihre gegenseitige Liebe wurde gefestigt durch ihre gemeinsame Liebe zur Musik.

Martin konnte zu seinem großen Kummer nicht in die Fußstapfen seines Vaters treten. Er überwand jedoch seinen Kummer und stellte fest, daß er durch das, was er konnte, viel Freude geben und erleben konnte. Selbst berühmte Musiker konsultierten ihn wegen seines phänomenalen Gedächtnisses, in dem nicht nur die Musik, sondern auch alle Einzelheiten der Aufführung gespeichert waren. Er genoß einen bescheidenen Ruhm als «wandelndes Lexikon», denn er kannte nicht nur zweitausend Opern, sondern auch alle Sänger, mit denen sie je besetzt gewesen waren, sowie alle Details, die Bühnenbild, Kostüme und Ausstattung betrafen. (Er war auch stolz darauf, daß er alle Straßen, alle Häuser, alle Bus- und U-Bahn-Linien von New York auswendig kannte.) Martin war, mit einem Wort, ein Opernnarr, und irgendwie auch ein *idiot savant*. Die Beschäftigung damit bereitete ihm – was zumeist der Fall ist bei Eidetikern und Menschen, die von einer bestimmten Sache geradezu besessen sind – eine gewisse kindliche Freude. Die wirkliche Erfüllung jedoch (und *sie* machte ihm das Leben erträglich) war es für ihn, an musikalischen Aufführungen teilzunehmen und in Kirchenchören zu singen (zu seinem Kummer konnte er wegen seiner Dysphonie nicht als Solist mitwirken), vor allem bei den großen Aufführungen zu Ostern oder zu

Weihnachten. Seit fünfzig Jahren, als Junge wie als erwachsener Mann, wirkte er in den großen Kirchen und Kathedralen der Stadt bei den Aufführungen der «Johannes-Passion», der «Matthäus-Passion», des «Weihnachtsoratoriums» und des «Messias» mit. Diskret versteckt in den riesigen Chören der Wagner- und Verdi-Opern, hatte er auch in der Metropolitan Opera und, als diese abgerissen wurde, im Lincoln Center gesungen.

Bei solchen Gelegenheiten – besonders bei den Oratorien und Passionen, aber auch bei den bescheideneren Kirchengesängen und Chorälen – ging Martin völlig in der Musik auf und vergaß, daß er «retardiert» war, vergaß alles Niederdrückende und Schlechte in seinem Leben, spürte die Weite des Raumes, der ihn umschloß, und fühlte sich als ganzer Mensch und Kind Gottes.

Das war Martins Welt, seine innere Realität. Aber wie nahm er die Welt um sich herum wahr? Sein Wissen von der Welt, zumindest das lebendige, praktisch verwertbare Wissen, war sehr gering, und er hatte auch kein Interesse an dem Leben, das ihn umgab. Wenn man ihm eine Seite aus einer Enzyklopädie oder einer Zeitung vorlas, wenn man ihm eine Karte mit den Flüssen Asiens oder den U-Bahn-Linien von New York zeigte, dann wurde dies in seinem eidetischen Gedächtnis sofort festgehalten. Er konnte jedoch keine Beziehung zu diesen eidetischen Aufzeichnungen herstellen – sie waren, um Richard Wollheims Wort zu gebrauchen, «azentrisch», das heißt, sie besaßen kein lebendiges Zentrum, in ihrem Mittelpunkt stand weder er noch ein anderer Mensch, noch irgendeine Sache. Diese Erinnerungen beinhalteten kaum Gefühle – nicht mehr Gefühle als ein Stadtplan von New York –, und es gab in ihnen keinerlei Verbindung, Verzweigung oder Verallgemeinerung. Sein eidetisches Gedächtnis, seine herausragende Besonderheit, gestaltete und vermittelte ihm also nicht einen Sinn der «Welt». Es besaß keine Geschlossenheit, kein Gefühl, keine Beziehung zu sich selbst. Man hatte den Eindruck, es sei physiologisch eher wie das Mark der Erinnerung oder wie eine Datenbank als der Bestandteil eines wirklichen und persönlichen lebendigen Ichs.

Aber auch hier gab es *eine* verblüffende Ausnahme, und dabei handelte es sich gleichzeitig um die gewaltigste, persönlichste und gottesfürchtigste Leistung seines Gedächtnisses: Er kannte Groves ‹*Dictionary of Music and Musicians*› auswendig, jenes umfangreiche, neunbändige Werk aus dem Jahre 1954 – er war sozusagen ein «wandelndes Musiklexikon». Sein Vater war damals alt und etwas kränklich geworden, konnte nicht mehr auftreten und verbrachte die meiste Zeit zu Hause. Dort hörte er sich seine große Sammlung von Opernplatten an, sang, zusammen mit seinem dreißigjährigen Sohn (es war die engste und liebevollste Beziehung ihres Lebens), alle seine Rollen und las die sechstausend Seiten des Lexikons laut vor. Sie gruben sich unauslöschlich in Martins Gedächtnis ein, das, obwohl er ein Analphabet war, unbegrenzt aufnahmefähig war. Von da an «hörte» er das Musiklexikon *in der Stimme seines Vaters*, und jede Erinnerung daran war mit Emotionen verbunden.

Solche erstaunlichen Hypertrophien des eidetischen Gedächtnisses scheinen manchmal, besonders wenn sie «professionell» angewendet oder genutzt werden, das wirkliche Ich zu verdrängen oder jedenfalls mit ihm zu konkurrieren und es in seiner Entwicklung zu behindern. Und wenn solche Erinnerungen keine Tiefe, kein Gefühl besitzen, so existiert in ihnen auch kein Schmerz. Daher können sie als «Fluchtweg» aus der Realität benutzt werden. Dies war bei Lurijas Mnemoniker offensichtlich in beträchtlichem Ausmaß der Fall und wird von Lurija im letzten Kapitel seines Buches über diesen Patienten eindringlich beschrieben. Und so verhielt es sich offenbar in gewisser Weise auch bei Martin A., José und den Zwillingen. In jedem dieser Fälle jedoch wurde das Gedächtnis *auch* zur Schaffung einer Realität, ja einer «Super-Realität» genutzt – es half dabei mit, die Welt mit einer außergewöhnlichen, mystischen und intensiv erlebten Bedeutung zu erfüllen ...

Wie sah, abgesehen von seinem eidetischen Gedächtnis, seine Welt aus? Sie war in vieler Hinsicht klein, schäbig, häßlich und dunkel – die Welt eines Retardierten, der als Kind gehänselt und ausgeschlossen worden war und dem man als erwachsenem Mann verächtlich begegnete und nur drittklassige

Jobs gab, die er bald darauf wieder verlor. Es war die Welt von jemandem, der sich selbst nur selten als vollwertigen Menschen empfunden beziehungsweise behandelt gefühlt hatte.

Er war oft kindisch, manchmal auch boshaft, und neigte zu plötzlichen Wutausbrüchen. Die Sprache, die er dann benutzte, war die eines Kindes. «Ich werf dir Baggermatsch ins Gesicht!» hörte ich ihn einmal schreien, und gelegentlich spuckte er andere an oder trat nach ihnen. Er schniefte, er wusch sich selten, er wischte sich die Nase mit dem Ärmel ab, und dabei sah er aus wie ein kleines, schmuddeliges Kind (und zweifellos fühlte er sich auch so). Diese kindlichen Eigenarten, sein Mangel an zwischenmenschlicher Wärme und Freundlichkeit sowie die irritierende Prahlerei mit seinem eidetischen Gedächtnis verhinderten, daß er Freunde fand. Im Heim war er bald unbeliebt und wurde von vielen der Bewohner geschnitten. Eine Krise entwickelte sich – Martin regredierte mit jeder Woche, mit jedem Tag mehr. Anfangs waren alle ratlos. Zunächst tat man das ganze Problem als «Anpassungsschwierigkeiten» ab, wie sie alle Patienten haben, die nach einem selbständigen Leben «draußen» in ein Heim kommen. Aber die Krankenschwester hatte das Gefühl, daß es hier um etwas Spezifischeres ging. «Irgend etwas zehrt an ihm, ein Hunger, ein nagender Hunger, den wir nicht stillen können. Es macht ihn kaputt», sagte sie. «Wir müssen etwas *tun*.»

Also suchte ich Martin im Januar ein zweites Mal auf – und fand einen völlig veränderten Menschen vor: Er war nicht mehr keck und eingebildet wie früher, sondern verzehrte sich vor Sehnsucht und wurde von seelischen und auch körperlichen Schmerzen gequält.

«Was ist los mit Ihnen?» fragte ich.

«Ich muß singen», sagte er mit heiserer Stimme. «Ohne das kann ich nicht leben. Und mir geht es nicht nur um die Musik – ohne Musik kann ich auch nicht beten.» Und dann, mit einem plötzlichen Aufblitzen seines alten Gedächtnisses, fuhr er fort: «‹Für Bach war Musik ein Hilfsmittel zum Gottesdienst› – Grove, Eintrag über Bach, Seite 304... Jeden Sonntag», fuhr er sanfter, nachdenklicher fort, «bin ich zur Kirche gegangen und habe im Chor gesungen. Zuerst mit meinem Vater und dann, nach seinem Tod 1955, allein. *Ich muß einfach*», rief er erregt. «Ich sterbe, wenn ich nicht singen kann.»

«Natürlich können Sie in die Kirche gehen», antwortete ich. «Wir wußten nicht, daß Ihnen das so sehr fehlt.»

Die Kirche lag in der Nähe des Heims, und Martin wurde herzlich begrüßt – nicht nur als treues Mitglied der Gemeinde und des Chors, sondern als Leiter des Chors, der er, wie sein Vater vor ihm, gewesen war.

Von Stund an änderte sich sein Leben grundlegend. Martin hatte das Gefühl, den Platz, der ihm zukam, wieder eingenommen zu haben. Er konnte singen, er konnte jeden Sonntag durch Bachs Musik Gott dienen, und er konnte die stille Autorität genießen, die man ihm zugestand.

«Sehen Sie», sagte er bei meinem nächsten Besuch zu mir, und es klang nicht, als wolle er sich dessen brüsten, sondern als stelle er lediglich eine Tatsache fest, «diese Leute hier wissen, daß ich Bachs gesamtes Orgel- und Gesangswerk kenne. Ich kenne alle Kirchenkantaten, alle zweihundertzwei, die Grove aufgeführt hat, und ich weiß, an welchen Sonn- und Feiertagen sie gesungen werden sollen. Dies ist die einzige Kirche in der Diözese, die ein richtiges Orchester und einen Chor hat, die einzige, in der alle Gesangswerke von Bach regelmäßig aufgeführt werden. Jeden Sonntag singen wir eine Kantate – und nächstes Ostern werden wir die ‹Matthäus-Passion› singen!»

Ich fand es eigenartig und rührend, daß Martin, ein Retardierter, eine solche Leidenschaft für Bachs Musik empfand. Bach war so intellektuell – und Martin war ein Einfaltspinsel. Erst als ich bei meinen Besuchen Kassetten mit den Kantaten und einmal mit dem «Magnificat» mitbrachte, erkannte ich, daß Martins musikalische Intelligenz trotz all seiner intellektuellen Beschränktheit durchaus in der Lage war, einen großen Teil der technischen Komplexität des Bachschen Werks zu würdigen. Darüber hinaus merkte ich, daß Intelligenz in diesem Fall gar keine Rolle spielte. Für ihn war Bach lebendig, und er, Martin, lebte für ihn.

Martin hatte tatsächlich «abnorme» musikalische Fähigkeiten – aber sie wirkten nur abnorm, wenn man sie isoliert von ihrem richtigen und natürlichen Kontext betrachtete.

Was für Martin, wie vor ihm für seinen Vater, im Mittelpunkt stand und was jene tiefe Verbundenheit zwischen den beiden geschaffen hatte, war immer der *Geist* der Musik (besonders der religiösen Musik) und der Stimme gewesen, jenes göttlichen Instruments, dessen Aufgabe es ist, zu singen und sich zu Lob und Preis zu erheben.

Sobald Martin zur Kirche und zur Musik zurückgekehrt war, begann er, sich zu verändern – er erholte sich, er sammelte sich, er wurde wieder wirklich. Die Pseudopersönlichkeiten – der gezeichnete Retardierte, der rotznasige, spuckende kleine Junge – verschwanden, und mit ihnen verschwand der aufreizende, emotionslose, unpersönliche Eidetiker. Der wirkliche Mensch kam wieder zum Vorschein: ein würdiger, anständiger Mann, den die anderen Bewohner des Heims jetzt respektierten und schätzten.

Aber wirklich wunderbar war es, Martin zuzusehen, wenn er sang oder, eins geworden mit der Musik, mit einer an Verzückung grenzenden Hingabe lauschte – dann war er «ein Mann in seiner Ganzheit, ganz und gar anwesend». In diesen Augenblicken war Martin – wie Rebecca, wenn sie etwas auf der Bühne aufführte, oder José, wenn er zeichnete, oder die Zwillinge bei ihrem seltsamen Umgang mit Zahlen – mit einem Wort: wie ausgewechselt. Alles Fehlerhafte oder Pathologische fiel von ihm ab, und man sah nur einen versunkenen und beseelten, einen ganzen und gesunden Menschen.

Nachschrift

Diese und die beiden folgenden Fallstudien schrieb ich ausschließlich auf der Grundlage eigener Erfahrungen. Ich kannte fast keine Literatur zu diesem Thema, ich wußte nicht einmal, daß es überhaupt eine umfangreiche Literatur dazu *gab* (siehe zum Beispiel die 52 Literaturangaben in Lewis Hill 1974). Erst als «Die Zwillinge» erschien und ich körbeweise Briefe und Separatdrucke erhielt, merkte ich, wie viele, oft widersprüchliche und faszinierende, Veröffentlichungen zu diesem Thema vorliegen.

Vor allem eine gelungene und detaillierte Fallstudie von David Viscott (1970) erregte meine Aufmerksamkeit. Zwischen seiner Patientin Harriet G. und Martin gibt es viele Parallelen. Beide verfügten über außergewöhnliche Fähigkeiten, die sie manchmal in «azentrischer» und lebensverneinender Weise, manchmal hingegen als lebensbejahende und kreative Impulse einsetzten. So kannte Harriet die ersten drei Seiten des Bostoner Telefonbuchs, die ihr Vater ihr vorgelesen hatte, auswendig («und konnte noch Jahre später jede gewünschte Nummer, die auf diesen Seiten stand, aufsagen»), war aber andererseits auch erstaunlich kreativ; sie schrieb Musikstücke und konnte im Stil jedes Komponisten Melodien kreieren und improvisieren.

Offenbar konnte man beide – wie auch die Zwillinge (siehe nächstes Kapitel) – zu jener Art von mechanischen Leistungen drängen, die als typisch für *idiots savants* gelten – Leistungen, die ebenso erstaunlich wie sinnlos sind. Beide aber (wie auch die Zwillinge) waren, wenn sie nicht gerade dem Druck von außen gehorchten oder den inneren Drang verspürten, diese Leistungen zu vollbringen, auf einer ständigen Suche nach Schönheit und Ordnung. Obwohl Martin ein erstaunliches Gedächtnis für wahllos herausgegriffene, unbedeutende Fakten hat, bereitet ihm die Erfahrung von Ordnung und Zusammenhang die größte Freude, sei es im musikalisch und religiös geordneten Aufbau einer Kantate, sei es in der enzyklopädischen Struktur des Musiklexikons. Sowohl Bach als auch dieses Lexikon vermitteln eine *Welt*. Martin – und auch Viscotts Patientin – steht *keine andere* Welt als die der Musik zur Verfügung. Aber diese Welt ist real; sie vermittelt ihm ein Gefühl der Wirklichkeit und vermag ihn umzuformen. Dies bei Martin zu beobachten ist eine wunderbare Erfahrung – und offenbar verhielt es sich mit Harriet G. genauso: «Diese plumpe, linkische Frau, diese zu groß geratene Fünfjährige, war wie umgewandelt, als sie auf meine Bitte im Rahmen eines Seminars im Boston State Hospital auftrat. Ernst nahm sie Platz, wartete ruhig, mit gesenktem Kopf, bis es still geworden war, und legte ihre Hände langsam auf die Tastatur, wo sie sie einen Moment lang ruhen ließ. Dann nickte sie und begann, mit dem Gefühl und der Ausdruckskraft einer Konzertpianistin zu spielen. Von dieser Sekunde an war sie ein anderer Mensch.»

Man redet über *idiots savants*, als beherrschten sie einen ausgefallenen «Trick» oder besäßen eine Art mechanisches Talent, nicht aber ein echtes Verständnis oder wirkliche Intelligenz. In Martins Fall dachte ich zunächst auch so – bis ich ihm das «Magnificat» vorspielte. Erst da wurde mir bewußt, daß Martin in der Lage war, die ganze Komplexität dieses Werkes zu verstehen, und daß es sich hier nicht um einen Trick oder um ein bemerkenswertes Gedächtnis, sondern um eine echte und hochentwickelte musikalische Intelligenz handelte. Mein Interesse war daher sofort geweckt, als ich nach der ersten Veröffentlichung dieses Buches einen Aufsatz von L. K. Miller aus Chicago erhielt, in dem dieser die Ergebnisse einer eingehenden Untersuchung schildert, die an einem fünfjährigen Wunderkind vorgenommen worden war, das infolge einer Rötel-Erkrankung der Mutter körperlich und geistig schwer behindert ist. Die Studie bewies, daß hier kein in irgendeiner Weise mechanisches Gedächtnis vorlag, sondern «ein beeindruckendes Gefühl für die Regeln der Komposition, vor allem für die Rolle, die verschiedene Töne bei der Bestimmung von [diatonischen] Tonarten spielen... [was auf] eine implizite Kenntnis der Strukturregeln in einem generativen Sinne [hindeutet], das heißt Regeln, die nicht aufgrund eigener Erfahrungen aus spezifischen Beispielen abgeleitet sein können». Ich bin davon überzeugt, daß dies auch bei Martin der Fall ist – und man muß sich fragen, ob es nicht für *alle idiots savants* gilt. Vielleicht beherrschen sie nicht nur irgendeinen mechanischen «Trick», sondern verfügen auf jenem besonderen Gebiet, auf dem sie sich hervortun (dem musikalischen, rechnerischen, visuellen oder irgendeinem anderen), über eine echte und kreative Intelligenz. Daß die Leistungen, die Martin, José oder die Zwillinge in einem bestimmten, wenn auch sehr eng umrissenen und besonderen Bereich an den Tag legen, auf *Intelligenz* beruhen, ist letztlich nicht bestreitbar. Und eben diese *Intelligenz* ist es, die erkannt und gefördert werden muß.

23

Die Zwillinge

Als ich den Zwillingen John und Michael 1966 in einem staatlichen Krankenhaus zum erstenmal begegnete, waren sie bereits Berühmtheiten. Sie waren im Radio und im Fernsehen
aufgetreten und Gegenstand eingehender wissenschaftlicher
und eher populärer Darstellungen geworden.* Ich vermute,
daß sie sogar Eingang in die Science-fiction-Literatur gefunden haben, ein wenig «fiktionalisiert» zwar, im wesentlichen
aber in den Umrissen, die die Veröffentlichungen von ihnen
zeichneten.**

Die Zwillinge waren damals sechsundzwanzig Jahre alt und
seit ihrem siebten Lebensjahr immer in Heilanstalten gewesen.
In den Diagnosen hatte man sie mal als autistisch, mal als
psychotisch, mal als erheblich retardiert bezeichnet. Die meisten Berichte kamen zu dem Schluß, daß sie für das Thema
idiots savants nicht viel hergaben, sah man einmal von ihren
bemerkenswerten «dokumentarischen» Gedächtnissen ab, die
noch die winzigsten visuellen Einzelheiten ihrer eigenen Erfahrungen festhielten, und von der Tatsache, daß sie eine unbewußte, kalendarische Rechenweise beherrschten, die sie in die
Lage versetzte, sofort den Wochentag zu bestimmen, auf den
ein Datum der entferntesten Vergangenheit oder Zukunft fiel.
Dies ist die Meinung, die Steven Smith in seinem umfassenden
und anregenden Buch ‹*The Great Mental Calculators*› (1983)

---

* Zum Beispiel Horwitz et al. (1965); Hamblin (1966).
** Siehe Robert Silverbergs Roman ‹*Der Gesang der Neuronen*›.

vertritt. Seit Mitte der sechziger Jahre sind meines Wissens keine weiteren Untersuchungen über die Zwillinge mehr veröffentlicht worden – das kurze Interesse, das sie weckten, wurde durch die augenscheinliche «Lösung» der Probleme befriedigt, die sie aufgeworfen hatten.

Doch dies ist, glaube ich, ein Mißverständnis, ein ganz naheliegendes vielleicht, denkt man an die stereotypen Ansätze, die festgelegte Zielsetzung der Fragen, die Beschränkung auf diese oder jene «Aufgabe», mit denen die damaligen Untersuchenden die Zwillinge konfrontierten und mit denen sie sie – ihre Psychologie, ihre Methoden, ihr Leben – fast auf ein Nichts reduzierten.

Die Wirklichkeit ist weit rätselhafter, komplexer und unerklärlicher, als diese Studien nahelegen. Durch aggressive formale «Tests» jedoch läßt sich diese Realität ebensowenig enthüllen wie durch die immer gleichen Fragen in Fernseh-Talk-Shows.

Die Frage ist nicht, ob diese Untersuchungen oder Fernsehauftritte «falsch» sind. Sie sind ganz vernünftig, manchmal – in Grenzen – auch informativ, aber sie beschränken sich auf die sicht- und untersuchbare «Oberfläche» und gehen nicht in die Tiefe, ja sie lassen nicht einmal andeutungsweise vermuten, daß eine solche Tiefe überhaupt existiert.

Natürlich erhält man nur dann Hinweise auf diese Tiefen, wenn man aufhört, die Zwillinge zu testen und als «Untersuchungsgegenstand» zu betrachten. Man muß sich von diesem Drang, beständig einzugrenzen und auszufragen, befreien und die Zwillinge kennenlernen, sie beobachten, offen und ruhig, ohne Voreingenommenheit, aber mit einer uneingeschränkten und mitfühlenden phänomenologischen Aufgeschlossenheit für ihr Leben, ihr Denken und ihren Umgang miteinander. Man muß beobachten, wie sie spontan und auf die ihnen eigene Weise ihr Leben gestalten. Dann stellt sich heraus, daß hier etwas außerordentlich Mysteriöses am Werk ist, daß hier Kräfte und Abgründe einer möglicherweise fundamentalen Art existieren, die mir, obwohl ich die beiden nun schon seit achtzehn Jahren kenne, noch immer Rätsel aufgeben.

Wenn man den beiden das erste Mal begegnet, wirken sie

nicht sehr anziehend: Sie sind eine groteske Variante von
Zwiddeldei und Zwiddeldum, nicht voneinander zu unterscheiden, Spiegelbilder, identisch im Gesicht, in den Kör-
perbewegungen, in der Persönlichkeitsstruktur und in ihrem
Wesen, identisch auch in Art und Ausmaß ihrer Hirn- und Ge-
webeläsionen. Sie haben zwergenhafte Körper mit beunruhigend unproportionierten Köpfen und Händen, Steilgaumen,
hochgewölbte Füße, monotone, piepsende Stimmen, eine
Vielzahl sonderbarer Tics und Eigenarten, dazu eine starke
fortschreitende Kurzsichtigkeit, die sie zwingt, so dicke Bril-
len zu tragen, daß auch ihre Augen überdimensional erscheinen, wodurch sie aussehen wie absurde kleine Professoren, die
mit einer unangebrachten, besessenen und lächerlichen Konzentration hierhin und dorthin starren und deuten. Dieser Eindruck verstärkt sich, sobald man sie befragt – oder es ihnen
gestattet, ihrer Neigung nachzugeben und wie Marionetten-
puppen eine spontane «Standardaufführung» zu geben.
   Das ist das Bild, das durch die Veröffentlichungen über sie,
durch ihre Bühnenauftritte – sie pflegen bei der alljährlichen
Show der Klinik, in der ich arbeite, mitzuwirken – und durch
ihre nicht gerade seltenen und ziemlich peinlichen Darbietungen im Fernsehen entstanden ist.
   Die unter diesen Umständen festgestellten «Tatsachen» sind
wieder und wieder untersucht und überprüft worden. Die
Zwillinge sagen: «Nennt uns ein Datum – irgendwann in den
letzten oder den nächsten vierzigtausend Jahren.» Man ruft ihnen ein Datum zu, und fast sofort geben sie den Wochentag an,
auf den es fällt. «Noch ein Datum!» rufen sie, und die Vorfüh-
rung wiederholt sich. Sie können auch den Termin jedes belie-
bigen Osterfestes im Zeitraum dieser achtzigtausend Jahre
nennen. Dabei kann man beobachten (was im übrigen normalerweise in den Berichten nicht erwähnt wird), daß sich ihre
Augen auf eine ganz eigentümliche Weise bewegen – als betrachteten oder untersuchten sie eine innere Landschaft, einen
geistigen Kalender. Sie machen den Eindruck des «Sehens»,
einer intensiven Visualisierung, obwohl man festgestellt hat,
daß es bei diesen Vorgängen nur um reines Rechnen geht.
   Ihr Zahlengedächtnis ist ungeheuerlich, vielleicht sogar un-

begrenzt. Mit gleichbleibender Lässigkeit wiederholen sie drei-, dreißig- oder dreihundertstellige Zahlen. Auch diese Fähigkeit hat man einer «Methode» zugeschrieben.

Wenn man jedoch ihre Rechenfähigkeit untersucht – die typische Domäne mathematischer Wunderkinder und «Kopfrechner» –, schneiden sie überraschend schlecht ab, so schlecht, wie es ihre IQs von sechzig auch nahelegen. Sie scheitern an einfachen Additionen oder Subtraktionen, und was Multiplizieren oder Dividieren bedeutet, können sie nicht einmal begreifen. Womit haben wir es zu tun: mit «Rechnern», die nicht rechnen können und die nicht einmal die einfachsten Grundbegriffe der Arithmetik beherrschen?

Und doch nennt man sie «Kalenderrechner» – und man hat, praktisch ohne jede Begründung, unterstellt und akzeptiert, daß es hier nicht um das Gedächtnis geht, sondern um die Anwendung einer unbewußten Rechenmethode zur Kalenderberechnung. Wenn man daran denkt, daß sogar Carl Friedrich Gauß, einer der größten Mathematiker und ein Rechengenie, erhebliche Schwierigkeiten hatte, eine Berechnungsmethode für den Ostertermin zu finden, so ist es kaum glaubhaft, daß diese Zwillinge, die nicht einmal die einfachsten Grundregeln der Arithmetik beherrschen, eine solche Methode abgeleitet, ausgearbeitet und in Anwendung gebracht haben könnten. Es ist bekannt, daß sehr viele Rechenkünstler tatsächlich über ein großes Repertoire von Methoden und Berechnungstechniken verfügen, die sie für sich selbst ausgearbeitet haben. Vielleicht verleitete dieses Wissen W. A. Horwitz und seine Koautoren zu dem Schluß, daß dies auch auf die Zwillinge zutreffe.

Steven Smith hat diese frühen Untersuchungen für bare Münze genommen. Er kommentiert: «Etwas Rätselhaftes, wenn auch Alltägliches ist hier am Werk – die mysteriöse Fähigkeit des Menschen, auf der Grundlage von Beispielen unbewußte Rechentechniken zu entwerfen.»

Wenn das alles wäre, dann wären die Zwillinge tatsächlich etwas Alltägliches, und man könnte nicht von etwas Rätselhaftem reden, denn die Berechnung von Algorithmen, die ebensogut eine Maschine vornehmen kann, ist im wesentlichen mechanisch, fällt unter die Rubrik «Probleme» und hat mit «Rätseln» nichts zu tun.

Und doch offenbart sich selbst in einigen ihrer Auftritte, ihrer «Tricks» eine Qualität, die den Betrachter stutzig macht. Die Zwillinge können uns für jeden Tag ihres Lebens (etwa von ihrem vierten Lebensjahr an) berichten, wie das Wetter war und welche Ereignisse stattgefunden haben. Ihre Art zu reden – Robert Silverberg hat sie in der Figur des Melangio genau festgehalten – ist gleichzeitig kindlich, detailbesessen und ohne Emotionen. Man nennt ihnen ein Datum, sie verdrehen einen Moment lang die Augen, blicken dann starr vor sich hin und erzählen mit flacher, monotoner Stimme vom Wetter, von den wenigen politischen Ereignissen, von denen sie gehört haben, und von Erinnerungen aus ihrem Leben – dazu gehören oft schmerzliche und tief eingebrannte Traumata der Kindheit, die Verachtung, der Hohn, die Erniedrigungen, die sie erleiden mußten. Doch all das erzählen sie in einem gleichbleibenden Ton, der nicht den kleinsten Hinweis auf persönliche Betroffenheit oder Gefühle gibt. Es geht hier offensichtlich um Erinnerungen «dokumentarischer» Art, in denen kein Bezug auf etwas Persönliches, keine persönliche Betroffenheit, kein lebendiges Zentrum existiert.

Nun könnte man einwenden, daß persönliches Engagement und eigene Gefühle aus diesen Erinnerungen auf jene defensive Art und Weise gelöscht worden sind, die man bei schizoiden oder von Zwangsvorstellungen befallenen Patienten (beides trifft ganz sicher auf die Zwillinge zu) beobachten kann. Aber mit demselben, wenn nicht gar größeren Recht könnte man argumentieren, daß solche Erinnerungen überhaupt nie persönlicher Natur gewesen seien, denn eben dies ist der wesentliche Charakterzug eines eidetischen Gedächtnisses.

Was nämlich hervorgehoben werden muß – und das ist allen bisherigen Beobachtern entgangen, für einen naiven Zuhörer aber, der die Bereitschaft mitbringt, sich in Erstaunen versetzen zu lassen, durchaus offensichtlich –, ist die Größenordnung des Gedächtnisses der Zwillinge, sein offenbar grenzenloses Fassungsvermögen (so kindlich und banal der Inhalt auch sein mag) und damit auch die Art und Weise, in der die Erinnerungen hervorgeholt werden. Und wenn man sie fragt, wie sie so viel in ihrem Gedächtnis bewahren können – eine dreihundertstellige Zahl oder die Milliarde Ereignisse von vier Jahrzehnten –, so sagen sie ganz einfach: «Wir sehen es.» Und «Sehen» oder «Visualisieren» von ungeheurer Intensität, grenzenloser Ausdehnung und absoluter Exaktheit scheint der Schlüssel zu sein. Es geht offenbar um eine angeborene physiologische Fähigkeit ihres Verstandes, analog etwa der, über die der in A. R. Lurijas ‹The Mind of the Mnemonist› beschriebene Patient verfügte. Auch dieser «sah»; allerdings scheinen die Zwillinge nicht die Kunst der Zusammenführung und bewußten Organisierung der Erinnerungen entwickelt zu haben, die jener Patient so souverän beherrschte. Ich habe jedoch nicht den geringsten Zweifel, daß die Zwillinge ein gewaltiges Panorama überblikken, eine Art Landschaft oder Physiognomie von allem, was sie je gehört, gesehen, gedacht oder getan haben, und daß sie mit einem Augenzwinkern, nach außen sichtbar als ein kurzes Rollen und Fixieren der Augen, in der Lage sind, mit dem «geistigen Auge» fast alles zu erfassen und zu «sehen», was sich in dieser ungeheuren Landschaft befindet.

Eine solche Gedächtnisleistung ist sehr ungewöhnlich, aber kaum einzigartig. Wir wissen nichts oder nur sehr wenig darüber, warum die Zwillinge oder irgend jemand anders darüber verfügt. Steckt also, wie ich angedeutet habe, noch etwas in den Zwillingen, was unser Interesse in höherem Grade verdient? Ich glaube, ja.

Von Sir Herbert Oakley, der im 19. Jahrhundert in Edinburgh Professor für Musik war, wird berichtet, daß er einmal auf einem Bauernhof ein Schwein quieken hörte und sofort rief: «Gis!» Jemand lief zum Klavier – und tatsächlich, es war gis. Mein erster Einblick in die «natürlichen» Fähigkeiten und die «natürlichen» Methoden der Zwillinge erfolgte auf eine ähnlich spontane und, wie ich fand, komische Art und Weise.

Eine Streichholzschachtel fiel vom Tisch, und der Inhalt lag verstreut auf dem Boden. «Hundertelf», riefen beide gleichzeitig; dann murmelte John: «Siebenunddreißig». Michael wiederholte das, John sagte es ein drittes Mal und hielt inne. Ich zählte die Streichhölzer – das dauerte einige Zeit –, und es waren einhundertelf.

«Wie konntet ihr die Hölzer so schnell zählen?» fragte ich sie. «Wir haben sie nicht gezählt», antworteten sie. «Wir haben die Hundertelf *gesehen*.»

Ähnliche Geschichten erzählt man sich von Zacharias Dase, dem Zahlenwunder, der sofort «Hundertdreiundachtzig» oder «Neunundsiebzig» rief, wenn ein Glas mit Erbsen ausgeschüttet wurde, und der, so gut er konnte – auch er war ein Einfaltspinsel –, klarzumachen versuchte, daß er die Erbsen nicht zählte, sondern ihre Zahl im ganzen, blitzartig, «sah».

«Und warum habt ihr ‹Siebenunddreißig› gemurmelt und das zweimal wiederholt?» fragte ich die Zwillinge. Sie sagten im Chor: «Siebenunddreißig, siebenunddreißig, siebenunddreißig, hundertelf.»

Und dies fand ich noch verwirrender. Daß sie einhundertelf – die «Hundertelfheit» – blitzartig «sehen» können sollten, war ungewöhnlich, aber vielleicht nicht ungewöhnlicher als Oakleys «Gis» – sozusagen eine Art «absolutes Gehör» für Zahlen. Doch dann hatten sie die Zahl Hundertelf noch in «Faktoren» zerlegt, ohne über eine Methode für diesen Vorgang zu verfügen, ja ohne (im üblichen Sinne) zu «wissen», was ein Faktor überhaupt ist. Hatte ich nicht bereits festgestellt, daß sie unfähig waren, auch nur die einfachsten Rechenvorgänge durchzuführen, und nicht «verstanden» (oder zu verstehen schienen), was multiplizieren oder teilen eigentlich bedeutet? Und doch hatten sie jetzt, ganz spontan, eine Zahl in drei Teile zerlegt.

«Wie habt ihr das herausbekommen?» fragte ich ziemlich erbost. Sie erklärten, so gut sie konnten, in armseligen, unzureichenden Begriffen – aber vielleicht gibt es hierfür auch gar keine passenden Worte –, sie hätten es nicht «herausbekommen», sondern es nur blitzartig «gesehen». Mit zwei ausgestreckten Fingern und seinem Daumen machte John eine Geste, die offenbar bedeuten sollte, daß sie die Zahl spontan *dreigeteilt* hätten oder daß sie ganz von selbst in diese drei gleichen Teile «zerbrochen» sei, wie durch eine plötzliche numerische «Spaltung». Meine Überraschung schien sie zu überraschen –

als sei *ich* irgendwie blind; und John Geste vermittelte ein Gefühl unmittelbarer, *direkt erlebter* Realität. Ist es möglich, fragte ich mich, daß sie die Eigenschaften von Zahlen irgendwie «sehen» können, und zwar nicht auf begriffliche, abstrakte Art, sondern als *Qualitäten*, auf eine unmittelbare, konkrete Weise sinnlich und fühlbar? Und nicht nur isolierte Eigenschaften, wie «Hundertelfheit», sondern auch Eigenschaften der Beziehungen? Daß sie gar, ähnlich wie Sir Herbert Oakley, sagen könnten: «Eine Terz» oder «Eine Quinte»?

Durch die Gabe der Zwillinge, Ereignisse und Daten zu «sehen», hatte ich den Eindruck, daß sie in ihrem Gedächtnis eine riesige Erinnerungstapete, eine weite (vielleicht unendliche) Landschaft hatten, auf der alles zu sehen war, entweder isoliert oder in Beziehung zueinander. Beim Entfalten ihrer unerbittlichen, zufallsbestimmten «Dokumentationen» stand die Isolierung wohl mehr im Vordergrund als das Gefühl für Beziehungen. Doch könnte nicht eine derart erstaunliche Fähigkeit zur Visualisierung – eine im wesentlichen konkrete Fähigkeit und ganz deutlich von der Konzeptualisierung unterschieden – es den Zwillingen möglich machen, willkürliche oder signifikante Beziehungen zu sehen, formale Beziehungen oder Beziehungen zwischen Formen? Wenn sie auf einen Blick «Hundertelfheit» sehen konnten (wenn sie eine ganze «Konstellation» von Zahlen sehen konnten), sollten sie dann nicht auch auf einen Blick ungeheuer komplexe Zahlenformationen und -konstellationen sehen, erkennen, miteinander in Verbindung bringen und vergleichen können, und zwar auf eine ausschließlich sinnliche und nichtintellektuelle Art? Eine lächerliche, zu Verkümmerung führende Fähigkeit – ich dachte an Borges' Figur Funes: «Wir nehmen mit einem Blick drei Gläser auf einem Tische wahr; Funes alle Triebe, Trauben und Beeren, die zu einem Rebstock gehören... Ein Kreis auf einer Schiefertafel, ein Rhombus sind Formen, die wir ganz und gar wahrnehmen können; ebenso erging es Funes mit den verwehten Haaren eines jungen Pferdes – mit einer Viehherde auf einem Hügel... Ich weiß nicht, wie viele Sterne er am Himmel sah.»

War es möglich, daß die Zwillinge mit ihrer eigenartigen Leidenschaft für Zahlen und ihrer Beherrschung von Zahlen, daß diese Zwillinge, die auf einen Blick «Hundertelfheit» gesehen hatten, in ihrem Geist vielleicht einen aus Zahlen bestehenden «Rebstock» erfassen konnten, mit all den Zahlen-Blättern, Zahlen-Zweigen, Zahlen-Früchten, aus denen er besteht? Ein befremdlicher, vielleicht absurder, fast unmöglicher Gedanke – aber was sie mir gezeigt hatten, war ohnehin schon so seltsam, daß es mein Verständnis fast überstieg, und doch erschien es mir nur wie eine Andeutung dessen, wozu sie fähig waren.

Ich dachte über die Sache nach, aber das Nachdenken brachte mich kaum weiter. Und dann vergaß ich es – bis zu einer zweiten, sich spontan entwickelnden Situation, einem magischen Geschehen, in das ich ganz zufällig hineinstolperte.

Diesmal saßen sie zusammen in einer Ecke, mit einem rätselhaften, heimlichen Lächeln auf ihren Gesichtern, einem Lächeln, das ich noch nie zuvor gesehen hatte. Sie schienen ein seltsames Vergnügen, einen seltsamen Seelenfrieden gefunden zu haben und zu genießen. Ich näherte mich ihnen vorsichtig, um sie nicht zu stören. Es hatte den Anschein, als seien sie in eine einzigartige, rein numerische Unterhaltung vertieft. John nannte eine Zahl, eine sechsstellige Zahl. Michael griff die Zahl auf, nickte, lächelte und schien sie sich gewissermaßen auf der Zunge zergehen zu lassen. Dann nannte er seinerseits eine andere sechsstellige Zahl, und nun war es John, der sie entgegennahm und auskostete. Von weitem sahen sie aus wie zwei Connaisseurs bei einer Weinprobe, die sich an einem seltenen Geschmack, an erlesenen Genüssen ergötzen. Verwirrt und wie gebannt saß ich, ohne von ihnen bemerkt zu werden, ganz still da.

Was machten sie da? Was in aller Welt ging da vor? Ich konnte mir keinen Reim darauf machen. Vielleicht war es eine Art Spiel, aber es hatte etwas Bedeutungsvolles, eine Art von heiterer, meditativer und fast heiliger Intensität, wie ich sie bislang bei keinem gewöhnlichen Spiel beobachtet und bei den normalerweise aufgeregten und zerstreuten Zwillingen ganz sicher nie zuvor gesehen hatte. Ich begnügte mich damit, die Zahlen aufzuschreiben, die sie hervorbrachten – jene

Zahlen, die ihnen ein so offensichtliches Vergnügen bereiteten, die sie «abwogen», genossen, miteinander teilten.

Auf dem Heimweg fragte ich mich, ob diese Zahlen irgendeine Bedeutung haben konnten, einen «realen» oder universalen Sinn, oder ob dieser Sinn (wenn es ihn überhaupt gab) lediglich einer Schrulligkeit, einer privaten Übereinkunft entsprang, wie bei den «Geheimsprachen», die Geschwister manchmal erfinden. Ich dachte an die Zwillinge, die Lurija studiert hatte – Ljoscha und Jura, hirngeschädigte und sprachbehinderte eineiige Zwillinge, die in einer primitiven, babbelnden Sprache miteinander schwatzten, die nur sie allein verstanden (Lurija und Judowitsch 1970). John und Michael gebrauchten nicht einmal Worte oder halbe Worte – sie warfen sich lediglich Zahlen zu. Handelte es sich dabei sozusagen um «Borgessche» oder «Funessche» Zahlen, um numerische Rebstöcke oder Pferdemähnen, oder waren dies private Zahlenformen und Konstellationen – eine Art von numerischem Slang –, deren Bedeutung nur die Zwillinge kannten?

Zu Hause beugte ich mich über Tabellen von Logarithmen, Potenzen, Faktoren und Primzahlen – Erinnerungen und Relikte einer eigenartigen, einsamen Periode meiner eigenen Kindheit, in der auch ich über Zahlen gebrütet, Zahlen «gesehen» und für Zahlen eine ganz besondere Leidenschaft empfunden hatte. Die Vorahnung, die ich bereits gehabt hatte, wurde nun zur Gewißheit: *Alle Zahlen, jene sechsstelligen Zahlen, die die Zwillinge untereinander ausgetauscht hatten, waren Primzahlen* – das heißt Zahlen, die nur durch eins oder durch sich selbst zu teilen sind. Hatten die Zwillinge ein Buch wie das meine gesehen oder besessen, oder konnten sie auf eine unerklärliche Weise selbst Primzahlen «sehen», etwa so, wie sie die Hundertelfheit oder die dreifache Siebenunddreißig «gesehen» hatten? Ganz sicher konnten sie sie nicht *errechnet* haben – sie konnten überhaupt nichts errechnen.

Am nächsten Tag besuchte ich sie wieder in ihrer Abteilung. Mein Buch mit den Tabellen und Primzahlen hatte ich mitgebracht. Wieder fand ich sie in ihrer Zahlenandacht vereint, aber diesmal setzte ich mich, ohne ein Wort zu sagen, zu ihnen. Zuerst waren sie überrascht, aber als ich sie nicht unterbrach, nahmen sie ihr «Spiel» mit sechsstelligen Primzahlen wieder auf. Nach einigen Minuten beschloß ich, ebenfalls mitzuspielen, und nannte eine achtstellige Primzahl. Beide wandten sich mir zu und schwiegen plötzlich. Auf ihren Gesichtern lag ein Zug von intensiver Konzentration und vielleicht auch Erstaunen. Es entstand eine lange Pause – die längste, die ich sie je hatte machen sehen, sie muß eine halbe Minute oder länger gedauert haben –, und dann begannen sie plötzlich gleichzeitig zu lächeln.

Nach einer rätselhaften gedanklichen Prüfung hatten sie mit einemmal meine eigene achtstellige Zahl als Primzahl erkannt, und das bereitete ihnen offenbar eine große Freude, eine doppelte Freude: einmal, weil ich sie mit einem verlockenden neuen Spielzeug bekannt gemacht hatte, einer Primzahl, der sie noch nie zuvor begegnet waren, und zum zweiten, weil es ganz offensichtlich war, daß ich erkannt hatte, was sie taten, daß es mir gefiel, daß ich es bewunderte und mich daran beteiligen konnte.

Sie rückten ein Stück auseinander, um mir, dem neuen Zahlenspielkameraden, dem dritten in ihrer Welt, Platz zu machen. Dann dachte John, der immer die Führung übernahm, eine lange Zeit nach – mindestens fünf Minuten lang, während deren ich mich nicht zu rühren wagte und kaum atmete – und nannte eine neunstellige Zahl; nach einer ebenfalls langen Pause antwortete sein Zwillingsbruder Michael mit einer ähnlichen Zahl. Als nun die Reihe wieder an mir war, warf ich heimlich einen Blick in mein Buch und steuerte meinen eigenen, ziemlich unehrlichen Beitrag bei: eine zehnstellige Primzahl, die ich in den Tabellen gefunden hatte.

Wieder und noch länger als zuvor herrschte verwundertes Schweigen. Nach eingehender Kontemplation nannte John schließlich eine zwölfstellige Zahl. Ich konnte sie weder überprüfen noch mit einer eigenen Zahl antworten, denn mein Buch – das meines Wissens einmalig in seiner Art war – hörte bei zehnstelligen Primzahlen auf. Aber Michael war der Herausforderung gewachsen, wenn er auch fünf Minuten dafür brauchte – und eine Stunde später tauschten die Zwillinge zwanzigstellige Primzahlen aus. Das jedenfalls nahm ich an, denn ich besaß keine Möglichkeit, diese Zahlen zu überprüfen. Das war damals, im Jahre 1966, auch gar nicht so einfach, sofern man nicht über einen hochentwickelten Computer verfügte. Und selbst dann wäre es schwierig gewesen, denn es *gibt* keine einfache Art, Primzahlen zu errechnen – ganz gleich, ob man das Sieb des Eratosthenes benutzt oder irgendeine andere Rechenweise. *Es gibt keine einfache Methode, Primzahlen in dieser Größenordnung zu errechnen – und doch taten die Zwillinge genau das.* (Vgl. jedoch die Nachschrift.)

Wieder dachte ich an Dase, von dem ich vor Jahren in Frederic William Henry Myers' faszinierendem Buch ‹Human Personality› (1903) gelesen hatte: «Wir wissen, daß es Dase (der vielleicht erfolgreichste dieser Zahlenkünstler) in ungewöhnlichem Maße an mathematischem Verständnis mangelte... Dennoch fertigte er in zwölf Jahren Tabellen der Faktoren und Primzahlen für die siebte und fast die ganze achte Million an – diese Leistung hätten nur wenige Menschen ohne mechanische Hilfsmittel innerhalb eines ganzen Lebens zustande gebracht.»

Man kann ihn daher, schreibt Myers, als den einzigen Mann bezeichnen, der sich um die Mathematik verdient gemacht hat, ohne die Grundrechenarten zu beherrschen.

Was Myers nicht klärt und was vielleicht auch nicht zu klären war, ist die Frage, ob Dase nach einer Methode arbeitete oder ob er (und einfache «Zahlensehen»-Experimente deuteten darauf hin) diese großen Primzahlen irgendwie «sah», wie es bei den Zwillingen offenbar der Fall war.

Während ich die Zwillinge still beobachtete, was für mich nicht schwierig war, da ich auf ihrer Station mein Büro hatte, erlebte ich sie in zahllosen anderen Zahlenspielen oder Zahlendialogen. Worum es dabei genau ging, konnte ich weder feststellen noch erraten.

Es dürfte jedoch wahrscheinlich, wenn nicht sogar sicher sein, daß sie mit «realen» Eigenschaften umgehen, denn der Zufall – zum Beispiel beliebig herausgesuchte Zahlen – bereitet ihnen kein oder nur ein sehr geringes Vergnügen. Ganz bestimmt müssen ihre Zahlen für sie einen «Sinn» ergeben – ähnlich vielleicht dem, den die Harmonie für einen Musiker hat.

Unwillkürlich vergleiche ich sie mit Musikern – oder mit dem ebenfalls retardierten Martin (Kapitel 22), der in den heiter-gelassenen, großartigen Klanggebäuden Bachs eine Manifestation der letzten Harmonie und Ordnung der Welt fand, einer Harmonie, die ihm wegen seiner intellektuellen Beschränktheit begrifflich nicht zugänglich war.

«Jeder, der harmonisch gebildet ist», schreibt Sir Thomas Browne, «ergötzt sich an Harmonie... und am tiefen Nachsinnen über den Höchsten Komponisten. Es ist in ihr mehr Göttliches, als sich dem Ohr erschließt; sie ist eine hieroglyphische und dunkle Lektion über die ganze Welt... ein spürbarer Anklang an jene Harmonie, die in den Ohren Gottes klingt... Die Seele... ist harmonisch und neigt am meisten der Musik zu.»

In ‹The Thread of Life› (1984) zieht Richard Wollheim einen scharfen Trennstrich zwischen Berechnungen und jenen Phänomenen, die er «ikonische» Bewußtseinszustände nennt, und er nimmt auch gleich mögliche Einwände gegen diese Trennung vorweg: «Man könnte gegen die Tatsache, daß alle Berechnungen nicht-ikonisch sind, einwenden, daß der Rechnende bisweilen seine Rechnungen optisch auf ein Blatt Papier wirft. Doch das ist kein Gegenbeispiel. Denn in einem solchen Fall wird nicht die Rechnung selbst dargestellt, sondern eine Repräsentation derselben; gerechnet wird in *Zahlen*, visualisiert werden dagegen *Chiffren*, die Zahlen darstellen.»

Von Leibniz dagegen stammt eine verlockende Analogie zwischen Zahlen und Musik: Das Vergnügen, schreibt er, das uns die Musik bereite, rühre vom unbewußten Zählen. Musik sei nichts als unbewußte Arithmetik.

Was also können wir über die Lage sagen, in der sich die Zwillinge und vielleicht noch andere befinden? Lawrence Weschler, der Enkel des Komponisten Ernst Toch, erzählte mir, sein Großvater habe sich eine sehr lange Zahlenkette nach einmaligem Hören sofort merken können, und zwar indem er diese Zahlenkette in eine Melodie «umwandelte» (wobei jeder Zahlenwert einer bestimmten Tonhöhe entsprach). Jedediah Buxton, einer der umständlichsten und zugleich beharrlichsten Arithmetiker aller Zeiten, ein Mann mit einer veritablen, ja pathologischen Leidenschaft für das Rechnen und für Zahlen (wie er selbst sagte, konnte ihn «das Kalkulieren trunken» machen), pflegte Musik und Schauspiel in Zahlen «umzusetzen». «Während des Tanzes», heißt es in einem Bericht aus dem Jahre 1754 über ihn, «betrachtete er aufmerksam die Zahl der Schritte; nach einem schönen Musikstück erklärte er, die zahllosen Töne, die die Musik hervorgebracht habe, hätten ihn über die Maßen verwirrt, und er besuchte sogar Mr. Garrick, nur um die Worte zu zählen, die jener aussprach, was ihm, wie er behauptete, vollkommen gelungen sei».

Dies ist ein hübsches, wenn auch extremes Beispielpaar – ein Musiker, der Zahlen in Musik, und ein Rechner, der Musik in Zahlen umwandelt. Man findet wohl selten so entgegengesetzte Arten oder Bedingungen des Bewußtseins.*

Ich glaube, daß die Zwillinge, die ja überhaupt nicht rechnen können, mit ihrem außerordentlichen «Gefühl» für Zahlen in dieser Beziehung eher Ähnlichkeit mit Toch als mit Buxton haben. Allerdings mit einer Ausnahme, und diese Ausnahme können normale Menschen wie wir uns nur schwer vorstellen: Die Zwillinge «übertragen» Zahlen nicht in Musik, sondern können sie in sich selbst erfühlen, und zwar als «Formen», als «Töne», wie die vielfältigen Formen, die in der Natur vorkommen. Sie sind keine Rechner, und ihr Verhältnis zu Zahlen ist «ikonisch». Sie beschwören seltsame Zahlenszenen, in denen sie sich wie zu Hause fühlen; sie wandern ungezwungen durch riesige Zahlenlandschaften; sie erschaffen, wie Dramatiker, eine ganze Welt von Zahlen. Vermutlich verfügen sie über eine einzigartige Phantasie – zu deren Besonderheiten es gehört, daß sie sich ausschließlich in Zahlen entwickelt. Anscheinend «operieren» sie nicht mit Zahlen wie ein Rechner; sie «sehen» sie unmittelbar, ikonisch, wie eine gewaltige Naturszene.

Fragt man nun weiter, ob es zu diesem «Ikonozismus» wenigstens eine Analogie gibt, dann wird man diese, glaube ich, am ehesten im Geist bestimmter Wissenschaftler finden. Di-

---

* Mit Buxton, der von diesen beiden vielleicht als der «Unnatürlichere» erscheint, läßt sich meine Patientin Miriam H. aus ‹Bewußtseinsdämmerungen› vergleichen, wenn sie ihre «arithmomanischen» Anfälle hatte.

mitrij Mendelejew zum Beispiel trug stets, auf Karten niedergeschrieben, die Zahlenangaben der Elemente mit sich, bis sie ihm so vertraut waren, daß er sie nicht mehr als Summe ihrer Eigenschaften betrachtete, sondern (in seinen eigenen Worten) als «vertraute Gesichter». Von da an sah er die Elemente ikonisch, physiognomisch, als «Gesichter», die miteinander verwandt waren, wie die Mitglieder einer Familie, und die, *in toto* und periodisch zusammengefügt, das formale Gesicht der Erde darstellten. Ein solcher wissenschaftlicher Geist ist im wesentlichen «ikonisch» und «sieht» die gesamte Natur als Gesichter und Szenen, vielleicht auch als Musik. Wenn diese innere «Vision» mit dem Phänomenalen verschmilzt, behält sie trotzdem ein integrales Verhältnis zur Welt der Materie; und wenn dieser Vorgang umgekehrt, von der Sphäre des Psychischen in die des Physikalischen, verläuft, entsteht die sekundäre oder externe Arbeit einer solchen Wissenschaft. («Der Philosoph sucht den Gesamtklang der Welt in sich tönen zu lassen», schreibt Nietzsche, «und ihn aus sich herauszustellen in Begriffen.») Ich glaube, daß die Zwillinge, auch wenn sie schwachsinnig sind, den Gesamtklang der Welt hören – aber sie hören ihn nur in Zahlen.

Unabhängig von der Intelligenz ist die Seele «harmonisch», und für manche, wie zum Beispiel Wissenschaftler und Mathematiker, ist der Sinn für Harmonie wohl in erster Linie durch den Intellekt bestimmt. Dennoch kann ich mir nichts Intellektuelles vorstellen, das nicht auch irgendwie sinnerfüllt ist – wie ja auch das Wort «Sinn» immer diese doppelte Bedeutung hat. Es muß also sinnerfüllt und in gewisser Weise auch «persönlich» sein, denn man kann nichts empfinden, nichts «sinnvoll» finden, wenn es nicht auf irgendeine Weise mit der eigenen Person verknüpft oder verknüpfbar ist. So stellen Bachs mächtige Klanggebäude nicht nur für Martin A. «eine hieroglyphische und dunkle Lektion über die ganze Welt» dar, sondern sind auch ein erkennbarer, einmaliger, inniger Teil von Bachs Persönlichkeit. Auch Martin A. spürte dies deutlich und verknüpfte es mit der Liebe, die er für seinen Vater empfand.

Die Zwillinge haben, glaube ich, nicht nur eine merkwürdige «Fähigkeit», sondern auch eine Sensibilität für Harmonien, die der Musik vielleicht sehr nahe liegt. Man könnte deshalb natürlich von einer «pythagoreischen» Sensibilität sprechen – verblüffend ist nicht, daß es sie gibt, sondern daß sie offenbar so selten vorkommt. Vielleicht ist das Bedürfnis, eine letztgültige Harmonie oder Ordnung zu finden oder zu erfühlen, ein universales Streben des Geistes, ganz gleich, welche Fähigkeiten er besitzt und welche Gestalt diese Harmonie dabei annimmt. Die Mathematik wurde seit jeher die «Königin der Wissenschaften» genannt, und Mathematiker haben die Zahl stets als das große Geheimnis betrachtet und die Welt als eine auf geheimnisvolle Weise durch die Macht der Zahlen organisierte Sphäre gesehen. Sehr schön drückt Bertrand Russell dies im Vorwort zu seiner ‹Autobiographie› aus: «Mit gleicher Leidenschaft habe ich nach Erkenntnis gestrebt. Ich wollte das Herz der Menschen ergründen. Ich wollte begreifen, warum die Sterne scheinen. Ich habe die Kraft zu erfassen gesucht, durch die nach den Pythagoreern die Zahl den Strom des Seins beherrscht.»

Es mag etwas befremdlich erscheinen, diese schwachsinnigen Zwillinge mit einem Intellekt, einem Geist wie dem von Bertrand Russell zu vergleichen. Dennoch ist dieser Vergleich nicht so weit hergeholt. Die Zwillinge leben ausschließlich in einer Gedankenwelt, die von Zahlen beherrscht wird. Die Herzen der Menschen oder das Funkeln der Sterne interessieren sie nicht. Und doch, so glaube ich, sind Zahlen für sie nicht «nur» Zahlen, sondern Bedeutungen, Boten, deren «Botschaft» die Welt ist.

Sie gehen nicht, wie die meisten Rechner, leichten Herzens an Zahlen heran. Sie interessieren sich nicht für das Rechnen, sie haben kein Verständnis, keine Begabung dafür. Statt dessen sind für sie Zahlen Gegenstand heiterer Betrachtungen – sie treten ihnen mit Respekt und Ehrerbietung entgegen. Für sie sind Zahlen heilig, bedeutungsträchtig. Sie sind *ihr* Mittel – wie die Musik für Martin A. –, das Wirken des Höchsten Komponisten zu begreifen.

Doch Zahlen sind für die Zwillinge nicht nur ehrfurchtgebietend, sie sind auch Freunde – vielleicht die einzigen Freunde, die ihnen in ihrem isolierten, autistischen Leben begegnet sind. Unter zahlenbegabten Menschen ist dies im übrigen eine recht weit verbreitete Empfindung – und Steven Smith, für den «die Methode» alles andere an Bedeutung übertrifft, gibt viele berückende Beispiele dafür an: etwa George Parker Bidder, der über seine frühe Kindheit schrieb: «Zahlen bis Hundert waren mir völlig vertraut, sie wurden sogar meine Freunde, und ich kannte alle ihre Verwandten und Bekannten»; oder der indische Mathematiker Shyam Marathe, ein Zeitgenosse Bidders: «Wenn ich sage, Zahlen seien meine Freunde, dann meine ich, daß ich mich irgendwann in der Vergangenheit einmal mit einer bestimmten Zahl auf verschiedene Arten beschäftigt und bei verschiedenen Gelegenheiten neue und faszinierende Eigenschaften herausgefunden habe, die in ihr verborgen waren. Wenn ich also bei einer Rechnung auf eine bekannte Zahl stoße, dann betrachte ich sie sofort als einen Freund.»

Im Zusammenhang mit der Wahrnehmung von Musik weist Hermann von Helmholtz darauf hin, daß zusammengesetzte Töne tatsächlich analysiert und in ihre Bestandteile zerlegt werden können, daß sie normalerweise aber als Qualitäten, als einzigartige Klangqualitäten und als ein unteilbares Ganzes gehört werden. Er spricht von einer «synthetischen Wahrnehmung», die die Analyse übersteigt und die unanalysierbare Essenz aller musikalischen Empfindung ist. Er vergleicht diese Klänge mit Gesichtern und stellt die Vermutung an, daß wir sie auf dieselbe, persönliche Art und Weise erkennen wie Gesichter. Für das Ohr seien Töne – und ganz gewiß Melodien – *tatsächlich* «Gesichter» und könnten als solche von ihm sofort als «Personen» («Persönlichkeiten») erkannt werden. Ein solches Erkennen setze Zuneigung, Gefühl und eine persönliche Beziehung voraus.

So scheint es auch denen zu gehen, die Zahlen lieben. Auch Zahlen können wie vertraute Gesichter wiedererkannt werden – und das unvermittelte, intuitive, persönliche Gefühl dabei ist: «Ich kenne dich!» * Der Mathematiker Wim Klein: «Zah-

* Angesichts der Frage, wie wir Gesichter wahrnehmen und wiedererkennen, stellen sich faszinierende grundlegende Probleme. Es deutet

len sind sozusagen meine Freunde. Für Sie ist das nicht so, stimmt's? Zum Beispiel 3844 – für Sie ist das bloß eine 3, eine 8, eine 4 und noch eine 4. Ich aber sage: ‹Hallo, 62²!›»

Ich glaube, daß die scheinbar so isolierten Zwillinge in einer Welt voller Freunde leben, daß sie Millionen, Milliarden von Zahlen haben, denen sie ein freundliches «Hallo» zurufen und die ganz gewiß dieses «Hallo» zurückgeben. Aber keine dieser Zahlen ist zufällig – wie 62^2 –, und soweit ich feststellen konnte, stoßen die Zwillinge auf sie (hier liegt das Geheimnis), ohne die herkömmlichen Methoden oder überhaupt eine Methode anzuwenden. Sie scheinen sich der direkten Erkenntnis zu bedienen – wie die Engel. Sie sehen, ganz unmittelbar, ein Universum, einen Himmel voller Zahlen. Und das verhilft ihnen, so einzigartig, so bizarr es auch sein mag – aber was gibt uns das Recht, hier von einem «pathologischen» Befund zu reden? –, zu einer außerordentlichen Selbstgenügsamkeit und Heiterkeit, die zu zerstören tragisch ausgehen könnte.

Zehn Jahre später *wurde* diese Heiterkeit zerstört. Man beschloß, daß die Zwillinge «zu ihrem eigenen Besten» getrennt werden sollten, um ihre «ungesunden Zwiegespräche» zu unterbinden und sie (wie es im medizin-soziologischen Jargon hieß) «in die Lage zu versetzen, ihrer Umwelt in einer sozial akzeptablen, angemessenen Art entgegenzutreten». So wurden sie 1977 getrennt, was zu Ergebnissen führte, die man entweder als befriedigend oder beklagenswert ansehen kann. Beide wurden in «halboffene Anstalten» verlegt und verrichteten dort unter strenger Aufsicht für ein Taschengeld niedere Arbeiten. Sie können jetzt sogar mit dem Bus fahren, wenn

nämlich vieles darauf hin, daß wir Gesichter (wenigstens vertraute Gesichter) direkt erkennen und nicht durch ein Sammeln oder eine schrittweise Analyse der hervorstechenden Merkmale. Dies zeigt sich, wie wir gesehen haben, am eindrucksvollsten bei einer «Prosopagnosie», bei der der Patient, infolge einer Verletzung der Hirnrinde im Hinterhauptbereich, nicht mehr in der Lage ist, Gesichter als solche zu erkennen, und den komplizierten, absurden, indirekten Weg einer schrittweisen Analyse an sich bedeutungsloser isolierter Merkmale gehen muß (siehe auch Kapitel 1).

man ihnen sorgfältige Anweisungen und einen Fahrschein gibt. Sie können sich außerdem relativ sauber und präsentabel halten, obwohl man natürlich ihre Debilität immer noch auf den ersten Blick erkennt.

Dies sind die positiven Aspekte der Bilanz – aber es gibt auch eine negative Seite (die in ihren Krankengeschichten nicht auftaucht, weil sie nie erkannt worden ist). Ohne ihren wechselseitigen «Austausch» von Zahlen, ohne Zeit und Gelegenheit für Kontemplation oder überhaupt irgendeine Form des Austausches – man treibt sie ständig von einer Arbeit zur nächsten – haben sie offenbar ihre merkwürdige numerische Kraft verloren und damit auch ihre größte Freude und den Sinn ihres Lebens. Allerdings scheint man das für einen angemessenen Preis dafür zu halten, daß die beiden jetzt fast unabhängig und «sozial akzeptabel» sind.

Man fühlt sich unwillkürlich an die Behandlung erinnert, die Nadia zugedacht war, einem autistischen Kind mit einer phänomenalen Zeichenbegabung (siehe Kapitel 24). Auch Nadia wurde einer Therapie unterzogen, die darauf abzielte, «ihre inneren Kräfte auf anderen Gebieten zu maximieren». Das Ergebnis war, daß sie zu reden begann – und aufhörte zu zeichnen. Nigel Dennis kommentiert: «Wir haben jetzt ein Genie, dem man den Genius genommen hat, so daß nichts weiter übrig ist als eine umfassende geistige Behinderung. Was soll man von einer derart sonderbaren Therapie halten?»

Man sollte hinzufügen – Myers ist in seinem Kapitel über Genies, das er mit einer Betrachtung von «Zahlenwundern» beginnt, auch schon darauf eingegangen –, daß jene Fähigkeit «seltsam» ist und daß sie ebensogut plötzlich verschwinden kann, obwohl sie gewöhnlich ein Leben lang anhält. Für die Zwillinge ging es natürlich nicht nur um die «Fähigkeit», sondern um das seelische und emotionale Zentrum ihres Lebens. Nun sind sie getrennt, nun ist die Fähigkeit verloren und damit auch der Lebenssinn, der Kernpunkt ihres Daseins.*

* Andererseits halte ich es für wichtig, darauf hinzuweisen, daß die Trennung der Zwillinge, deren Fall Lurija so eingehend studiert hat, unerläßlich für ihre Entwicklung war. Sie «befreite» sie aus einer sinnlosen

Nachschrift

Als ich Israel Rosenfield das Manuskript zu diesem Kapitel vorlegte, wies er mich darauf hin, daß es auch andere Arten der Arithmetik gibt, die sowohl höher als auch einfacher sind als die «konventionelle» Arithmetik der Rechenoperationen. Er warf die Frage auf, ob die einzigartigen Fähigkeiten (und Behinderungen) der Zwillinge nicht darauf beruhen könnten, daß sie sich einer solchen «Modularithmetik» bedienten. In einer Notiz an mich äußerte er die Vermutung, daß Modulrechenverfahren jener Art, wie sie Ian Steward im dritten Kapitel seines Buches ‹Concepts of Modern Mathematics› (1975) beschreibt, die kalendarischen Fähigkeiten der Zwillinge erklären könnten:

«Ihre Fähigkeit, den Wochentag eines bestimmten Datums innerhalb eines Zeitraumes von 80 000 Jahren zu bestimmen, deutet auf ein relativ einfaches Rechenverfahren hin: Man teilt einfach die Summe der Tage zwischen dem heutigen und dem gewünschten Tag durch sieben. Wenn kein Rest bleibt, fällt das Datum auf denselben Wochentag wie der heutige Tag, wenn ein Rest von eins bleibt, fällt das Datum auf den folgenden Wochentag usw. Bedenken Sie, daß die Modularithmetik zyklisch ist: Sie besteht aus sich wiederholenden Mustern. Vielleicht visualisierten die Zwillinge diese Muster, sei es in Form einfach konstruierter Tabellen, sei es in Form einer ‹Landschaft›, wie der in Stewards Buch auf Seite 30 abgebildeten Spirale der ganzen Zahlen.

Dies läßt die Frage unbeantwortet, warum die Zwillinge in Primzahlen miteinander kommunizieren. Kalenderberechnungen erfordern jedoch die Verwendung der Primzahl sieben. Und wenn man an Modularithmetik im allgemeinen denkt, so fällt einem auf, daß die Moduldivision *nur dann* geordnete zyklische Muster ergibt, wenn man mit Primzahlen operiert. Da die Primzahl sieben den Zwillingen hilft, Daten und damit auch Ereignisse an bestimmten Tagen in ihrem Leben wiederzufinden, mögen sie festgestellt haben, daß andere

und unfruchtbaren Bindung und gestattete es ihnen, gesunde und kreative Menschen zu werden.

274

Primzahlen Muster ähnlich denen erzeugen, die für ihre Erinnerungsleistungen so bedeutsam sind. (Im Fall der Streichhölzer sagten sie: ‹Einhundertelf – dreimal siebenunddreißig› – beachten Sie, daß es die Primzahl siebenunddreißig war, die die Zwillinge mit drei multipliziert haben.) Es wäre möglich, daß sie nur Primzahlmuster ‹visualisieren› können. Die durch verschiedene Primzahlen gebildeten unterschiedlichen Muster (zum Beispiel Multiplikationstabellen) könnten die Bestandteile jener visuellen Information sein, die sie einander geben, wenn sie eine bestimmte Primzahl wiederholen. Kurz: Die Modulararithmetik hilft ihnen vielleicht, ihre Vergangenheit wiederzufinden, und daher ist es möglich, daß die Muster, die durch diese Berechnungen entstehen (und die nur bei Primzahlen auftreten), für die Zwillinge eine besondere Bedeutung erhalten.»

Ian Steward weist darauf hin, daß man durch den Einsatz dieser Modulararithmetik in Situationen, in denen jede «normale» Arithmetik versagt, schnell zu einer eindeutigen Lösung kommt. Dies gilt besonders für das Anpeilen (mit Hilfe des sogenannten «Ablagefachsystems») extrem großer, mit konventionellen Methoden nicht mehr berechenbarer Primzahlen.

Wenn man diese Methoden, diese Visualisierungen, als Rechenverfahren bezeichnen kann, dann sind sie – da sie nicht algebraisch, sondern räumlich, als Bäume, Spiralen, räumliche Anordnungen und «Denklandschaften» strukturiert sind – sehr sonderbare Rechenverfahren, Konfigurationen in einem formalen und doch quasi-sensorischen geistigen Raum. Israel Rosenfields Bemerkungen und Ian Stewards Ausführungen über «höhere» Arithmetik (und besonders die Modulararithmetik) erregten meine Aufmerksamkeit, denn hierin deutet sich, wenn nicht eine «Lösung», so doch ein tiefer Einblick in sonst unerklärliche Fähigkeiten wie die der Zwillinge an.

Diese höhere oder vertiefte Arithmetik wurde im Prinzip von Gauß entwickelt und 1801 in seinem Werk ‹Disquisitiones arithmeticae› dargelegt. Sie ist jedoch erst in den letzten Jahren praktisch angewendet worden. Man muß sich fragen, ob es vielleicht nicht nur eine «konventionelle» Arithmetik gibt (das heißt eine Arithmetik der Rechenoperationen), die «unnatürlich» und schwer erlernbar ist und Lehrer wie Schüler oft vor Probleme stellt, sondern auch eine tiefe Arithmetik von der Art, wie Gauß sie beschrieben hat, die der Arbeitsweise des Gehirns ebenso entspricht wie Chomskys Tiefenstruktur und seine generative Transformationsgrammatik. Eine solche Arithmetik könnte in einem Geist wie dem der Zwillinge dynamisch, ja fast lebendig sein: Kugelförmige Zahlenhaufen und -nebel entfalten sich und wirbeln durch ein unablässig expandierendes mentales Universum.

Wie ich bereits erwähnt habe, erhielt ich nach der Veröffentlichung von «Die Zwillinge» zahlreiche Zuschriften, und es setzte ein reger Austausch persönlicher wie wissenschaftlicher Art über das Thema ein. Manche Briefe beschäftigten sich mit dem «Sehen» oder Erfassen von Zahlen, manche mit dem Sinn oder der Bedeutung, die dieses Phänomen haben könnte, manche mit den Neigungen und Empfindungen von Autisten im allgemeinen und damit, wie man sie fördern oder ihnen entgegenwirken kann, und manche mit dem Thema «eineiige Zwillinge». Besonders interessant waren die Briefe von Eltern solcher Kinder, vor allem die Berichte jener Eltern, die durch die Umstände gezwungen waren, das Terrain auf eigene Faust zu erkunden, und denen es gelungen war, ihre Gefühle und ihre Betroffenheit mit einer großen Objektivität zu verbinden. Dies traf beispielsweise auf die Parks zu, die Eltern eines hochbegabten, aber autistischen Kindes (siehe C. C. Park 1967 und D. Park 1974, S. 313–323). Dieses Kind, Ella Park, war eine talentierte Zeichnerin und besaß, besonders in frühen Jahren, ein stark ausgeprägtes Gefühl für Zahlen. Ella war fasziniert von der «Ordnung» der Zahlen, vor allem der Primzahlen. Dieses eigenartige Gefühl für Primzahlen ist offenbar recht verbreitet. Clara C. Park schilderte mir in einem Brief den Fall eines anderen autistischen Kindes, das sie kannte. Es schrieb «zwanghaft» Papierbögen mit Zahlen voll. «Es waren ausnahmslos Primzahlen», schrieb sie und fügte hinzu: «Diese Zahlen sind Fenster zu einer anderen Welt.» Später schilderte sie mir eine Begegnung, die sie kurz zuvor mit einem jungen Autisten gehabt hatte. Auch er sei von Faktoren und Primzahlen fasziniert gewesen und habe diese sofort als «etwas Besonderes» erkannt. Tatsächlich habe man das Wort «besonders» gebrauchen müssen, um ihn zu einer Reaktion zu bringen:

«Ist an dieser Zahl (4875) irgend etwas Besonderes, Joe?»
Joe: «Sie ist nur durch 13 und 25 teilbar.»
Über eine andere Zahl (7241) sagte er: «Sie ist nur durch 13 und 557 teilbar.»

Clara C. Park bemerkt dazu: «Niemand in seiner Familie fördert diese Beschäftigung mit Primzahlen; er befaßt sich ausschließlich zu seinem eigenen Vergnügen mit ihnen.»

Wir wissen nicht, *wie es kommt*, daß diese geistig Behinderten die Antworten fast blitzschnell geben können – ob sie sie «ausrechnen», ob sie sie «wissen» (das heißt sich an sie erinnern) oder ob sie sie einfach irgendwie «sehen». Wir wissen nur, daß sie mit Primzahlen eine sonderbare Freude und Bedeutung verbinden. Manches davon scheint mit einem Gefühl für formale Schönheit und Symmetrie zusammenzuhängen, manches aber auch mit einer merkwürdigen assoziativen «Bedeutung» oder «Potenz». Ella bezeichnete dies oft als «magisch»: Zahlen, und vor allem Primzahlen, riefen ihr besondere Gedanken, Bilder, Gefühle und Beziehungen ins Bewußtsein – manche davon waren fast zu «besonders» oder «magisch», um ausgesprochen zu werden. Dies wird in David Parks Arbeit gut beschrieben.

Kurt Gödel hat in einem allgemeinen Zusammenhang ausgeführt, wie Zahlen, zumal Primzahlen, als «Markierungen» für Gedanken, Menschen, Orte oder irgend etwas anderes dienen können; eine solche Markierung würde den Weg zu einer «Arithmetisierung» oder «Bezifferung» der Welt ebnen (siehe E. Nagel und J. R. Newman 1958). Sollte dieser Fall eintreten, dann ist es möglich, daß die Zwillinge und andere, die ebenso veranlagt sind wie sie, nicht mehr lediglich in einer Welt aus Zahlen, sondern *als* Zahlen in der Welt leben werden. Ihr Spiel mit Zahlen, ihre Zahlen-Meditation, wird dann eine Art existentieller Meditation sein – und wenn man (wie es David Park manchmal gelingt) den Schlüssel zum Verständnis dieser Meditation entdeckt, dann wird sie auch eine seltsame und präzise Art der Kommunikation darstellen.

24

Der autistische
Künstler

«Zeichne das», sagte ich und gab José meine Taschenuhr.

Er war etwa einundzwanzig Jahre alt, galt als hoffnungslos retardiert und hatte kurz zuvor einen jener schweren Anfälle gehabt, die ihn hin und wieder überkommen. Er war mager und sah zerbrechlich aus.

Seine Abgelenktheit und Ruhelosigkeit waren plötzlich verschwunden. Er nahm die Uhr vorsichtig, als sei sie ein Juwel oder ein Talisman, in die Hand, legte sie vor sich auf den Tisch und starrte sie in regloser Konzentration an.

«Er ist ein Idiot», mischte sich der Pfleger ein. «Sie brauchen sich gar keine Mühe zu geben. Er weiß nicht, was das ist – er kann die Uhr nicht lesen. Er kann noch nicht einmal sprechen. Alle sagen, er wäre ‹autistisch›, aber er ist bloß ein Idiot.» José wurde blaß, vielleicht mehr wegen des Tonfalls, in dem der Pfleger sprach, als wegen seiner Worte – der Pfleger hatte mir schon vorher gesagt, José könne mit Worten nichts anfangen.

«Nur zu», sagte ich. «Ich weiß, daß du das kannst.»

Ohne einen Laut begann José zu zeichnen. Er konzentrierte sich ganz und gar auf die kleine Uhr, die vor ihm lag. Alles andere um ihn herum war versunken. Zum erstenmal sah ich ihn jetzt beherzt und entschlossen, nicht abgelenkt, sondern gesammelt. Er zeichnete rasch, aber peinlich genau, mit einer klaren Linienführung, und ohne etwas auszubessern.

Ich bitte meine Patienten fast immer, etwas zu schreiben oder zu zeichnen, zum Teil, um mir schnell einen groben Überblick über ihre verschiedenen Fähigkeiten zu verschaffen,

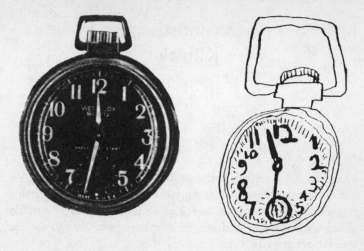

zum Teil aber auch, weil darin ihr «Charakter» oder «Stil» zum Ausdruck kommt.

José hatte die Uhr detailgetreu abgezeichnet, er hatte jede Einzelheit wiedergegeben (oder jedenfalls jede wichtige Einzelheit – die Aufschrift «Westclox, Shock Resistant, Made in USA» fehlte), und zwar nicht nur «die Uhrzeit» (auch sie stimmte: 11 Uhr 31), sondern auch den kleinen Sekundenzeiger und nicht zuletzt den Kronenaufzug und die trapezförmige Öse, an der die Uhrkette befestigt wird. Diese Öse war erstaunlich vergrößert dargestellt, während alles andere richtig proportioniert war. Erst als ich genauer hinsah, bemerkte ich, daß die Ziffern sich in Größe, Form und Gestaltung unterschieden – manche waren fett, manche mager; manche standen dort, wo sie hingehörten, andere waren eingeschoben; manche waren schlicht, andere verziert. Und dem Sekundenzeiger, der beim Original kaum zu erkennen ist, hatte José eine besondere Bedeutung beigemessen, ähnlich etwa der, die die kleinen inneren Zeiger bei einer Sternenuhr oder einem Astrolabium haben.

Die allgemeine Auffassung des Gegenstandes, das «Gefühl» für ihn, hatte José treffend herausgearbeitet – und das war um so verblüffender, als er, wie der Pfleger gesagt hatte, keinerlei Vorstellung von Zeit besaß. Andererseits lag hier eine ungewöhnliche Mischung aus peinlicher, ja geradezu zwanghafter Genauigkeit und seltsamen (und, wie ich fand, komischen) Verzierungen und Abänderungen vor.

Ich stand vor einem Rätsel, das mich auch auf dem Heimweg nicht losließ. Ein «Idiot»? Ein Autist? Nein, hier war irgend etwas anderes im Spiel.

Ich wurde nicht gebeten, José noch einmal aufzusuchen. Das erste Mal hatte es sich um einen Notfall gehandelt. Man hatte mich an einem Sonntagabend gebeten zu kommen, nachdem ich bereits nachmittags telefonisch krampflösende Mittel verschrieben hatte, andere als die, mit denen José bis dahin behandelt worden war. Jetzt, da man seine Anfälle «unter Kontrolle» hatte, wurde der fachliche Rat eines Neurologen nicht mehr benötigt. Doch die Fragen, die die Zeichnung aufgeworfen hatte, ließen mir keine Ruhe mehr. Ich hatte das Gefühl, daß hier ein ungelöstes Rätsel auf mich wartete. Ich mußte ihn wiedersehen. Also bat ich darum, José nochmals untersuchen und seine ganze Krankengeschichte einsehen zu dürfen – beim erstenmal hatte man mir lediglich einen wenig informativen Überblick gegeben.

José wirkte gleichgültig, als er die Klinik betrat – er hatte keine Ahnung, warum er herbestellt worden war (und vielleicht war ihm das auch egal) –, aber als er mich sah, begann er zu lächeln. Die indifferente, teilnahmslose Maske, die ich in Erinnerung hatte, fiel von ihm ab. Dieses plötzliche, scheue Lächeln war wie ein Lichtstrahl, der durch einen Türspalt fällt.

«Ich habe über dich nachgedacht, José», sagte ich. Er mochte den Sinn meiner Worte nicht verstehen, aber er verstand meinen Tonfall. «Ich möchte noch mehr Zeichnungen sehen.» Mit ermunterndem Blick gab ich ihm meinen Bleistift.

Was sollte er diesmal zeichnen? Ich hatte wie immer ein Exemplar von *Arizona Highways* dabei, einem reich illustrierten

Magazin, das mir besonders gut gefällt und das ich zu Testzwecken immer zur Hand habe. Das Umschlagbild zeigte eine idyllische Szene: Zwei Kanufahrer paddeln auf einem See, im Hintergrund Berge und ein Sonnenuntergang. José begann mit dem Vordergrund, der sich fast schwarz gegen das Wasser abhob, zeichnete die Umrisse mit äußerster Genauigkeit und fing dann an, sie auszumalen. Das war mühsam mit dem Bleistift. «Laß das aus», sagte ich und zeigte auf das Foto. «Mach mit dem Boot weiter.» Rasch und ohne zu zögern zeichnete José die Umrisse des Kanus und der beiden Paddler. Er betrachtete das Foto, prägte es sich ein und sah dann weg. Darauf machte er sich daran, die Umrisse mit der flachen Seite des Bleistifts auszumalen.

Auch diesmal – und sogar noch mehr als zuvor, denn hier ging es ja um eine ganze, zusammenhängende Szenerie – verwunderte es mich, wie rasch und genau er zeichnete, und dies um so mehr, als José die Vorlage betrachtet und dann, nachdem er sie sich eingeprägt hatte, den Blick abgewendet hatte. Das deutete darauf hin, daß er nicht lediglich etwas abmalte – «Er ist nichts weiter als ein lebender Fotokopierer», hatte der

Pfleger beim erstenmal gesagt –, sondern die Szene als ein Bild in sich aufgenommen hatte. Zu seinem verblüffenden Talent, etwas abzumalen, trat also eine ebenso verblüffende Wahrnehmungsfähigkeit. Sein Bild besaß nämlich eine dramatische Qualität, die in der Vorlage fehlte. Die kleinen menschlichen Gestalten waren vergrößert und wirkten intensiver und lebendiger. Es ging etwas Absichtsvolles, Zielgerichtetes von ihnen aus, das im Original nicht so deutlich zum Ausdruck kam. Subjektivität, Absichtlichkeit, Dramatisierung – alle Kennzeichen dessen, was Richard Wollheim «Ikonozität» nennt, waren vorhanden. Über die an sich schon bemerkenswerte Fähigkeit zum bloßen Kopieren hinaus schien José also über eine gut entwickelte Phantasie und Kreativität zu verfügen. Das Bild zeigte nicht irgendein, sondern *sein* Kanu.

Ich schlug einen Artikel über Forellenfischen auf, der mit einem Aquarell illustriert war. Man sah einen Gebirgsbach, im Hintergrund Felsen und Bäume und im Vordergrund eine Regenbogenforelle, die nach einer Fliege schnappte. «Zeichne das», sagte ich und zeigte auf den Fisch. José betrachtete ihn genau, schien in sich hinein zu lächeln und wendete sich ab.

Und dann zeichnete er mit offensichtlicher Freude und einem immer breiter werdenden Lächeln den Fisch so, wie er ihn sah.

Während ich ihm zuschaute, mußte auch ich lächeln, denn jetzt, da er Vertrauen zu mir gefaßt hatte, zeigte er, was in ihm steckte, und der Fisch, der langsam Gestalt annahm, war nicht irgendein Fisch, sondern ein Fisch mit einer Art «Charakter».

In der Vorlage hatte er nichtssagend, leblos, zweidimensional, ja ausgestopft gewirkt. Josés gekrümmter, emporschnellender Fisch dagegen erschien viel plastischer, viel echter als das Original. Er war nicht nur naturgetreuer und sozusagen lebendiger – es war noch etwas Ausdrucksvolles, wenn auch nicht gerade Fischartiges hinzugekommen: ein großes, höhlenartiges Maul, das mich an einen Wal denken ließ, eine an ein Krokodil erinnernde Schnauze und ein Auge, das menschlich war und das durch und durch schurkisch in die Welt blickte. Es war ein merkwürdiger Fisch – kein Wunder, daß José gelächelt hatte –, eine Art Fischpersönlichkeit, eine Märchengestalt, wie der Froschlakai in ‹Alice im Wunderland›.

Jetzt hatte ich etwas Konkretes, das mir weiterhalf. Seine Uhrenzeichnung hatte mich überrascht und mein Interesse geweckt, ließ aber für sich allein keine weiteren Schlüsse zu. Mit dem Kanu hatte José gezeigt, daß er über ein beeindruckendes visuelles Gedächtnis, aber darüber hinaus noch über andere Fähigkeiten verfügte. Der Fisch bewies, daß José nicht nur eine lebhafte, ausgeprägte Phantasie und Sinn für Humor besaß, sondern auch etwas, das mit Märchenkunst verwandt war. Es handelte sich hier sicher nicht um «große Kunst» – sie war «primitiv», vielleicht auch kindlich, und doch ohne Zweifel eine Art von Kunst. Und Phantasie, Verspieltheit, Kunst ist das letzte, was man bei einem Verrückten, einem *idiot savant* oder einem Autisten erwartet. So jedenfalls lautet die vorherrschende Meinung.

Meine Freundin und Kollegin Isabelle Rapin war José schon Jahre zuvor begegnet, als er wegen «unkontrollierbarer Anfälle» in die neurologische Kinderklinik gebracht worden war – und sie, mit ihrer großen Erfahrung, hatte keinen Zweifel daran gehabt, daß er «autistisch» war. Über Autismus im allgemeinen hatte sie geschrieben: «In einzelnen Fällen sind autistische Kinder überaus erfolgreich im Entziffern geschriebener Sprache und werden hyperlexisch oder beschäftigen sich ausschließlich mit Zahlen... Die frappante Fähigkeit mancher autistischer Kinder, Puzzles zusammenzusetzen, mechanisches Spielzeug auseinanderzunehmen oder Geschriebenes zu entziffern, ist möglicherweise darauf zurückzuführen, daß Aufmerksamkeit und Lernen übermäßig auf visuell-räumliche Aufgaben gelenkt werden, die keinerlei Verbalisierung erfordern. Hierbei wird der Wunsch, die Sprache zu erlernen, außer acht gelassen – vielleicht, weil er nicht zum Ausdruck gebracht wird.»

Ähnliche Beobachtungen, vor allem hinsichtlich des Zeichnens, schildert Lorna Selfe in ihrem Buch ‹Nadia› (1978). Anhand der verfügbaren Literatur stellte sie fest, daß alle Fähigkeiten und Darbietungen von *idiots savants* oder Autisten offenbar ausschließlich mit Berechnungen und Gedächtnisleistungen und nie mit etwas Persönlichem oder Phantasievollem zu tun hatten. Und wenn diese Kinder zeichnen konnten – was vermutlich nur sehr selten vorkam –, dann waren auch ihre Zeichnungen rein mechanisch. In der Literatur ist die Rede von «vereinzelten Begabungsinseln» und «bruchstückhaften Fähigkeiten». Eine individuelle oder gar kreative Persönlichkeit gesteht man ihnen nicht zu.

Was für ein Wesen, so mußte ich mich fragen, war dann José? Was ging in ihm vor? Wie war er zu dem geworden, was er jetzt war? Und in welchem Zustand befand er sich? Konnte man ihm irgendwie helfen?

Die verfügbaren Informationen, die Menge der «Daten», die man seit den ersten Anfängen seines merkwürdigen Leidens, seines «Zustandes», gesammelt hatte, halfen mir weiter und setzten mich gleichzeitig in Erstaunen. Ich stieß auf eine ausführliche Krankengeschichte, die Beschreibungen des Ausbruchs seiner Krankheit enthielt: Mit acht Jahren hatte er sehr hohes Fieber bekommen, das mit anhaltenden, immer wiederkehrenden Anfällen und dem raschen Auftreten eines Bewußtseinszustandes einherging, wie er für Hirngeschädigte oder Autisten typisch ist. (Man hatte von Anfang an nicht genau gewußt, was bei ihm eigentlich vor sich ging.)

Der Befund der Rückenmarksflüssigkeit war im akuten Stadium der Krankheit pathologisch gewesen. Man war sich einig, daß er wahrscheinlich an einer Art Gehirnhautentzündung litt. Seine Anfälle waren verschiedener Art: *petit mal, grand mal,* «akinetisch» und «psychomotorisch», und gerade diese letzte Art von Anfällen ist ungeheuer komplex.

Psychomotorische Anfälle können mit plötzlichen Ausbrüchen von Gewalt und Leidenschaft und mit sonderbaren Verhaltensmustern (der sogenannten psychomotorischen Persönlichkeit) einhergehen, die auch zwischen den eigentlichen Anfällen vorhanden sind. Sie treten immer im Zusammenhang mit Störungen oder Verletzungen der Schläfenlappen auf, und eine schwere beidseitige Schläfenlappen-Störung war bei José durch unzählige EEGs nachgewiesen worden.

Die Schläfenlappen sind auch der Sitz des Hörzentrums und insbesondere der Fähigkeit zur Wahrnehmung und Erzeugung von Sprache. Isabelle Rapin hatte José nicht nur als «autistisch» bezeichnet, sondern sich auch gefragt, ob nicht vielleicht eine durch eine Schläfenlappen-Störung hervorgerufene «verbal-auditive Agnosie» vorlag – eine Unfähigkeit, Sprachlaute zu erkennen, die seine Fähigkeit beeinträchtigte, Worte zu gebrauchen und zu verstehen. Denn besonders bemerkenswert war, wie auch immer man diesen Befund beurteilte (und es wurden sowohl psychiatrische als auch neurologische Interpretationen angeboten), der Verlust oder die Regression der Sprache: José, der bis dahin (jedenfalls nach Aussage seiner Eltern) «normal» gewesen war, wurde mit seiner Krankheit «stumm» und sprach nicht mehr mit anderen.

Eine Fähigkeit war offenbar «verschont» geblieben und sogar, vielleicht als Ausgleich, verstärkt worden: José zeigte eine ungewöhnliche Begeisterung und Begabung für das Malen. Das war schon in früher Kindheit zu erkennen gewesen und schien gewissermaßen in der Familie zu liegen – sein Vater hatte schon immer gern Skizzen angefertigt, und sein (erheblich) älterer Bruder war ein erfolgreicher Künstler. Mit dem Einsetzen seiner Krankheit, mit seinen scheinbar unkontrollierbaren Anfällen (an manchen Tagen überfielen ihn zwanzig bis dreißig schwere Anfälle, und außerdem hatte er zahllose «kleine Anfälle», fiel zu Boden oder hatte «Blackouts» und «Traumzustände»), mit dem Verlust der Sprache und mit seiner allgemeinen intellektuellen und emotionalen «Regression» befand sich José in einer seltsamen und tragischen Situation. Er wurde von der Schule genommen und noch eine Zeitlang von einem Privatlehrer unterrichtet. Dann gab man ihn als «vollen» Epileptiker, als autistisches, vielleicht aphasisches, retardiertes Kind, ganz in die Obhut seiner Familie. Man war der Meinung, er sei unerziehbar, nicht zu behandeln, ein hoffnungsloser Fall. Mit neun Jahren «stieg er aus» – aus der Schule, aus der Gesellschaft, aus fast allem, was für ein normales Kind «Realität» bedeutet.

Fünfzehn Jahre lang kam er kaum aus dem Haus, angeblich wegen seiner «widerspenstigen Anfälle». Seine Mutter behauptete, sie habe es nicht gewagt, ihn hinauszulassen, weil er dann täglich zwanzig, dreißig Anfälle auf offener Straße bekam. Man versuchte es mit allen möglichen krampflösenden Mitteln, aber seine Epilepsie schien «inkurabel» – jedenfalls war das die Meinung, die in der Krankengeschichte zum Ausdruck kam. José hatte zwar Geschwister, war aber mit Abstand der Jüngste – das «große Kind» einer Frau, die auf die Fünfzig zuging.

Wir wissen viel zuwenig über diese Jahre. José verschwand praktisch und wäre vielleicht für immer in seinem Kellerraum geblieben, wo er immer wieder in krampfartige Anfälle verfiel, wenn er nicht vor kurzem einen gewalttätigen «Ausbruch» gehabt hätte und zum erstenmal in eine Klinik gebracht worden wäre. Im Keller war sein Innenleben nicht ganz erloschen. Er blätterte mit Begeisterung in Illustrierten, besonders solchen, die sich mit der Natur befaßten, und wenn er zwischen den Anfällen und den Vorhaltungen seiner Eltern dazu kam, suchte er sich einen Bleistiftstummel und zeichnete, was er in den Zeitschriften sah.

Diese Zeichnungen waren wahrscheinlich seine einzige Verbindung mit der Außenwelt, besonders mit der Welt der Pflanzen und Tiere, mit der Natur, die ihm, vor allem wenn er mit seinem Vater Skizzen gemacht hatte, so sehr ans Herz gewachsen war. Dies, und nur dies, durfte er beibehalten, und es war der einzige Bezug zur Realität, der ihm geblieben war.

Dies also war die Geschichte, die ich dort las und mir nach der Lektüre der Krankenblätter zusammenreimte. Was sie enthielten, war ebenso bemerkenswert wie das, was sie verschwiegen – es war die Dokumentation einer «Lücke» von fünfzehn Jahren: Die einzigen Angaben über diese Zeit stammten von einem Sozialarbeiter, der hin und wieder in Josés Elternhaus aufgetaucht war und José besucht hatte, ohne etwas für ihn tun zu können, und von seinen jetzt alten und gebrechlichen Eltern. Aber nichts davon wäre ans Licht gekommen, hätte José nicht einen plötzlichen, unerwarteten und beängstigend heftigen Wutanfall bekommen.

Es war völlig unklar, was diesen Wutanfall hervorgerufen hatte: ob es sich um einen epileptischen Ausbruch handelte (wie man ihn in seltenen Fällen bei sehr schweren Schläfenlappen-Anfällen erlebt), ob es, wie es vereinfachend im Aufnahmeprotokoll hieß, lediglich eine «Psychose» war, oder ob es ein letzter verzweifelter Hilferuf einer gequälten, stummen Seele sein sollte, die keine andere Möglichkeit besaß, ihrer Not und ihren Bedürfnissen Ausdruck zu verleihen.

Dagegen war deutlich, daß er durch seine Einlieferung in die Klinik und die Verabreichung neuer, starker Medikamente, die seine Anfälle «unter Kontrolle» brachten, zum erstenmal eine Art innerer und äußerer Freiheit genoß, daß er eine physische und psychische «Entlastung» erlebte, wie er sie seit seinem achten Lebensjahr nicht mehr erfahren hatte.

Staatliche Nervenheilanstalten werden (um Erving Goffman zu zitieren) oft als «totale Institutionen» bezeichnet, deren Maßnahmen in erster Linie der Erniedrigung der Patients gilt. Zweifellos ist dies sehr häufig der Fall. Doch sie können auch «Asyle» im besten Sinne des Wortes sein, und diesen Aspekt hat Goffman zuwenig berücksichtigt. Sie können Zufluchtsorte für gequälte, von inneren Konflikten aufgewühlte Seelen sein und genau jene Mischung von Ordnung und Freiheit bieten, die diese Seelen so dringend brauchen. José hatte nicht nur unter Verwirrung zu leiden gehabt – zum Teil durch seine Epilepsie, zum Teil durch die Auflösung seines Lebens bedingt –, sondern auch unter einer epileptischen wie existentiellen Eingeschlossenheit und Fesselung. Zu diesem Zeitpunkt seines Lebens war die Anstalt gut für ihn, rettete ihm vielleicht sogar das Leben, und es kann kein Zweifel daran bestehen, daß er dies deutlich spürte.

Nach der dumpfen moralischen Enge seines Elternhauses stieß er hier plötzlich auf eine neue Welt, auf andere Menschen, die ein berufliches und auch persönliches Interesse an ihm zeigten, die nicht urteilten, keine ihn einengenden Moralvorstellungen vertraten, ihn nicht anklagten, die ihm Raum gaben und gleichzeitig ein echtes Gefühl für ihn und seine Probleme entwickelten. Daher schöpfte er zu diesem Zeitpunkt (er war jetzt vier Wochen in der Anstalt) neue Hoffnung; er wurde lebhafter und wendete sich anderen stärker zu, als er es je zuvor getan hatte – jedenfalls seit jenem Zeitraum, als sein Autismus in seinem achten Lebensjahr offenbar geworden war.

Aber Hoffnung, Zuwendung, Interaktion waren ihm «verboten» und sicher auch beängstigend schwierig und «gefährlich». Fünfzehn Jahre lang hatte José in einer abgeschirmten, verschlossenen Welt gelebt, einer Welt, die Bruno Bettelheim in seinem Buch über Autismus die «leere Festung» genannt hat. Für ihn war sie jedoch niemals ganz leer gewesen – es hatte in ihr immer seine Liebe zur Natur, zu Tieren und Pflanzen gegeben. *Dieser* Teil von ihm, *dieses* Tor war immer offen geblieben. Jetzt aber spürte er die Versuchung und den Druck der «Interaktion», und dieser Druck kam zu früh und war für ihn oft zu stark. Und dies war der Moment, wo José «rückfällig» wurde, sich wieder in die Isolation zurückzog, als gebe sie ihm Sicherheit und Geborgenheit, und die primitiven Schaukelbewegungen wieder aufnahm, die er anfangs gezeigt hatte.

Bei meiner dritten Begegnung mit ihm ließ ich ihn nicht in die Klinik kommen, sondern ging, ohne mich anzumelden, hinauf in die Aufnahmestation. Er saß schaukelnd in dem deprimierenden Aufenthaltsraum, mit geschlossenen Augen und abweisendem Gesicht – der Inbegriff der Regression. Einen Moment lang war ich entsetzt, als ich ihn so sah, denn ich hatte die Hoffnung gehegt, es werde bei ihm eine stetige Besserung geben. Ich mußte José erst (wie auch später noch so oft) in diesem Zustand sehen, um zu erkennen, daß es für ihn kein einfaches «Erwachen» geben konnte, sondern daß er seinen Weg im Bewußtsein der Gefahr gehen mußte und daß dieser Weg für ihn ein doppeltes Risiko barg, ihn zurückschrecken ließ, aber auch reizte, denn er hatte sein Gefängnis lieben gelernt.

Sobald ich ihn ansprach, sprang er auf und folgte mir eifrig, ja begierig in den Kunstsaal. Auch diesmal zog ich Stifte aus der Tasche, denn er schien eine Abneigung gegen die Wachsmalkreiden zu haben, die die Patienten auf der Station benutzen durften. «Dieser Fisch, den du gezeichnet hast» – ich deutete mit einer Geste an, was ich meinte, da ich nicht wußte, wieviel er von meinen Worten verstand –, «kannst du dich an ihn erinnern, kannst du ihn noch mal zeichnen?» Er nickte eifrig und nahm mir die Buntstifte aus der Hand. Es war drei Wochen her, daß er das Bild mit der Forelle gesehen hatte. Was würde er jetzt zeichnen?

Ein paar Sekunden lang schloß er seine Augen – vielleicht beschwor er innerlich das Bild herauf – und begann dann zu zeichnen. Es war immer noch eine Forelle mit ausgefransten

Flossen, einem gegabelten Schwanz und Flecken in allen Farben des Regenbogens, aber diesmal hatte sie ausgesprochen
menschliche Gesichtszüge, ein sonderbar anmutendes Nasen-
loch (welcher Fisch hat Nasenlöcher?) und die vollen Lippen
eines Menschen. Ich wollte ihm schon die Stifte wieder aus der
Hand nehmen, merkte aber, daß er noch nicht fertig war. Was
hatte er vor? Das Bild war doch vollständig. Ja, das Bild vielleicht, aber nicht die Szenerie. Der erste Fisch war, wie eine
Ikone, von allem anderen isoliert gewesen; dieser hier jedoch
sollte Teil einer Szene, einer Welt sein. José zeichnete schnell
einen kleineren Fisch ein, der, ein Gefährte des großen, offenbar in einer Art Spiel einen Freudensprung vollführt hatte und
gerade wieder ins Wasser eintauchte. Und danach zeichnete
José die Wasseroberfläche, aus der sich unvermutet eine große
Welle erhob. Während er die Welle malte, wurde er immer
erregter und stieß einen seltsamen Schrei aus.

Ich konnte mich des, vielleicht vorschnellen, Eindrucks
nicht erwehren, daß diese Zeichnung symbolisch zu verstehen
war: Der kleine Fisch und der große Fisch – waren damit er
und ich gemeint? Aber das Wichtige und Erregende war die
spontane Darstellung, der nicht auf meinen Vorschlag hin,
sondern aus ihm selbst heraus entstandene Impuls, ein neues

Element einzuführen – ein lebendiges Wechselspiel in seiner Zeichnung. Weder in seinem Leben noch in dem, was er gemalt hatte, war es bisher zu irgendeiner Interaktion gekommen. Jetzt aber ließ er sie zu, wenn auch nur im Spiel, als Symbol. Oder vielleicht auch nicht? Was bedeutete diese wütende, Rache drohende Welle?

Es erschien mir besser, mich wieder auf sicheren Boden zu begeben und vorerst keine freie Assoziation mehr zuzulassen. Ich hatte einen Eindruck von den Möglichkeiten bekommen, aber auch die Gefahren gesehen und gehört, die in ihnen lauerten. Also zurück in den sicheren Schoß von Mutter Natur, zurück zum Paradies vor dem Sündenfall. Auf dem Tisch lag eine Weihnachtskarte mit dem Bild eines Rotkehlchens auf einem Baumstumpf, der inmitten von Schnee und schwarzen Bäumen stand. Ich zeigte auf den Vogel und gab José einen Stift mit verschiedenen Farbminen. Er zeichnete den Vogel in allen Einzelheiten und malte die Brust rot aus. Die Füße wirkten wie Klauen, die sich in die Rinde krallten. (Ich war sowohl bei dieser Gelegenheit als auch bei späterer Gelegenheiten überrascht über sein Bedürfnis, bei Händen und Füßen die Funktion des Festhaltens zu betonen und jeden Kontakt eng, fast zwanghaft zupackend, darzustellen.) Aber was war *das*? Der dürre Zweig neben dem Baumstumpf war in seiner Zeichnung gewachsen und aufgeblüht. Es gab noch andere Einzelheiten, die – ich war mir nicht sicher – symbolischer Natur sein konnten. Die am meisten ins Auge springende, bedeutsamste Veränderung war jedoch, daß José aus dem Winter Frühling gemacht hatte.

Jetzt endlich begann er zu sprechen – obwohl «sprechen» ein viel zu großes Wort für die seltsam klingenden, gestammelten und weitgehend unverständlichen Äußerungen ist, die er hervorstieß und die ihn gelegentlich ebenso überraschten wie uns – denn wir alle hatten ihn für gänzlich und unheilbar stumm gehalten, sei es aus Unfähigkeit oder Unwilligkeit oder beidem, und er hatte unsere Einschätzung geteilt. Er hatte auch nie den *Versuch* unternommen zu sprechen, und auch hier konnten wir unmöglich sagen, wieviel davon «organisch» bedingt oder wie sehr es eine Frage der «Motivation» war. Wir hatten seine Schläfenlappen-Störungen reduziert, aber nicht beseitigt – seine EEGs waren nie normal; sie zeigten immer noch Allgemeinveränderungen im unteren Spannungsbereich, gelegentliche Spitzen, Dysrhythmien und langsame Wellen. Verglichen mit den Werten, die man nach seiner Einlieferung festgestellt hatte, waren sie jedoch deutlich ver-

bessert. Wir konnten zwar die krampfartigen Ausbrüche beseitigen, nicht aber die Schäden, die er bereits davongetragen
hatte.

Es war unbestreitbar, daß es uns gelungen war, seine physiologische Sprach*befähigung* zu verbessern, wenn auch seine Fähigkeit, Sprache einzusetzen, zu verstehen und zu erkennen,

nach wie vor eingeschränkt war und er mit dieser Behinderung zweifellos immer würde leben müssen. Aber – und das war ebenso wichtig – er bemühte sich jetzt, seine Fähigkeit wiederzuerlangen, zu sprechen und Sprache zu verstehen (und dabei wurde er von uns allen, besonders aber von seinem Sprachtherapeuten, unterstützt), während er sein Unvermögen, sich sprachlich auszudrücken, zuvor mutlos, mit einer geradezu masochistischen Ergebenheit hingenommen und sich geweigert hatte, verbal oder auf andere Weise zu kommunizieren. Seine Sprachbehinderung hatte sich zuvor mit seiner Weigerung zu sprechen verbunden und damit die nachteiligen Auswirkungen seiner Krankheit verstärkt, und umgekehrt wirkten sich jetzt die Wiedererlangung seiner Sprechfähigkeit und seine Sprechversuche positiv auf seine beginnende Genesung aus. Selbst den größten Optimisten unter uns war jedoch klar, daß José nie eine auch nur annähernd normale Sprachkompetenz erlangen würde, daß Sprache für ihn nie ein wirkliches Ausdrucksmittel sein, sondern lediglich dazu dienen würde, einfache Bedürfnisse zu äußern. Auch er selbst schien das zu spüren und bemühte sich, während er um die Wiedererlangung der Sprache kämpfte, um so mehr, sich durch Zeichen auszudrücken.

Eine letzte Episode: José war von der Aufnahmestation mit ihrer angespannten Atmosphäre in eine ruhigere Spezialabteilung verlegt worden, die, im Gegensatz zum Rest der Anstalt, mehr einem Heim als einem Gefängnis glich. Diese Abteilung verfügte über zahlreiches und gut ausgebildetes Personal. Sie war, wie Bettelheim sagen würde, eine «Heimstatt des Herzens» für autistische Patienten, die eben jene liebevolle Zuwendung brauchen, die ihnen nur die wenigsten Anstalten bieten können. Als ich diese neue Station betrat, winkte José mir lebhaft zu, sobald er mich sah – es war eine offene, nach außen gerichtete Geste. Ich konnte mir nicht vorstellen, daß er so etwas vorher schon einmal getan hatte. Er zeigte auf die verschlossene Tür. Er wollte, daß ich sie öffnete, er wollte hinaus.

Er ging voraus, die Treppe hinunter in den überwucherten, sonnendurchfluteten Garten. Soweit ich wußte, war er seit seinem achten Lebensjahr, seit dem Beginn seiner Krankheit und seines Rückzugs aus dem Leben, nicht mehr freiwillig hinausgegangen. Neu war auch, daß ich ihm keinen Stift anzubieten brauchte – er nahm ihn sich selbst. Während wir im Garten umhergingen, betrachtete José die Bäume und den Himmel, hielt aber meistens den Blick auf den Boden gerichtet, auf die roten und gelben Klee- und Löwenzahnblüten. Er hatte ein sehr gutes Auge für Pflanzenformen und Farben, entdeckte schnell eine seltene weiße Kleeblüte, die er pflückte, und kurz darauf ein noch selteneres vierblättriges Kleeblatt. Er fand sieben verschiedene Grasarten und schien jede wie einen Freund zu begrüßen. Mehr als alles andere aber entzückten ihn die großen gelben Löwenzahnblüten, die voll aufgeblüht waren und sich der Sonne entgegenreckten. Der Löwenzahn war seine Blume – genau so fühlte er sich, und um das auszudrücken, begann er, einen Stengel mit einer Blüte zu zeichnen. Das Bedürfnis, diese Blume darzustellen, ihr seine graphische Referenz zu erweisen, war stark und unmittelbar: Er kniete nieder, legte seinen Block auf den Boden und malte den Löwenzahn, den er in der Hand hielt.

Dies war vermutlich Josés erste Zeichnung nach der Natur, seit sein Vater ihn als Kind, vor seiner Krankheit, auf seine Ausflüge mitgenommen hatte. Es ist ein genaues und lebendiges Bild und gibt seine Liebe für die Realität, für eine andere Lebensform unmittelbar wieder. Für mich hat es einige Ähnlichkeit mit den genauen Abbildungen, die man in mittelalterlichen Pflanzen- und Kräuterbüchern findet, und steht ihnen in nichts nach: Es ist anspruchsvoll und botanisch exakt, auch wenn José über keine formalen botanischen Kenntnisse verfügt und diese auch nicht erlernen oder verstehen könnte. Sein Geist ist nicht für das Abstrakte, das Begriffliche geschaffen. *Dieser* Weg zur Wahrheit bleibt ihm verschlossen. Aber er besitzt eine Leidenschaft, eine echte Veranlagung für das Erkennen von Eigenarten – er genießt sie, er geht auf sie ein, er bildet sie nach und erschafft sie neu. Und Eigenarten, wenn sie nur eigenartig genug sind, sind ebenfalls ein Weg – man könnte sagen: der Weg der Natur – zu Realität und Wahrheit.

Das Abstrakte und Kategorielle ist für Autisten nicht von

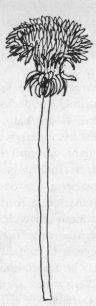

Interesse – ihr Augenmerk gilt ausschließlich dem Konkreten, dem Besonderen, dem Einzigartigen. Dies ist immer wieder auffallend, ganz gleichgültig, ob es für den jeweiligen Patienten eine Frage der Fähigkeit oder der Neigung ist. Da sie das Allgemeine nicht sehen können oder wollen, scheint das Weltbild von Autisten ausschließlich auf der Beobachtung von Besonderheiten zu beruhen. Sie leben also nicht in einem Universum, sondern (um einen Ausdruck von William James zu gebrauchen) in einem «Multiversum», das aus unzähligen, genau erfaßten und mit einer leidenschaftlichen Intensität erlebten Einzelheiten besteht. Diese Art zu denken steht im krassen Gegensatz zur verallgemeinernden, wissenschaftlichen Denkweise. Dennoch ist sie, wenn auch auf ganz andere Art, ebenso «real» wie diese.

Eine solche Denkweise führt Borges in seiner Geschichte «Funes el Memorioso» (in der sich zahlreiche Anklänge an Lurijas ‹The Mind of a Mnemonist› finden) vor: «Vergessen wir nicht, daß er zu Gedanken allgemeiner, platonischer Art fast unfähig war... Funes' überfüllte Welt bestand nur aus

Einzelheiten, die fast unmittelbar gegenwärtig waren... Niemand... war je der Hitze und dem Druck einer so unermüdlichen Realität ausgesetzt, wie sie Tag und Nacht über den unseligen Ireneo hereinbrach.»

Dasselbe wie für Borges' Ireneo Funes gilt auch für José. Aber dieser Zustand ist nicht unbedingt beklagenswert – die Wahrnehmung von Einzelheiten kann mit einer tiefen Befriedigung verbunden sein, besonders wenn ihnen, wie dies bei José der Fall zu sein scheint, ein sinnbildlicher Glanz eigen ist.

Ich glaube, daß José, so einfältig und autistisch er auch sein mag, eine solche Begabung für das Konkrete, die *Form*, besitzt, daß er auf seine Art ein Naturforscher und geborener Künstler ist. Für ihn besteht die Welt aus Formen, unmittelbar und intensiv erlebten Formen, die er erfaßt und reproduziert. Er hat eine ausgeprägte Begabung für naturalistische, aber auch für symbolische Darstellungen. Er kann Blumen und Fische mit bemerkenswerter Genauigkeit wiedergeben, er kann sie aber auch so zeichnen, daß sie Personifikationen, Symbole, Träume oder Witze sind. Und dabei heißt es, Autisten hätten nichts Spielerisches, nichts Künstlerisches und keine Phantasie!

Für die Menschheit existieren Autisten wie José einfach nicht. Auch autistische «Wunderkinder» wie Nadia wurden nie zur Kenntnis genommen. Sind sie tatsächlich so selten, oder werden sie nur übersehen? In einem brillanten Essay über Nadia, der im *New York Review of Books* (4. Mai 1978) erschien, wirft Nigel Dennis die Frage auf, wie viele «Nadias» als lediglich verrückt abgetan oder übersehen werden, wie viele ihrer bemerkenswerten Werke zerrissen werden und wie viele von ihnen, wie José, wir gedankenlos als vereinzelte, irrelevante, verirrte Talente abtun, die kein weiteres Interesse verdienen. Aber der autistische Künstler – oder (um es weniger hochtrabend auszudrücken) das Vorhandensein von Phantasie bei Autisten – ist keineswegs selten. Ich bin im Laufe der Jahre Dutzenden solcher Fälle begegnet, ohne irgendwelche besonderen Anstrengungen zu unternehmen, sie aufzuspüren.

Autisten sind zwangsläufig selten offen für eine Einflußnahme von außen. Es ist ihr «Schicksal», isoliert und damit unverfälscht zu sein. Ihre «Vision», wenn sie von außen erkennbar ist, kommt von innen und erweckt den Eindruck des Urwüchsigen. Je besser ich sie kennenlerne, desto mehr erscheinen sie mir wie eine seltsame, urwüchsige, völlig nach innen gerichtete Spezies, die mitten unter uns lebt und sich von allen anderen Menschen unterscheidet.

Früher galt Autismus als Kindheitsschizophrenie, aber phänomenologisch verhält es sich genau umgekehrt. Der Schizophrene beklagt sich immer über einen «Einfluß» von außen: Er ist passiv, ein Spielball seiner Umgebung, er kann nicht er selbst sein. Der Autist würde sich – wenn er es täte – über das Fehlen von Einfluß, über die absolute Isolation beklagen.

«Kein Mensch ist eine Insel», schrieb Donne. Und doch ist dies genau die Situation des Autisten: Er ist eine Insel, er ist vom Festland abgeschnitten. Beim «klassischen» Autismus, der sich, und dann oft total, bis zum dritten Lebensjahr manifestiert, erfolgt die Isolation zu einem so frühen Zeitpunkt, daß unter Umständen keine Erinnerung an das Festland mehr vorhanden ist. Beim «sekundären» Autismus, der, wie in Josés Fall, in einem späteren Lebensabschnitt durch eine Hirnkrankheit entsteht, bleiben gewisse Erinnerungen an das Festland erhalten, die man als eine Art Nostalgie bezeichnen könnte. Dies erklärt vielleicht, warum José zugänglicher ist als die meisten Autisten und warum er, zumindest in seinen Bildern, manchmal Interaktionen zuläßt.

Bedeutet vom Festland abgeschnitten, eine Insel zu sein, notwendigerweise den Tod? Es kann, muß aber nicht tödlich sein. Denn obwohl die «horizontale» Verbindung mit anderen, mit der Gesellschaft und der Kultur verlorengeht, kann es lebenswichtige, intensivierte «vertikale» Verbindungen geben: direkte Verbindungen mit der Natur und mit der Realität, die unmittelbar sind und sich dem Einfluß anderer entziehen. Dieser «vertikale» Kontakt ist bei José besonders ausgeprägt – daher die große Treffsicherheit, die absolute Klarheit seiner Wahrnehmungen und Zeichnungen. Hier zeigt er nicht die kleinste Unsicherheit oder Ziellosigkeit, dies ist eine Urkraft, die unabhängig von den Beziehungen zu anderen Menschen existiert.

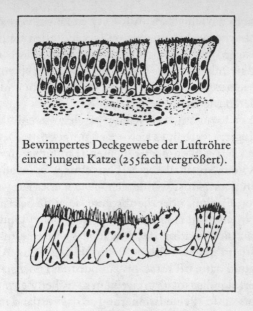

Bewimpertes Deckgewebe der Luftröhre
einer jungen Katze (255fach vergrößert).

Dies führt uns zu unserer letzten Frage: Gibt es einen «Platz» in der Welt für einen Menschen, der wie eine Insel ist, der nicht akkulturiert und Teil des Festlands werden kann? Kann das «Festland» das Außergewöhnliche, das Einzigartige aufnehmen und ihm Raum geben? Es gibt hier Parallelen zu den sozialen und kulturellen Reaktionen auf Genies. (Damit will ich natürlich nicht behaupten, daß Autisten Genies sind. Sie sind jedoch wie diese mit dem Problem der Einzigartigkeit konfrontiert.) Konkret gefragt: Was wartet auf José? Gibt es irgendeinen «Platz» für ihn auf der Welt, wo man Verwendung für ihn hat, ohne seine Autonomie in Frage zu stellen?

Könnte er, mit seinem scharfen Auge und seiner großen Liebe zu Pflanzen, Illustrationen für botanische, zoologische oder anatomische Werke herstellen? (Man beachte die Zeichnung, die er nach einer Graphik in einem Fachbuch anfertigte.) Könnte er an wissenschaftlichen Expeditionen teilnehmen und seltene Arten malen? Mit seiner uneingeschränkten Konzentration auf das, was er vor sich hat, wäre er für solche Aufgaben ideal geeignet.

Ein anderer, vielleicht auf den ersten Blick befremdlicher, aber nicht abwegiger Vorschlag: Wäre er, mit seiner Eigenart und seiner Veranlagung, nicht geradezu prädestiniert, Märchen, biblische Geschichten und Mythen zu bebildern? Oder vielleicht könnte er (da er nicht lesen kann und Buchstaben für ihn nur schöne, aber bedeutungslose Symbole sind) die großen Majuskeln in den Prachtausgaben von Brevieren und Meßbüchern verzieren und illustrieren? Er hat bereits wunderschöne Altarbilder in Mosaiktechnik aus farbigen Steinchen und gefärbtem Holz geschaffen. Er hat reich verzierte Inschriften in Grabsteine gemeißelt. Sein gegenwärtiger «Job» besteht darin, im Handdruck die verschiedensten Aushänge für das Schwarze Brett der Station anzufertigen – und er bringt darauf Schnörkel und Verzierungen an, als handle es sich bei diesen Zetteln um eine zweite Magna Charta. Er wäre von Nutzen, und andere – und er selbst – würden Freude daran haben. Das alles könnte er tun – aber leider wird nichts davon eintreten, solange nicht ein verständnisvoller und geschickter Mensch ihm die Gelegenheit dazu gibt, ihn anleitet und beschäftigt. Denn so, wie die Dinge liegen, wird er wahrscheinlich nichts tun und, wie so viele andere Autisten, weiterhin unbeachtet ein nutzloses, fruchtloses Leben in einer unscheinbaren Station der staatlichen Nervenheilanstalt fristen.

Nachschrift

Nach der Veröffentlichung dieses Aufsatzes erhielt ich wieder zahlreiche Separatdrucke und Briefe, von denen der interessanteste der von Clara C. Park war. Obwohl Nadia vielleicht ein einmaliger Fall, eine Art Picasso war, ist tatsächlich deutlich geworden (wie Nigel Dennis schon vermutete), daß recht hohe künstlerische Begabungen bei Autisten nicht ungewöhnlich sind. Testverfahren zum Nachweis eines künstlerischen Potentials, zum Beispiel der Goodenough-«Zeichne einen Mann»-Intelligenztest, sind praktisch wertlos: Es muß sich um eine *spontane*, wirklichkeitsgetreue Darstellung handeln.

In einer profunden, reich illustrierten Rezension von ‹Nadia› hat Clara C. Park 1978 deutlich gemacht, worin die Hauptcharakteristika solcher Zeichnungen zu bestehen scheinen. Dazu gehören «negative» Charakteristika wie abgeleiteter und gleichförmiger Stil, aber auch «positive» Merkmale wie die ungewöhnliche Fähigkeit zur zeitlich verzögerten Wiedergabe und die Darstellung des Objekts als etwas Wahrgenommenes, nicht als etwas Vorgestelltes (daher die besonders ins Auge fallende inspirierte Naivität). Park weist auch auf eine relative Indifferenz gegenüber den Reaktionen anderer hin, die den Anschein erweckt, als seien solche Kinder unerziehbar. Und doch ist dies offenbar nicht unbedingt der Fall. Diese Kinder sind nicht immer unempfänglich für Aufmerksamkeit oder Anleitungen – allerdings muß ihre Unterweisung unter Umständen auf ganz besondere Art erfolgen.

Neben ihren Erfahrungen mit ihrer Tochter, die inzwischen erwachsen und eine anerkannte Künstlerin ist, schildert Clara C. Park die faszinierenden und nur wenig bekannten Erfolge, die japanische Wissenschaftler, vor allem Morishima und Motzugi, zu verzeichnen haben. Ihnen ist es gelungen, begabten autistischen Kindern, die nicht gefördert wurden und scheinbar unerziehbar waren, dabei zu helfen, vollwertige professionelle Künstler zu werden. Dabei stützt sich Morishima auf eine besondere Technik der strukturierten Unterweisung und auf eine Art Lehrzeit, wie sie in der klassischen japanischen Kultur üblich ist, aber auch auf ein Verfahren, das die Patienten dazu ermutigt, Malen *als Mittel der Kommunikation* einzusetzen. Aber eine solche formale Ausbildung allein, so unabdingbar sie auch sein mag, reicht nicht aus. Zusätzlich ist eine sehr enge, persönliche Beziehung erforderlich. Die Sätze, mit denen Clara C. Park ihre Rezension schließt, sind auch ein passender Abschluß für dieses Kapitel: «Das Geheimnis liegt wahrscheinlich woanders, nämlich in der Hingabe, mit der Motzugi mit einem geistig behinderten Künstler zusammenlebte und schrieb: ‹Das Geheimnis der Entwicklung von Yanamuras Talent lag darin, an seinem Gast teilzuhaben. Der Lehrer sollte den geistig Behinderten in all seiner Schönheit und Aufrichtigkeit lieben und gemeinsam mit ihm in seiner unverfälschten und retardierten Welt leben.›»

Allgemeine Literaturhinweise

John Hughlings-Jackson, Kurt Goldstein, Henry Head, A. R. Lurija – sie sind die Väter der Neurologie. Ihr Leben war ihren Patienten gewidmet, über deren Schwierigkeiten, die sich gar nicht so sehr von unseren Problemen unterscheiden, sie intensiv nachdachten. In den Gedanken eines Neurologen sind diese Männer immer gegenwärtig, und ihr Geist lebt auch in diesem Buch fort. Wir sind geneigt, komplexe Persönlichkeiten auf Stereotypen zu reduzieren und die Fülle und oft ausgeprägte Widersprüchlichkeit ihrer Gedanken zu beschneiden. So spreche ich oft von der klassischen, «Jacksonschen» Neurologie, aber der Hughlings-Jackson, der über «Traumzustände» und «Erinnerungen» schrieb, unterschied sich sehr von jenem Hughlings-Jackson, für den alles Gedachte ein planvolles Kalkül war. Der erstere war ein Dichter, der letztere ein Logiker, und doch sind beide in ein und demselben Mann vereint. Henry Head mit seiner Leidenschaft für Diagramme und Schemata unterschied sich deutlich von jenem Head, der in aller Anschaulichkeit über «Ton-Gefühl» schrieb. Goldstein, der so abstrakt über «das Abstrakte» schrieb, war fasziniert von der Konkretheit individueller Fälle. Lurija schließlich war sich seiner Gespaltenheit bewußt – er mußte, so meinte er, zwei Arten von Büchern schreiben: formale, strukturalistische Bücher (wie ‹Die höheren kortikalen Funktionen des Menschen›) und biographische «Romane» (wie ‹The Mind of a Mnemonist›.) Das erste nannte er ein Produkt der «klassischen», das zweite ein Produkt der «romantischen Wissenschaft».

Hughlings-Jackson, Goldstein, Head und Lurija – sie haben die Grundlagen der Neurologie geschaffen, und auf ihren Erkenntnissen basieren meine eigenen Gedanken. Meine ersten Hinweise müssen sich daher auf sie beziehen – eigentlich auf ihr Gesamtwerk, denn das Charakteristische fließt immer in das Lebenswerk ein, aber aus praktischen Gründen verweise ich hier nur auf ihre Hauptwerke, die relativ leicht zugänglich sind.

John Hughlings-Jackson

Aus der Zeit vor Hughlings-Jackson gibt es ausgezeichnete Fallbeschreibungen – zum Beispiel Parkinsons «Essay on the Shaking Palsy», der schon 1817 erschien –, aber keine allgemeine Vorstellung oder systematische Darstellung der Nervenfunktion. Hughlings-Jackson ist der Begründer der Neurologie als Wissenschaft. Man kann seine grundlegenden Schriften in: Taylor, J. (Hg.), ‹Selected Writings of John Hughlings-Jackson›, London 1931; Neuaufl. New York 1958, studieren. Diese Schriften sind sicherlich nicht einfach zu lesen, aber oft richtungweisend und teilweise überaus klarsichtig. Eine weitere Auswahl, die auch Hughlings-Jacksons Lebenserinnerungen und Niederschriften seiner Gespräche enthält, war von Purdon Martin bei seinem Tod schon fast fertiggestellt und wird, so ist zu hoffen, bald veröffentlicht werden.

Henry Head

Head ist, wie Weir Mitchell (siehe unter Kapitel 6), ein hervorragender Autor, und die Lektüre seiner umfangreichen Bücher ist, im Gegensatz zu denen Jacksons, immer ein Genuß:

‹Studies in Neurology›, 2 Bde., Oxford 1920.
‹Aphasia and Kindred Disorders of Speech› 2 Bde., Cambridge 1926.

Kurt Goldstein

Goldsteins bekanntestes allgemeines Werk ist ‹Der Aufbau des Organismus› (Den Haag 1934). Siehe auch: Goldstein, K.; Sheerer, M.: «Abstract and concrete behaviour», Psychol. Monogr. 53 (1941).

' Goldsteins faszinierende, in verschiedenen Büchern und Fachzeitschriften erschienenen Fallgeschichten sind noch nicht gesammelt erschienen.

Alexander R. Lurija

Der größte neurologische Schatz unserer Zeit ist das Werk von Lurija. Zu den bekanntesten seiner Bücher gehören:

‹The Man with a Shattered World›, New York 1972.
‹The Mind of a Mnemonist›, New York 1968.
‹Die Funktion der Sprache in der geistigen Entwicklung des Kindes›, Düsseldorf 1970; Taschenbuchausgabe Berlin 1985. Diese Studie befaßt sich mit geistigen Defekten, mit Sprache, Spiel und dem Zwillingsproblem.
‹Human Brain and Psychological Processes›, New York 1966. Fallstudien über Patienten mit Stirnlappen-Syndromen.
‹The Neuropsychology of Memory›, New York 1976.
‹Die höheren kortikalen Funktionen des Menschen und ihre Störungen bei örtlichen Hirnschädigungen›, Berlin (DDR) 1970. Lurias magnum opus – die umfangreichste Zusammenfassung neurologischer Theorien und Forschungsergebnisse unseres Jahrhunderts.
‹The Working Brain›, Harmondsworth 1973. Eine komprimierte und höchst lesbare Version des vorgenannten Werkes. Die beste verfügbare Einführung in die Neuropsychologie.

Literaturhinweise zu den einzelnen Kapiteln

1. Der Mann, der seine Frau mit einem Hut verwechselte

Macrae, D.; Trolle, E.: «The defect of function in visual agnosia», Brain 77 (1956), S. 94–110.
Kertesz, A.: «Visual agnosia: the dual deficit of perception and recognition», Cortex 15 (1979), S. 403–419.
Marr, D., siehe unter Kapitel 15.

Damasio, A. R.: «Disorders in Visual Processing», in: M. M. Mesulam (1985), S. 259–288 (siehe unter Kapitel 8).

2. Der verlorene Seemann

Korsakows ursprünglicher Beitrag (1887) sowie seine späteren Werke sind nicht übersetzt worden. Eine komplette Bibliographie mit übersetzten Auszügen und einer kritischen Würdigung findet sich in A. R. Lurijas ‹The Neuropsychology of Memory› (op. cit.), in dem seinerseits viele erstaunliche Beispiele für Amnesien aufgeführt werden, die Ähnlichkeiten mit der des «verlorenen Seemanns» aufweisen. Sowohl hier als auch in der vorhergehenden Fallgeschichte verweise ich auf Gabriel Anton, Otto Pötzl und Sigmund Freud.

Anton, G.: «Über die Selbstwahrnehmung der Herderkrankungen des Gehirns durch den Kranken», Arch. Psychiat. 32 (1899).

Freud, S.: ‹Zur Auffassung der Aphasien›, Leipzig / Wien 1891.

Pötzl, O.: ‹Die Aphasielehre vom Standpunkt der klinischen Psychiatrie: Die optisch-agnostischen Störungen›, Leipzig 1928.

Das von Pötzl beschriebene Syndrom ist nicht nur visueller Natur, sondern kann sich zu einer totalen Agnosie von Teilen oder einer Hälfte des Körpers ausweiten. Daher ist dieses Werk auch für die Kapitel 3, 4 und 8 von Belang. Auch in meinem Buch ‹Leg to Stand On› (1984) habe ich mich darauf bezogen.

3. Die körperlose Frau

Sherrington, C. S.: ‹The Integrative Action of the Nervous System›, Cambridge 1906. Hier insbesondere die Seiten 335–343.

Ders.: ‹Man on His Nature›, Cambridge 1940. Das Kapitel 11, insbesondere die Seiten 328–329, weist den deutlichsten Bezug zum Zustand dieser Patientin auf.

Purdon Martin, J.: ‹The Basal Ganglia and Posture›, London 1967. Auf dieses bedeutende Buch gehe ich in Kapitel 7 ausführlich ein.

Weir Mitchell, S., siehe unter Kapitel 6.

Sterman, A. B., et al.: «The acute sensory neuropathy syndrome», Annals of Neurology 7 (1979), S. 354–358.

4. Der Mann, der aus dem Bett fiel

Pötzl, O., op. cit.

5. Hände

Leontjew, A. N.; Zaporožec, A. V.: ‹Rehabilitation of Hand Function›, Oxford 1960.

6. Phantome

Sterman, A. B., et al., op. cit.

Weir Mitchell, S.: ‹Injuries of Nerves›, 1872, Neuauflage 1965. Dieses ausgezeichnete Buch enthält Weir Mitchells klassische, aus dem amerikanischen Bürgerkrieg stammende Darstellung von Phantomgliedern, Reflexlähmungen usw. Es ist sehr anschaulich und leicht zu lesen, denn

Weir Mitchell war ein ebenso guter Schriftsteller wie Neurologe. Einige seiner phantasievollsten neurologischen Schriften, zum Beispiel «The Case of George Dedlow», sind nicht in wissenschaftlichen Fachzeitschriften, sondern in den sechziger und siebziger Jahren des 19. Jahrhunderts im *Atlantic Monthly* erschienen. Obwohl sie damals sehr große Beachtung fanden, sind sie heute nicht leicht zu finden.

7. Schräglage

Purdon Martin, J., *op. cit.*, insbesondere Kapitel 3, S. 36–51.

8. Augen rechts!

Battersby, W. S., *et al.*: «Unilateral ‹spatial agnosia› (inattention) in patients with cerebral lesions», *Brain* 79 (1956), S. 68–93.

Mesulam, M. M.: ‹*Principles of Behavioral Neurology*›, Philadelphia 1985, S. 159–188.

9. Die Ansprache des Präsidenten

Die beste Auseinandersetzung mit Freges Vorstellungen zur «Sprachmelodie» findet sich in: Dummett, M.: ‹*Frege: Philosophy of Language*›, London 1973, insbesondere S. 83–89.

Heads Ausführungen über Sprechfertigkeit und Sprache, vor allem über das «Ton-Gefühl», läßt sich am besten in seiner Abhandlung über Aphasie *(op. cit.)* nachlesen. Hughlings-Jacksons Schriften über die Sprechkompetenz waren weit verstreut, sind jedoch nach seinem Tod zusammengefaßt worden in: «Hughlings-Jackson on aphasia and kindred affections of speech, together with a complete bibliography of his publications on speech and a reprint of some of the more important papers», *Brain* 38 (1915), S. 1–190.

Zu dem komplexen und verworrenen Thema der auditorischen Agnosie siehe: Hecaen, H.; Albert, M. L.: ‹*Human Neuropsychology*›, New York 1978, S. 265–276.

10. Witty Ticcy Ray

1885 veröffentlichte Gilles de la Tourette einen zweiteiligen Aufsatz, in dem er sehr anschaulich (er war sowohl Dramatiker als auch Neurologe) das Syndrom schildert, das heute seinen Namen trägt: «Étude sur une affection nerveuse characterisée par l'incoordination motrice accompagnée d'echolalie et de coprolalie», *Arch. Neurol.* S. 9, 19–42, 158–200. Die erste englische Übersetzung dieses Aufsatzes, der interessante Anmerkungen der Herausgeber beigefügt sind, ist nachzulesen in: Goetz, C. G. / Klawans, H. L.: ‹*Gilles de la Tourette on Tourette Syndrome*›, New York 1982.

In Meiges und Feindels großem Werk ‹*Les tics et le traitement*› (1902) finden sich als Einleitung die wunderbar anmutenden persönlichen Memoiren eines Patienten («Les confidences d'un ticqueur»), die in ihrer Art einmalig sind.

11. Amors Pfeil

Wie auch beim Touretteschen Syndrom müssen wir weiter zurückgehen, um auf ausführliche klinische Beschreibungen zu stoßen. Kraepelin, ein Zeitgenosse Freuds, hat viele erstaunliche Erkenntnisse über die Neurosyphilis gesammelt. Vgl. Kraepelin, E.: ‹Vorlesungen über klinische Psychiatrie›, insbesondere auf die Kapitel 10 und 12, die sich mit Größenwahn und Delirium als Verlaufsform der Paralyse befassen.

12. Eine Frage der Identität

Siehe Lurija (1976).

13. Ja, Vater-Schwester

Siehe Lurija (1966).

14. Die Besessenen

Siehe unter Kapitel 10.

15. Erinnerung

Alajouanine, T.: «Dostoievski's epilepsy», Brain 86 (1963), 209–221.

Critchley, M.; Henson, R. A. (Hg.): ‹Music and the Brain: Studies in the Neurology of Music›, London 1977. Hier insbesondere die Kapitel 19 und 20.

Penfield, W.; Perot, P.: «The brain's record of visual and auditory experience: a final summary and discussion», Brain 86 (1963), 595–696. Ich halte diesen ausgezeichneten, hundert Seiten umfassenden Aufsatz, die Frucht von fast dreißig Jahren eingehender Beobachtungen, Experimente und Gedanken, für einen der wichtigsten Beiträge zur Neurologie. Als er 1963 erschien, war ich geradezu überwältigt, und bei der Arbeit an meinem Buch ‹Migräne› (1967; dt. 1985) mußte ich ständig an ihn denken. Dieser Aufsatz war Grundlage und Inspiration für diesen ganzen Teil meines Buches. Er liest sich besser als so mancher Roman, und das gesammelte Material ist so vielfältig und sonderbar, daß jeden Schriftsteller der Neid packen könnte.

Salaman, E.: ‹A Collection of Moments›, London 1970.

Williams, D.: «The structure of emotions reflected in epileptic experience», Brain 79 (1956), S. 29–67.

Hughlings-Jackson war der erste, der sich mit «psychischen Anfällen» befaßte, ihre fast romanhaft anmutende Phänomenologie beschrieb und die Stelle im Gehirn bestimmte, an der diese Anfälle ihren Ursprung haben. Er schrieb verschiedene Arbeiten zu diesem Thema. Die einschlägigsten sind die, die in Band 1 seiner ‹Selected Writings› (1931), S. 251 ff und 274 ff, veröffentlicht wurden, sowie die folgenden (soweit sie nicht in jenem Band enthalten sind):

Hughlings-Jackson, J.: «On right- or left-sided spasm at the onset of epileptic paroxysms, and on crude sensation warnings, and elaborate mental states», Brain 3 (1880), S. 192–206.

Ders.: «On a particular variety of epilepsy (‹Intellectual Aura›)», Brain 11 (1888), S. 179–207.

Purdon Martin hat die faszinierende Vermutung geäußert, Henry James sei mit Hughlings-Jackson zusammengetroffen, habe mit ihm über diese Anfälle gesprochen und dieses Wissen in seine Schilderung der unheimlichen Erscheinungen, die er in seinem Roman ‹Die Tortur› beschreibt, einfließen lassen. Siehe dazu: Purdon Martin, J.: «Neurology in fiction: *The Turn of the Screw*», *British Medical Journal* 4 (1973), S. 717–721.

Marr, D.: ‹Vision: A Computational Investigation of Visual Representation in Man›, San Francisco 1982. Dieses postum veröffentlichte Werk (Marr starb schon in jungen Jahren an Leukämie) ist äußerst wichtig und wegweisend. Penfield führt vor, wie das «Ikonische» (Stimmen, Gesichter, Melodien, Szenen) im Gehirn gespeichert wird, Marr dagegen zeigt uns etwas, das nicht intuitiv erkennbar ist und nie bewußt erlebt wird: die Art, wie das Gehirn Informationen aufnimmt und speichert. Vielleicht hätte ich diesen Literaturhinweis schon zu Kapitel 1 geben sollen, denn es ist sicher, daß Dr. P. einige «Marr-artige» Ausfälle hatte, das heißt Schwierigkeiten bei der Anfertigung von «Primärskizzen» (um einen Ausdruck von Marr zu gebrauchen). Diese Ausfälle waren die Grundlage seiner physiognomischen Schwierigkeiten beziehungsweise verstärkten diese. Die von Marr angestellten Überlegungen sind meiner Meinung nach von grundlegender Bedeutung für alle neurologischen Untersuchungen des Vorstellungsvermögens oder des Gedächtnisses.

16. Nostalgische Ausschweifungen

Jalliffe, S. E.: ‹Psychopathology of Forced Movements and Oculogyric Crises of Lethargic Encephalitis›, London 1932. Hier insbesondere S. 114 ff, die eine Erörterung von Zutts Aufsatz aus dem Jahre 1930 enthalten. Siehe auch die Fallstudie «Rose R.» in ‹Bewußtseinsdämmerungen›.

17. Reise nach Indien

Ich bin mit der Literatur zu diesem Thema nicht vertraut, habe jedoch persönlich Erfahrungen mit einer anderen Patientin gesammelt, die ebenfalls an einem Gliom in Verbindung mit Anfällen und einem erhöhten intrakraniellen Druck litt und mit Steroiden behandelt wurde. Diese Patientin hatte kurz vor ihrem Tod ähnliche nostalgische Visionen und Reminiszenzen, die sich in ihrem Fall jedoch auf den Mittleren Westen der Vereinigten Staaten bezogen.

18. Hundenase

Bear, D.: «Temporal-lobe epilepsy: a syndrome of sensory-limbic hyperconnection», *Cortex* 15 (1979), S. 357–384.

Brill, A. A.: «The sense of smell in neuroses and psychoses», *Psychoanalytical Quarterly* I (1932), S. 7–42. Brills ausführliche Arbeit behandelt weit mehr, als ihr Titel vermuten läßt. Insbesondere befaßt sie sich ausführlich mit der Stärke und der Bedeutung des Geruchsempfindens bei vielen Tieren, bei «Primitiven» und bei Kindern sowie mit den damit verbundenen erstaunlichen Fähigkeiten und Möglichkeiten, die Erwachsene verloren haben.

19. Mord

Ich kenne keine Darstellung von ähnlichen Fällen. Ich habe jedoch in seltenen Fällen von Stirnlappenverletzungen, Stirnlappentumoren, (anterior-zerebralen) Stirnlappen-«Schlaganfällen» und, nicht zuletzt, bei Leukotomien das plötzliche Auftreten zwanghafter «Erinnerungen» beobachten können. Leukotomien sollten natürlich eine «Therapie» für solche «Erinnerungen» sein – gelegentlich bewirkten sie jedoch eine deutliche Verschlimmerung des Zustandes.

20. Die Visionen der heiligen Hildegard

Singer, C.: «The visions of Hildegard of Bingen», in: ‹From Magic to Science› (Neuauflage 1958).

Siehe auch mein Buch ‹Migräne›, insbesondere Kapitel 3.

Zu Dostojewskis epileptischen Visionen siehe Alajouanine, op. cit.

Einleitung zu Teil 4

Bruner, J.: «Narrative and paradigmatic modes of thought», vorgelegt im August 1984 auf dem jährlichen Kongreß der American Psychological Association in Toronto und veröffentlicht unter dem Titel «Two Modes of Thought», in: ‹Actual Minds, Possible Worlds›, Boston 1986, 11–43.

Scholem, G.: ‹Zur Kabbala und ihrer Symbolik›, Zürich 1960.

Yates, F.: ‹The Art of Memory›, London 1966.

21. Rebecca

Bruner, J.: ibid.

Peters, L. R.: «The role of dreams in the life of a mentally retarded individual», Ethos (1983), S. 49–65.

22. Ein wandelndes Musiklexikon

Hill, L.: «Idiots savants: a categorisation of abilities», Mental Retardation, Dezember 1974.

Viscott, D.: «A musical idiot savant: a psychodynamic study, and some speculation of the creative process», Psychiatry 33 (4) (1970), S. 494–515.

23. Die Zwillinge

Hamblin, D. J.: «They are ‹idiots savants› – wizards of the calendar», Life 60 (18. 3. 1966), S. 106–108.

Horwitz, W. A., et. al.: «Identical twin ‹idiots savants› – calendar calculators», American Journal of Psychiatry 121 (1965), S. 1075–1079.

Lurija, A. R.; Judowitsch, F. J.: ‹Die Funktion der Sprache in der geistigen Entwicklung des Kindes›, Düsseldorf 1970, Berlin 1985.

Myers, F. W. H.: ‹Human Personality and Its Survival of Bodily Death›, London 1903. Hier besonders Kapitel 3 («Genius»), S. 70–87. Myers war zum Teil ein Genie, und dieses Buch ist zum Teil ein Meisterwerk. Dies wird besonders am ersten Band deutlich, der oft mit William James' ‹Principals of Psychology› verglichen wird – Myers war eng mit James befreundet. Der zweite Band («Phantasms of the Dead») ist meiner Ansicht nach lediglich peinlich.

Nagel, E. / Newman, J. R.: ‹Gödel's Proof›, New York 1958.

Park, C. C. und D.: siehe unter Kapitel 24.

Selfe, L.: ‹Nadia›; siehe unter Kapitel 24.

Silverberg, R.: ‹Der Gesang der Neuronen›, München 1971.

Smith, S. B.: ‹The Great Mental Calculators: The Psychology, Methods, and Lives of Calculating Prodigies, Past and Present›, New York 1983.

Steward, I.: ‹Concepts of Modern Mathematics›, Harmondsworth 1975.

Wollheim, R.: ‹The Thread of Life›, Cambridge, Mass., 1984. Hier insbesondere Kapitel 3 über «Ikonozität» und «Zentrizität». Als ich über Martin A., die Zwillinge und José schrieb, hatte ich dieses Buch gerade erst gelesen; daher beziehe ich mich in allen drei Kapiteln (22, 23, 24) darauf.

24. Der autistische Künstler

Buck, L. A., et al.: «Artistic talent in autistic adolescents and young adults», Empirical Studies of the Arts (1985) 3 (1), S. 81–104.

Ders.: «Art as a means of interpersonal communication in autistic young adults», JPC 3 (1985), 73–84.

Morishima, A.: «Another Van Gogh of Japan: The superior art work of a retarded boy», Exceptional Children 41 (1974), 92–96.

Motzugi, K.: «Shyochan's drawing of insects», Japanese Journal of Mentally Retarded Children 119 (1968), S. 44–47.

Park, C. C.: ‹Eine Seele lernt leben›, Bern / München / Wien 1973.

Park, D.; Youderian, P.: «Light and number: ordering principles in the world of an autistic child», Journal of Autism and Childhood Schizophrenia 4 (4) (1974), 313–323.

Rapin, I.: ‹Children with Brain Dysfunction: Neurology, Cognition, Language and Behaviour›, New York 1982.

Selfe, L.: ‹Nadia: A Case of Extraordinary Drawing Ability in an Autistic Child›, London 1977. Diese reich illustrierte Studie eines einzigartig begabten Mädchens rief bei ihrer Veröffentlichung viel Aufsehen hervor und zog einige sehr wichtige Kritiken und Rezensionen nach sich. Der Leser sei auf Nigel Dennis, New York Review of Books, 4. 5. 1978, und C. C. Park, Journal of Autism and Childhood Schizophrenia 8 (1978), S. 457–472, verwiesen. Parks Aufsatz, den ich am Schluß meiner Nachschrift zitiert habe, enthält, neben einer Bibliographie, auch eine ausführliche Erörterung der faszinierenden Erfolge, die japanische Wissenschaftler bei künstlerisch begabten Autisten erzielt haben.

Glossar

Abulie: Krankhafte Willensschwäche, Entschlußunfähigkeit.

Adynamie: Kraftlosigkeit, Muskel-, Körperschwäche.

Ätiologie: Lehre von den Krankheitsursachen.

Afferenz: Gesamtheit der dem Zentralnervensystem zuströmenden Erregung.

Agnosie: Störung des Erkennens trotz intakter Wahrnehmung.

Agnosie, visuelle («Seelenblindheit»): Unfähigkeit, optische Wahrnehmungen mit dem Erinnerten zu korrelieren.

Akinesie: Bewegungsarmut.

Alexie: Unfähigkeit, trotz erhaltenen Sehvermögens Buchstaben oder geschriebene Wörter zu erfassen.

Amnesie: Gedächtnisverlust, Erinnerungslücke.

Amnesie, passagere: Vorübergehender Gedächtnisverlust.

Amnesie, retrograde: Gedächtnisverlust in bezug auf Ereignisse vor der Schädigung.

Amnesie, Transitorische globale: Vorübergehender totaler Gedächtnisverlust.

Amusie: Unfähigkeit, Melodien aufzufassen.

Anamnese: Vorgeschichte einer Krankheit.

Anosagnosie: Unfähigkeit zum kritischen Erkennen krankheitsbedingter Funktionsausfälle.

Anosmie: Aufgehobene Geruchswahrnehmung.

Aphasie: Verlust des Sprechvermögens (motorische A.) oder des Sprachverständnisses (sensorische A.)

Aphonie: Stimmlosigkeit.

Apoplexie: Blutung in ein Organ (im Gehirn: «Schlaganfall», «Gehirnschlag»).

Apraxie: Unfähigkeit, sinnvolle, zweckentsprechende Bewegungen auszuführen, obwohl die Funktionstüchtigkeit des Bewegungsapparates erhalten ist.

Ataxie: Koordinationsstörung der Körpermuskulatur, führt zu gestörten Bewegungsabläufen.

Athetose: Störung der Motorik: ständige langsame wurmartige, geschraubte, manchmal krampfartige Bewegungen, vor allem der Finger und Zehen.

Autismus: Kontaktunfähigkeit, Insichgekehrtsein, Abkapselung.

Brachial: Zum Oberarm gehörend.

Brownsche Molekularbewegung: Unregelmäßige Zitterbewegungen von Teilchen in Flüssigkeiten oder Gasen.

Chorea: Bewegungsstörungen mit unwillkürlichen, unregelmäßigen und oft ausgreifenden Muskelkontraktionen.

Demenz: Verlust erworbener intellektueller Leistungsfähigkeit.

Diplegie: Beidseitige Lähmung des gleichen Körperabschnitts.

Diplopie: Doppeltsehen.

Distal: Von der Körpermitte weiter entfernt liegend (Gegensatz: proximal).

Dopamin: Biochemische Vorstufe von Überträgerstoffen im Gehirn.

Dorsal: Den Rücken oder die Rückseite eines Körperteils betreffend (Gegensatz: ventral).

Dysphonie: Störung der normalen Stimmbildung, z. B. rauhe, heisere Stimme.

Dysrhythmie: Gestörter Rhythmus eines physiologischen Ablaufs, Krankheitszeichen im EEG.

Dystonie: Störung der Muskelspannung.

Eidetisch: Die bildhafte Vergegenwärtigung betreffend.

Eidetische Begabung: Fähigkeit, Anschauungserlebnisse auch nach langer Zeit ohne erneute Wahrnehmung mit großer Anschaulichkeit zu reproduzieren.

Faradisation: Anwendung von elektrischem Strom zur Reizung von Muskeln und Nerven.

Gliom: Geschwulst, ausgehend vom Stützgewebe des Zentralnervensystems.

Grand mal-Anfall: Großer epileptischer Anfall mit Aura.

Guillain-Barré-Syndrom: Schwere Form einer akuten, ausgebreiteten Nervenentzündung.

Hemiplegie: Halbseitenlähmung.

Homo loquens: Der sprechende, mit Sprache begabte Mensch.

Hyperbulie: Überfunktion des Willens.

Hyperdynamie: Übermäßige motorische Funktion eines Organs.

Hypergnosie: Übersteigerte Fähigkeit, Gesichtswahrnehmungen mit dem optischen Erinnerungsgut zu korrelieren.

Hyperkinese: Überschußbewegungen.

Hyperlexie: Übersteigerte Fähigkeit, Buchstaben oder Wörter zu erfassen.

Hypermnesie: Enorm gesteigerte Gedächtnisleistung.

Hyperosmie: Übersteigerung des Riechvermögens.

Hypomanie: Leichte Form der Manie.

«Idiot savant»: Zur Selbstüberschätzung neigender geistig Behinderter mit guten mechanisch-lexikalischen Gedächtnisleistungen, jedoch fehlendem Kritikvermögen.

Katatonie: Form der Schizophrenie.

Kognitiv: Die Erkenntnis betreffend; erkenntnismäßig.

Konfabulation: Durch Erinnerungstäuschung bedingte Darstellung vermeintlich erlebter Vorgänge.

Konversion: Umwandlung eines psychischen Konflikts in ein körperliches Symptom.

Korsakow-Syndrom: Trias aus Merkfähigkeitsstörung, Desorientiertheit und Konfabulationsneigung.

Kortikal: Die Hirnrinde betreffend.

Kryptamnestisch: Negative Erinnerungstäuschung; Überzeugung, etwas Neues zu erleben, obwohl es sich um Erinnerungen handelt.

Lakteraldefekt: Störung einer Körperseite.

Makrosmatisch: Mit einem außergewöhnlich feinen Geruchssinn ausgestattet.

Manie: Psychotische Störung mit Steigerung des Antriebs, extremer Erhöhung der Stimmungslage bis hin zu Selbstüberschätzung und Enthemmung.

Ménière-Krankheit: Drehschwindelanfälle, verbunden mit Erbrechen, Ohrensausen und Augenzittern.

Meningiom: Geschwulst der Hirnhäute.

Mnemoniker: «Gedächtniskünstler»; hier: Patient mit krankhaft übersteigerter Gedächtnisleistung.

Muskeldystrophie: Erblicher, langsam fortschreitender Muskelschwund.

Neuritis: Nervenentzündung.

Neurosyphilis: Syphilitische Prozesse im Nervensystem.

Neurotransmitter: Substanz zur Übermittlung von Nervenimpulsen.

Okulogyrisch: Die Augenbewegungen, vor allem Blickwendungen, betreffend.

Olfaktorisch: Die Geruchsempfindung betreffend.

Orbitofrontal: Auf der Vorderseite der Augenhöhle gelegen.

Paraphilie: Sexuelle Verhaltensabweichung.

Parkinson-Syndrom: Schüttellähmung.

Pathophysiologie: Wissenschaft von den gestörten Lebensvorgängen im Organismus.

Phosphen: Lichtempfindung durch inadäquaten Reiz (Druck, z. B. «Sternchensehen»).

Phylogenetisch: Stammesgeschichtlich.

Polyneuritis / Polyneuropathie: Erkrankung größerer Abschnitte des peripheren Nervensystems.

Postenzephalitisch: Auf eine Gehirnentzündung folgend.

Proposition: Satz als Informationseinheit (nicht im Hinblick auf seine grammatische und pragmatische Form).

Prosopagnosie: Optische Agnosie, bei der Formen als solche zwar erkannt, aber in ihrer Besonderheit und Bedeutung nicht identifiziert werden.

Protopathisch (idiopathisch): Ohne erkennbare Ursache gestört (Gegensatz: symptomatisch).

Reafferenz: Erregungs-«Abbild» der Motorik im Zentralnervensystem (Rückmeldung).

Skotom: Verdunklung bzw. teilweiser Ausfall des Gesichtsfeldes.

Spastisch: Krampfartig; mit einer Erhöhung des Muskeltonus einhergehend

Spinalnerven: Im Bereich der Wirbelsäule austretende Nervenfasern.

Spirochäten: Erreger der Syphilis.

Stirnlappen-Syndrom: Bei Prozessen im Stirnhirn auftretende Persönlichkeitsveränderungen mit Distanzverlust, «Witzelsucht» und Neigung zu aggressiven Entäußerungen.

Subdural: Unter der Hirnhaut gelegen.

Tabes dorsalis: Rückenmarksschwindsucht: Spätstadium der Syphilis.

Teratom: Mischgeschwulst.

Thalamus: Sehhügel: Teil des Zwischenhirns.

Vestibularapparat: Gleichgewichtsorgan im Ohr.

Register

Oliver Sacks wurde 1933 in London geboren. Nach einem Medizinstudium in Oxford und neurophysiologischen Forschungen übersiedelte er in die USA. Er ist heute Professor für Klinische Neurologie am Albert Einstein College of Medicine in New York.

Der Mann, der seine Fau mit einem Hut verwechselte

(rororo sachbuch 8780)
Erzählt werden zwanzig Geschichten von Menschen, die aus der «Normalität» gefallen sind.
«Oliver Sacks ist ein Neurologe, der ein "Sachbuch" geschrieben hat – und was für eins! Ein Fachbuch, das ich jedem Neurologen, überhaupt jedem Arzt auf den Nachttisch legen möchte...»
Die Zeit

Der Tag, an dem mein Bein fortging

(rororo sachbuch 8884 und als gebundene Ausgabe)
«...wahrheitsgetreue, sachkundige Horrorgeschichten aus der Welt der Medizin und Neurologie, erzählt als Stoff, aus dem Romane sind.»
Stern-TV

Stumme Stimmen *Reise in die Welt der Gehörlosen*

(rororo sachbuch 9198 und als gebundene Ausgabe)
«Ein spannendes, auf jeder Seite neu befriedigendes, bewegendes Buch ... Am Ende möchte man fast dasselbe tun, was Oliver Sacks nach dem Schreiben getan hat: die Gebärdensprache lernen.»
Journal München

Awakenings – Zeit des Erwachens

(rororo sachbuch 8878)
Zwischen 1916 und 1937 grassierte weltweit eine Epidemie der sogenannten Europäischen Schlafkrankheit (encephalitis lethargica), eine Gehirnkrankheit, die neben Millionen Toten unzählige schwergeschädigte Menschen hinterließ. Ende der sechziger Jahre begann Oliver Sacks die Überlebenden dieser Krankheit mit einem neu entdeckten Medikament, L-Dopa, zu behandeln. Die Wirkung war überwältigend – jahrelang «erstarrte» Menschen erwachten plötzlich wieder zum Leben.
«Dies ist Literatur, wie sie nur wenige, Freud vielleicht und C. G. Jung, schreiben konnten, und ist zugleich sachliche Information.»
Gero von Randow